Los cuatro pilares de una vida balanceada

Alimente las raíces
de la verdadera felicidad

Dra. Kathleen Hall

TALLER DEL ÉXITO

Los cuatro pilares de una vida balanceada

Publicado por:

Taller del Éxito, Inc.
1669 N.W. 144 Terrace, Suite 210
Sunrise, Florida 33323
Estados Unidos

Editorial dedicada a la difusiónde libros y audiolibros de desarrollo personal,
crecimiento personal, liderazgo y motivación.

Diseño de carátula y diagramación: Diego Cruz

ISBN 10: 1-607380-64-1
ISBN 13: 978-1-60738-064-1

Library of Congress Control Number: 2011944926

Printed in Colombia
Impreso en Colombia por D´vinni S.A.

12   13   14   15   16   ❖|CD   05   04   03   02   01

A mi amado esposo Jim y a nuestras hijas
Brittany Anne y Mary Elizabeth

C O N T E N I D O

RECONOCIMIENTOS

Estoy agradecida con las muchas personas que hicieron posible este libro.

Gracias Amanda Brown-Olmstead por forzarme a volar fuera del nido. Eres mi amiga y mentora.

Siento un enorme agradecimiento con Dupree-Miller Group por ayudarme a darle vida a este bebé. También con mi agente Jan Miller, cuya experiencia incomparable me anima a transformarme en una mejor escritora; por eso le estaré eternamente agradecida. Annabelle, eres el ángel que me guió en múltiples ocasiones, tú has sido mi ancla durante este majestuoso viaje y siempre te llevaré con cariño en mi corazón. Shannon, allanaste el camino de los baches y las protuberancias y te lo agradezco. Wes, tú fuiste mi porrista y voz de sabiduría en mis momentos de desorientación; por eso, estaré agradecida en todo momento contigo.

Mi editora de AMACOM, Jacquie Flynn, también fue de gran apoyo e inspiración.

Mi editor Niels Buessem es un verdadero regalo. Él me guió a través de este proceso con bondad y sabiduría infinitas llevando esta obra a un nivel de indiscutible excelencia.

Gracias Willy Spizman, Robyn Spizman y Jenny Corsey por su pasión e integridad en todo momento. Los quiero mucho.

Gracias a ustedes, mis amigos, por su estímulo, inspiración y amor a lo largo de este proyecto: Pamela, Helen Joyce, Jean, Donna, Carol y Amy.

Me siento en deuda con mis pacientes y clientes que me dieron el privilegio de compartir sus momentos de crisis y de recuperación, y por convertirse en mis maestros y mentores.

Gracias también a Oak Haven —mi finca, mi santuario, mi Ávalon, mi Camelot y mi Lago Walden, todo en uno. Este lugar maravilloso ha sido una fuente de sanación, de esperanza y de renovación para miles de personas que intencionalmente han buscado balance a través de los años.

Estoy agradecida con los animales de Oak Haven porque indudablemente han sido los mejores maestros enseñándome poderosas lecciones sobre el amor, el poder, la lealtad, el temor y la muerte.

Gracias a mis hijas Brittany y Elizabeth. Brittany, eres un gran regalo para nuestro mundo, así como una auténtica sanadora. Eres mi tesoro y una médica increíblemente brillante y compasiva cuya sabiduría y pasión me ayudaron a escribir este libro. Elizabeth, gracias por las lecciones que tú también me enseñaste durante este mismo proceso. Resultaron invaluables.

Jim, mi esposo, has sido mi apoyo, consejero y socio en toda esta odisea llamada vida. Te he amado desde el primer momento que vi esos grandes ojos cafés. Tus inestimables habilidades como editor, crítico y médico de cabecera me llevaron a realizar esta obra. Tú me inspiras con tu integridad, visión y pasión en áreas como la Medicina y el bienestar.

Este libro es un acto de cocreación. Estoy agradecida Santísimo, Presencia Divina, Luz, Dios, por el desenvolvimiento al que diste lugar para que existiera *Los cuatro pilares de una vida balanceada*. Cada instante está concebido para ocuparnos en el desarrollo del balance y la felicidad. Nuestra misión es avivar y experimentar este gran regalo.

¿Por qué no logramos hallar la felicidad?

LA MAYOR AMENAZA que enfrentamos no es que el terrorismo nos envenene el agua; tampoco lo es la contaminación del aire: la mayor amenaza que sufrimos es nuestro propio estilo de vida.

Pregúntele a la gente cómo está por estos días y la primera palabra que escuchará es "ocupado". Explore un poco más a fondo y pronto sentirá la frustración de quienes le contestan "exhausto". Hacemos más cosas, vamos a un número mayor de lugares y gastamos más. Nuestros tanques de combustible están llenos, al igual que las cuentas bancarias y que nuestros vistieres repletos de ropa. Sin embargo, a pesar de todo eso, nos estamos quedando vacíos. Las estadísticas indican que no logramos dormir lo suficiente, que comemos por ahí de afán muchas más veces de las que lo hacemos en casa, que ingerimos demasiadas píldoras, y lo peor de todo, que no dedicamos suficiente tiempo a nuestros niños ni a la gente que amamos.

Evidentemente nuestra vida no tiene balance. Es tiempo de detenernos y dejar de ser las víctimas de nuestra forma de vivir y tomar la elección de crear un estilo de vida deliberadamente feliz.

Los cuatro pilares de una vida balanceada: alimente las cuatro raíces de la verdadera felicidad es un manual para gente que busca recuperar el balance y el orden en medio de una vida en estado de caos. Teniendo como base la respuesta abrumadora a mis discursos y artículos sobre reducción del estrés y la obtención del equilibrio entre la vida personal y el trabajo, la felicidad, el cuidado de sí mismo y el bienestar, he llegado a concluir que millones de personas inteligentes, energéticas y ambiciosas están buscando la manera de alcanzar el balance entre el aspecto personal de su vida y su trabajo, así como también para descubrir fuentes que brinden energía, nuevas metas e intimidad.

Durante varios años miles de personas me han hecho las mismas preguntas una y otra vez:

¿Cómo puedo evitar perderme a mí mismo en medio de una vida ocupada?

Cuando doy tanto en mi trabajo, a mis hijos, a mi cónyuge y a mi comunidad, ¿qué queda para mí?

Estas preguntas se resuelven únicamente cuando decidimos tener armonía en nuestra forma de vivir y entonces examinamos y desafiamos la definición formulista de la sociedad acerca de la felicidad. Es tiempo de crear sistemas nuevos que nutran y sostengan y no que disminuyan y debiliten a la familia, a los proyectos individuales y a nuestras comunidades. Tenemos el enorme poder de tomar decisiones que creen salud, equilibrio y vitalidad —vidas que reflejen nuestra propia definición única y personal de éxito y felicidad.

Si usted adquirió este libro, ya ha empezado su viaje hacia la felicidad y el balance. ¿Recuerda el viejo dicho, "El hogar es allí donde está el corazón"? No hay nada más cierto. No obstante, la mayoría de nosotros hemos vivido en una cultura que nos ha apartado de nuestro ser interior, de nuestro corazón, de nuestro verdadero hogar. Hemos sido persuadidos de alejarnos de nuestro estado natural de felicidad y terminamos adoptando una existencia acelerada a la que le vemos muy poco significado. Este libro es acerca de descubrir diferentes maneras de vivir que nos brinden una felicidad auténtica y constante.

Detengámonos por un momento y formulémonos algunas preguntas juiciosas sobre nuestra existencia y sobre el mundo en el que todos compartimos un destino en común:

- ⊕ ¿Por qué la depresión, la ansiedad y el temor están alcanzando proporciones epidémicas?

- ⊕ ¿Por qué la obesidad se ha convertido en el problema número uno de la salud a pesar de nuestro avanzado conocimiento sobre salud y nutrición?

- ⊕ ¿Por qué el insomnio ha pasado a ser uno de los problemas médicos más comunes en nuestras empresas?

- ⊕ ¿Por qué las enfermedades coronarias están aumentando a pesar que ahora tenemos mejores medicamentos para prevenirlas y tratarlas?

- ⊕ ¿Por qué nuestro sistema de salud está a punto de colapsar?

- ⊕ ¿Por qué la familia se está desmoronando en sus fundamentos más profundos?

- ⊕ ¿Por qué nos hemos permitido ser los prisioneros de nuestro propio temor ante el aumento del terrorismo?

- ⊕ ¿Por qué nuestra mente y nuestro cuerpo se ven afectados por el estrés y el temor de perder el empleo, por la globalización y por la inestabilidad económica del mundo?

No es posible continuar corriendo a mayor velocidad de aquella para la cual nuestro cuerpo y alma fueron diseñados. La mente, el cuerpo y el alma tienen una cadencia y un ritmo que no deben ignorarse ni irrespetarse. Cuando no tratamos nuestra vida con gran reverencia, respeto y gratitud, violamos leyes naturales, científicas y espirituales.

¿Qué es la felicidad?

Muchos opinan que la felicidad está inexorablemente ligada a la riqueza y al estatus. De forma tradicional suele evaluarse mediante la acumulación de posesiones: ropa y automóviles de moda, joyería exclusiva, hogares en los mejores vecindarios. Y esto es en gran parte aquello por lo cual trabajamos, y no es que signifique que haya algo de malo en ello.

En la cultura moderna, tendemos a pensar que la felicidad se logra "allá afuera", en el centro comercial, en el gimnasio o en el frasco de medicina del gabinete. Todo lo que necesitamos es tener un cuerpo más delgado, un mejor trabajo, un nuevo cónyuge o hijos más exitosos. Pensamos que si invertimos suficiente dinero en el problema entonces cierta mañana vamos a despertar en un estado de dicha y felicidad. Pero si el dinero pudiera comprarnos estas emociones, los ricos y famosos no serían una fuente constante de material para los tabloides con sus sagas de adicciones, traiciones, bancarrotas y vergüenzas.

Sin embargo, continuamos trabajando duro y consumiendo más. Durante las décadas pasadas la semana laboral promedio se ha venido tornando cada vez más larga. Y a medida que pasamos más y más horas en el lugar de empleo, una buena mayoría luchamos intentando al mismo tiempo sacar adelante a la familia.

Gran parte de nosotros vive en un estado constante de demanda y coerción: somos requeridos en el trabajo, nuestros hijos nos necesitan, y cada vez más, nuestros padres, que se están haciendo mayores, también nos necesitan. Parece como si no fuera posible encargarnos de todo de manera suficiente. (No sorprende que la idea de clonar a las personas tenga cierto atractivo).

Y nos sentimos infelices, desesperados y sin balance. A diario nos esforzamos al máximo, hasta el cansancio. Hemos estirado extremadamente nuestros límites personales olvidando que la felicidad genuina proviene de llevar una vida auténtica inspirada en un sentido de propósito y equilibrio. Pensamos equivocadamente que la felicidad es la ausencia de estrés, pero no hallamos tranquilidad al alejarnos de nuestros temores, preocupaciones y desafíos diarios.

Entonces es tiempo de examinar el estilo de vida que hemos aceptado hasta el presente. Debemos preguntarnos por qué una gran cantidad de la población vive en un estado constante de cansancio.

¿Es eso equilibrio? ¿A dónde se ha ido la energía vital del cuerpo y el alma?

Si queremos buscar la felicidad, primero tenemos que saber cómo es que el mundo se ha convertido en víctima del temor. Bajo la sombra de los eventos del 11 de septiembre, y del aumento de los atentados con explosivos en varios países del mundo, la mayoría de las personas vive, en un grado u otro, en un estado constante de ansiedad y temor. Vivir en tal forma tiene efectos devastadores en la salud mental, física y espiritual. ¿Qué necesitamos hacer para desarrollar confianza y paz mental?

Nadie consigue disfrutar de legítima felicidad sin antes experimentar un sentido individual de poder. ¿Cómo es posible restituir ese sentido de poder auténtico en nuestro interior? La tarea consistirá en explorar el concepto del poder como fuerza (poder sobre), y poder como fortaleza (poder con). También es importante hacer la distinción entre el poder del servicio a sí mismos, el poder destructivo de dominio y codicia evidenciados en historias como las de Enron y Tyco; consideremos así mismo el poder creativo y afirmante de la vida en muestras de compasión y caridad manifestadas en obras como las de Gandhi, la Madre Teresa y otros más.

Este libro ofrece estrategias comprobadas para vivir realmente feliz, sin limitaciones, sino por el contrario, ensanchando su vida personal y sus relaciones, así como el desempeño de su carrera.

En cada momento del día existen oportunidades para crear el balance, la verdadera felicidad y el poder. Sin embargo, casi todos hemos perdido la habilidad de reconocer que la felicidad está esperando latente hasta ser descubierta en los momentos sencillos de la vida.

Hemos perdido de vista nuestra estrella guía en medio de un mar de distracciones así como la conexión con la verdadera fuente de la felicidad.

La felicidad es un don natural. Yo le ayudaré a reconocerlo y desarrollarlo, a incrementar su capacidad de vivir alegre en sus actividades del día a día.

Este libro no va a pedirle que agregue nada a su abrumadora lista de "cosas por hacer". Usted descubrirá que para cambiar su vida de forma dramática sólo se requiere de unos pequeños ajustes en la percepción y en actividades sencillas para alcanzar el nivel de felicidad y equilibrio deseados. Usted se hallará en un estado de conexión interior más profundo y obtendrá mayor contentamiento y tranquilidad que emanarán, no de un templo místico, sino de su interior, de lo familiar, de las experiencias comunes de la vida diaria.

Los cuatro pilares de una vida balanceada le guiará hasta encontrar su propia fuente de verdadera felicidad y equilibrio cotidianos. Descubrirá la manera de generar una vida que corresponda a lo que desea para usted y para aquellos que ama. Aprenderá, paso a paso, a transformar el temor y la ansiedad en propósito y pasión; buscará cómo construir y preservar una intimidad auténtica y reenergizará su vida y su futuro restaurando su bienestar mental, físico y espiritual. Y no solamente eso, sino que mediante *Los cuatro pilares de una vida balanceada* usted no se encontrará solo en la lucha, pues aprenderá a despertar un sentido de conexión en esta sociedad fragmentada al relacionarse con otros lectores para descubrir la felicidad y el balance, no sólo suyos, sino de su familia, su comunidad y del mundo en conjunto.

Este libro apunta hacia el direccionamiento de su ser real y natural para que usted pueda generar conceptos dinámicos y progresivos de lo que significa experimentar verdadera felicidad. Para crear el balance en su vida, también le ofrece estrategias eficaces, basadas en la Ciencia, en la experiencia práctica y en algunas tradiciones utilizadas a lo largo de los años. Usted estará en condiciones de discernir de forma más fácil la diferencia entre lo importante y lo urgente. Como nunca antes, descubrirá otros niveles de energía y una mayor capacidad para conseguir su felicidad. Usted recobrará a pasos agigantados su habilidad de enfrentar los desafíos y el caos, irradiando un nuevo sentido de confianza y seguridad. La gente se sentirá más atraída hacia usted y su vida alcanzará un mayor balance cada día.

Esta obra está hecha para los miles de individuos que luchan para mantener una sociedad en un entorno falto de ética y espiritualidad.

Las personas que veo en mi trabajo son creativas, dinámicas y comprometidas, pero también agobiadas, temerosas, solitarias y aisladas. Cuando nuestros hijos se sienten solos y asustados, encendemos la luz de la lámpara en su mesa de noche para darles alivio. Este libro es como esa luz en la oscuridad para quienes piensan que tienen que enfrentar la lucha sin la ayuda de nadie.

Sin embargo, *Los cuatro pilares de una vida balanceada* no sólo es un llamado al individuo como tal; también está dirigido a corporaciones y empresas. Al concentrarse continuamente en la "rentabilidad", nuestras compañías han descuidado su responsabilidad ética y moral de incorporar programas educativos que equilibren el trabajo y la vida de sus empleados. En la actualidad contamos con una abrumadora cantidad de pruebas, de investigaciones científicas, médicas y sociológicas sobre los profundos efectos personales, culturales y financieros del estrés crónico en el lugar de trabajo. Existen remedios disponibles a muy bajo o ningún costo, que implican muy poco tiempo y que producen beneficios inmediatos a los individuos y a las corporaciones.

La frase "balance entre la vida personal y el trabajo" ha surgido en relación con las decisiones poco saludables que muchos de nosotros estamos tomando a favor de nuestro trabajo, cuando optamos por descuidar la familia, los amigos y las actividades de descanso en pro de perseguir metas corporativas. El costo para las compañías y los negocios cuando los trabajadores se sienten infelices o estresados en extremo, es enorme; se estima que su monto sobrepasa algo más de los \$300 billones de dólares al año.[1] El costo de la depresión, la pérdida de la productividad y los días de ausencia en el trabajo, tienen un valor estimado anual que excede los \$600 dólares por cada empleado de tiempo completo.[2] En algunas encuestas, el 30% de los trabajadores expresaron que su salud estaba siendo afectada en algún sentido debido a su trabajo; igualmente, más del 40% de los gerentes creen que la calidad de su vida laboral se ha deteriorado durante los pasados tres años.[3] La rotación de personal y los costos de reemplazar o reentrenar empleados nunca habían sido tan altos. La actitud del personal empresarial y la moral dentro de las compañías es la más baja de la Historia.

El precio del estrés crónico está afectando tanto a nuestras familias, instituciones corporativas como al gobierno. Cuando una compañía promueve el "balance entre la vida personal y el trabajo" para sus empleados, no sólo se benefician ellos y sus familias, sino que además se favorece sustancialmente la rentabilidad de la empresa. Un negocio que se concentra en lograr el "balance entre la vida personal y el trabajo" provee un "paquete de beneficios" para sus empleados que no incrementa los costos de nómina y de esta manera todo el mundo sale ganando. Estimular el cuidado de sí mismo, la reducción del estrés y el bienestar, producen beneficios cuantiosos y duraderos para el crecimiento y la prosperidad de cualquier compañía. ¿Cómo puede una corporación ser "exitosa" si su éxito se obtiene a expensas de sus trabajadores? ¿Cómo logra el éxito si no se fundamenta en los principios del balance entre la vida personal y el trabajo? El verdadero balance entre la vida y el trabajo beneficia a los empleados, a sus familias, a la corporación misma, a la comunidad y al mundo entero. Debemos hallar el equilibrio tanto en nuestro hogar como en el lugar de empleo para descubrir un mayor propósito en nuestra vida. En realidad podemos llevar vidas que intencionalmente experimenten verdadera felicidad y balance.

Como muchos de ustedes, soy madre, esposa, y tengo un negocio. Además, me deleita incorporar en mi trabajo una extraña mezcla entre mi formación académica con la experiencia adquirida a lo largo de los años. En la actualidad mi vida está vinculada a la tierra en mi granja en Oak Haven. También tengo contactos exitosos con el "mundo real" en los paisajes de vidrio y acero de Wall Street. He adquirido cierto reconocimiento como docente universitaria, consejera y educadora en el ámbito del estrés y el bienestar, y he tenido el privilegio de estudiar con algunos de los mejores médicos y líderes espirituales de nuestro tiempo. También he trabajado con personas enfermas de gravedad, y he dedicado incansablemente mi tiempo, energías y recursos a conocer las necesidades de aquellos que luchan para sobrevivir al margen de nuestra sociedad. Estas vivencias me han permitido crear un enfoque interdisciplinario, entretejiendo los campos de la Ciencia, la Medicina, la Psicología y la Espiritualidad en un estilo holístico que me ayude a definir de qué se trata la verdadera felicidad y el balance.

Este libro habla directamente a la persona y a su núcleo de experiencia. Ofrece sabiduría realista y soluciones que traen balance en las luchas diarias y en los desafíos que vivimos. Las propuestas actuales que intentan aportar balance a la vida se basan en técnicas pero no crean un cambio interno del individuo ni de las instituciones. Mi perspectiva sobre el balance entre la vida personal y el trabajo se concentra en la persona y en todos los aspectos de su existencia: el trabajo, la familia, los amigos, la comunidad donde vive, como también su ser interno. Me propongo suministrar pasos sencillos que le permitan cambiar saludablemente desde el interior, proveyendo así beneficios implícitos libres de esfuerzos en la vida personal, en el hogar y en el entorno laboral.

Esta propuesta trata sobre posibles soluciones a estos problemas crecientes. A diferencia de muchos libros que dan a sus lectores ideas para "sentirse bien" pero que los dejan con pocos cambios significativos que incidan en su vida, *Los cuatro pilares de una vida balanceada* es dinámico e interactivo de tres maneras: primera, suministra preguntas que contribuyan al conocimiento de sí mismo; segunda, aterriza la instrucción en aplicaciones al mundo real y la vida diaria; y tercera, ayuda a sus lectores a conectarse con otras personas que comparten la misma forma de pensar.

Los cuatro pilares de una vida balanceada reexamina de forma radical la noción de balance y felicidad, y le invita a hacer un cambio en la forma de experimentar el mundo *desde afuera hacia adentro*, a experimentarlo *desde adentro hacia afuera*. Transmite teorías complejas y enseñanzas de científicos de talla mundial, así como de expertos en Medicina, filósofos, sociólogos y líderes espirituales, de modo que le resulte fácil entender y aplicar los últimos hallazgos de la Medicina sobre la mente y el cuerpo, al mismo tiempo que logre adquirir la sabiduría de la Antigüedad sin tener que estudiar Física Cuántica, Ciencia o Espiritualidad.

Los seres humanos fuimos creados para experimentar una vida de felicidad, pero ¿cuántos de nosotros la experimentamos así realmente? La mayoría de los textos religiosos y espirituales prometen la oportunidad de una vida en balance y felicidad. Pasamos una buena parte del tiempo gastando incontables sumas de dinero y años yendo detrás de esa meta elusiva. La búsqueda de la felicidad puede remontarse hasta los filósofos antiguos como Platón y Aristóteles, y a los grandes teólogos que han buscado esta prescripción durante miles de años.

Cuando usted elija tener una vida de balance y felicidad experimentará un sentido de paz y de gratitud que no ha conocido en años, ni seguramente en toda su existencia. Usted notará que las angustias de la vida se convierten en oportunidades a través de las cuales aprender y trascender. Su vida es el resultado de las decisiones que ha tomado o dejado de tomar.

La vida es un salón de clases, no una prisión

Este libro es una herramienta, una guía para usted en el salón de clases de su vida. Utilícelo como si se tratara de un texto escolar. Léalo, subráyelo, escriba en sus márgenes y haga anotaciones. Utilícelo como una guía de estudio en su lugar de trabajo, en su sitio de adoración o en su vecindario. Téngalo como un cuaderno de trabajo para aprender a tomar decisiones nuevas que le conduzcan hacia el balance y la felicidad.

Los cuatro pilares de una vida balanceada no le ofrece otra forma de "arreglar los problemas" o de "ayudarle"; más bien confirma que *no hay nada absolutamente mal en usted*. Sin embargo, le muestra que *hay algo* que anda mal en relación con la forma como usted vive. Por tanto le ayudará a posicionarse de nuevo, de modo que logre obtener el balance en beneficio de su familia, de su comunidad, y lo más importante, de usted mismo.

¿Cuánto le costaría tomar una clase, asistir a un seminario o leer algo que le enseñara los principios básicos para vivir balanceadamente fundamentándose en la verdadera felicidad?

¿Cuántos quisieran ir donde un médico y pedirle una receta para vivir con felicidad? El médico sonreiría con empatía, tomaría su mano y le escribiría la fórmula para lograrlo. Bueno, pues este libro es esa prescripción.

PARTE 1

REGRESANDO A CASA

CAPÍTULO 1

¿En qué consiste la verdadera felicidad?

DURANTE MUCHOS AÑOS de mi edad adulta estuve dedicada a proseguir una carrera que inicié desde mi niñez. Mi vida transcurría en oficinas corporativas, en salas de juntas, salones de clase, hospitales e iglesias. Cerré las persianas, corrí las cortinas y bloqueé el sonido de las pisadas de mi padre, intentando ir aceleradamente tras la definición social de felicidad para alcanzar el éxito.

Ello significaba tener una carrera ascendente, un esposo, hijos, una casa bonita, ropa elegante y vacaciones formidables. Me aferré a la definición del sueño americano e hice ejercicio y dietas intensos para mantener la talla perfecta; también adquirí el automóvil de última generación; en pocas palabras, perseguía la verdadera felicidad bajo la apariencia del éxito.

Todo eso funcionó —por un tiempo. Mi vida iba transcurriendo al paso planeado y orquestado cuando de repente, cierto día, en un abrir y cerrar de ojos, todo se detuvo. En esa época mi ascenso rápido hacia la cima en la carrera del éxito me llevó a trabajar en el rincón de una oficina en los edificios más altos, tanto de Atlanta como de Nueva York. Vivía en Atlanta y volaba de ida y regreso al aeropuerto Kennedy los fines de semana. Esa mañana en particular, seguí mi rutina: tomé un taxi hacia el World Trade Center, me bajé, entré al edificio, y me dirigí al elevador.

Como era habitual, iba apretujada en el elevador, pero esta vez, a medida que me acercaba a mi oficina, sentí mi pecho tan rígido que difícilmente lograba respirar. Pensé que estaba teniendo un ataque cardiaco, salí tambaleando del elevador y me apoyé contra la pared.

Tres horas después, todavía estaba apoyada contra la misma pared y no me había movido un centímetro. Un guardia de seguridad observó lo que me estaba ocurriendo y —quizás porque lo había visto antes— me diagnosticó diciendo que sufría de un ataque de pánico. Poco sabía yo que aquel sería el primero de una serie de ataques que vendrían. No tardó mucho tiempo para que el insomnio empezara a acompañar tales ataques, de modo que mi bien planeada vida empezó a sufrir alteraciones.

Una semana después, estando aún en Nueva York, me encontré por casualidad una copia antigua del diario de Thoreau, en el apartamento donde me estaba alojando. Desempolvé la portada del libro y al abrir la primera página leí: "Me fui al bosque porque deliberadamente quise vivir y confrontar únicamente los aspectos esenciales de la vida para ver si podía entender lo que ésta tenía que enseñarme, y no simplemente esperar al momento de morir y entonces descubrir que no había vivido". Poco sabía yo que esas palabras cambiarían mi existencia para siempre.

Mi reacción inicial a ese pasaje famoso fue conmoción y confusión. ¿Estaba llevando yo una vida intencionada? ¿Cómo iba a saber dónde estaban los factores esenciales de la vida? ¿Estaba viviendo en realidad? ¿Es vivir en medio del caos realmente vivir? Yo pensaba que cuando alcanzara el éxito, la felicidad iba a estar esperando allí por mí. Después de todo, había dedicado años a trabajar duro y mi familia y yo habíamos hecho muchos sacrificios para lograr ese éxito. Así que, ¿dónde estaba esa felicidad tan anhelada?

Pensé en el árbol de roble en el patio de mi casa paterna cuando era una niña —recordé que de alguna manera se había convertido en mi mejor amigo cuando escapaba del caos de mi angustiosa época de adolescente. Pero no había estado en un bosque desde cuando era niña y no sabía nada sobre vivir en medio de la naturaleza. Este simple pensamiento contenía la posibilidad de enseñarme algo que me intrigaba y me aterrorizaba a la vez. En ese momento ocurrió un giro trascendental y desde entonces no di vuelta atrás.

Luego de casi autodestruirme, decidí empezar a buscar mi propia definición de felicidad. No sabía a dónde me llevaría esa búsqueda o lo que ella implicaría, pero tenía la certeza de que no podía regresar al lugar donde había estado.

Dos días después renuncié a mi trabajo. Una semana más tarde compré una finca con una vieja cabaña sobre un lago pequeño. Ni siquiera había un camino que condujera a ella desde la vía principal. Determinada a vivir a la altura del desafío de Thoreau, caminaba hasta la cabaña durante el primer año. Con cada paso que daba, me liberaba de la vida que había diseñado y orquestado magistralmente, y me dediqué a desentrañar mi verdadera felicidad.

Me resolví a dejar de vivir avanzando únicamente hacia adelante y en forma ascendente y a aprender a comenzar una vida nueva dirigiéndome hacia el interior y hacia el exterior en mi auténtico ser interno. Cambié de aferrarme a la seguridad, al conformismo y al estatus, y me acogí a afrontar el riesgo, la visión y mi propia verdad personal. Dejé de una vida de desequilibrio, caos, temor y frustración para vivir balanceada, intencional, confiada y felizmente. Reclamé la pasión, el coraje y el espíritu que había tenido en mi niñez, sentándome por encima del mundo en la magnificencia del árbol de roble.

Después de muchas auroras y puestas de sol viviendo en contacto con la naturaleza, aprendí las lecciones difíciles de rendirse y escuchar profundamente aquella voz interior que me llamaba hacia una vida auténtica: una vida donde todo suceso, todo momento y toda situación me condujeran a desentrañar el propósito de mi existencia, el cual consiste en experimentar verdadera felicidad. El viaje de mi vida no fue fácil durante aquellos días, cuando tuve que encarar las sombras en las que me había pasado, pero la emoción, la pasión y la energía que estaba experimentando eran en realidad el cielo en la tierra.

Mi curiosidad era insaciable. Leí con voracidad libros sobre naturaleza, caballos, religiones del mundo, Ciencia, Psicología, Espiritualidad y busqué experiencias reales para profundizar mi aprendizaje. Con cada universidad, maestro nuevo y aventura, fui siendo llevada hacia mi punto central, hacia mi propósito. Todos los días experimentaba el balance de la naturaleza en la magia del viento en los árboles antes de una tormenta, el remolino de las nubes al inicio de la primavera, el sonido profundo del silencio después de una fuerte nevada. Empecé a confiar en ese magnífico sentido de balance en los ciclos de la vida. El poder y la energía que empezaron a crecer en mí me recordaron a la bellota que no se afana, no se apresura, sino que simplemente sabe que en su interior hay un árbol de roble y confía en el desenvolvimiento de su proceso de vida sin ningún esfuerzo.

Mi búsqueda por entender la felicidad y el balance se concentró en experimentar una vida intencional, lo cual me catapultó hacia la Educación, el entrenamiento y la práctica clínica. Yo no entendía la función que la Espiritualidad y la Religión desempeñaban en la salud física y mental de los individuos, de modo que decidí asistir a Emory University para hacer una Maestría en Divinidad y así aprender al respecto. Durante esos tres años, hubo mucho entrenamiento práctico en el programa.

También me desempeñé como facilitadora en *Atlanta Battered Women's Shelter* (un hogar de refugio para mujeres golpeadas de Atlanta), donde todas las semanas me reunía con un grupo de mujeres para escucharles expresar su aflicción. Ellas vivían en temor y experimentaban sufrimiento cada uno de los días de su vida. Resultaba sobrecogedor enterarse de sus historias de victimización y sobre las decisiones difíciles y erráticas que habían tomado.

De la misma manera, trabajé con niños marginados en los Hogares Capitol en un programa para atender a niños en riesgo después de su horario escolar. Utilizaba cada chispa creativa en mi ser para inventar programas de modo que pudiera alejar a estas frágiles víctimas de sus entornos violentos. Inicié un programa de consejería y trabajé con niños en riesgo de convertirse en víctimas de la violencia, intentando así mantenerlos en la escuela alejados de ir a parar en prisión. Decidí utilizar las cuatro raíces de la felicidad con estos niños preciosos y tuve gran éxito. Les di una esperanza a estos chiquillos sin esperanza, traje a sus vidas regocijo y felicidad.

Después de eso trabajé con mujeres y niños sin hogar en *Atlanta Battered Women´s Shelter* (un hogar de refugio en Atlanta para mujeres golpeadas), donde ayudé a bañar bebés sin hogar y a abastecer de alimento los cuerpos ansiosos de comida de sus madres desgastadas. Cuidar de estas personas en su estado tan precario resultaba ser todo un desafío diario. Se trataba de mujeres y niños que habían estado durmiendo bajo los puentes en las frías noches de Atlanta porque el lugar de refugio sólo alcanzaba a prestar servicios durante el día y en las noches más frías no había espacio suficiente para albergarlos a todos. Nunca olvidaré el sentimiento abrumador de tener que cerrar las puertas del albergue a las 4:00 p.m. y ver irse a las madres y a sus niños a deambular por las peligrosas calles en la noche. Algunos de los momentos más sensibles de mi vida fueron aquellos en los que me sentaba a comer con estas mujeres y niños y escuchaba sus impactantes historias de abandono y abuso. Desarrollamos programas para conseguir dinero y ayudar a dar soluciones a estos enormes problemas. Ellas no tenían habilidades para presentar una entrevista de trabajo, de modo que les proveíamos duchas, ropa y entrenamiento para tales entrevistas. Construimos un campo de juego para los niños, así ellos tenían un lugar para jugar luego de haber pasado incontables horas deambulando por las calles de Atlanta junto a sus madres.

Luego me convertí en estudiante de práctica de Saint Joseph Hospital y de Northside Hospital, donde aprendí sobre los horrores del sida, del cáncer y sus efectos sobre los pacientes y sus familias. Allí fue donde mis habilidades de consejería y de escuchar fueron afinadas a medida que presenciaba y absorbía el sufrimiento de tantas personas en circunstancias tan horribles. Allí es donde aprendí sobre cuán corta y preciosa es la vida y donde la muerte se convirtió en mi maestra de la vida y la felicidad. Estar al lado de un incontable número de personas a medida que dejaban este mundo se convirtió tanto en un privilegio como en toda una escuela. Fuera que se tratara de desconectar a un recién nacido del respirador para entregárselo a su madre sollozando a medida que ella presenciaba sus últimos respiros, o que se tratara de estar sentada acompañando a unos perturbados padres al momento de firmar la hoja de permiso para utilizar los órganos de su hija de 16 años después de un accidente de tráfico, o arrastrarse hasta la cama con un paciente con sida, frágil y abandonado, para que este no muriera solo, obtuve un doctorado en sufrimiento y reverencia por la vida y la muerte.

El común denominador de las personas a quienes serví en cada una de estas experiencias fue el papel que el estrés crónico desempeñó en la vida de cada individuo. Todos habían enfrentado estrés en extremo y yo estaba aprendiendo sobre las maneras de ayudar a diferentes tipos de individuos a enfrentar la sensación de desesperanza y sufrimiento.

Después de todos esos años, me convertí en ministra ordenada protestante y fui nombrada consejera pastoral para una iglesia de unos 3.000 miembros. Las necesidades psicológicas, espirituales y físicas eran increíbles, a medida que escuchaba las historias más íntimas y privadas de los individuos. Allí también es donde descubrí que me gusta escuchar y enseñar. En ese entorno surgían frecuentemente en mi cabeza preguntas profundas:

¿Qué hace que la gente sufra?

¿Por qué algunas personas se destruyen mediante el sufrimiento mientras que otras son impulsadas hacia la grandeza?

¿Cómo es que algunos de aquellos con los que trabajo logran experimentar verdadera felicidad en medio del sufrimiento?

¿Por qué tanta gente lleva una vida "insuficiente"?

¿Por qué hay quienes están tan dispuestos a "conformarse" con una existencia mundana?

¿Por qué se "enferman" ciertas personas cuando se encuentran bajo conflicto psicológico o emocional?

¿Conducen el estrés, la ira, el temor o la depresión, al cáncer, a las enfermedades coronarias, a la artritis o a la obesidad?

¿Pueden enfermarnos nuestros pensamientos?

¿Qué saben las personas felices que los frustrados o abrumados no saben?

Era el año 1995 y yo estaba fascinada con el floreciente surgimiento de la Medicina mente-cuerpo. Mi interés por este campo me condujo a obtener un Doctorado en Espiritualidad e imbuirme en la exploración de esta clase de Medicina. Durante este tiempo fui a California a estudiar con el doctor Dean Ornish, pionero en *Preventive Medicine Research Institute* (un instituto de investigación en Medicina Preventiva). También estudié con el doctor Herbert Benson en *Harvard Mind-Body Institute* (Instituto Mente-Cuerpo de Harvard), y posteriormente participé en varios programas de entrenamiento clínico en Harvard, en los que se incluía la Medicina mente-cuerpo, la ciencia de la mente, y enfoques alternativos para el cuidado de la salud.

Para este tiempo ingresé a un programa de dos años para convertirme en Directora Espiritual Certificada. Cuanto más escuchaba y aconsejaba a las personas, más confirmaba que lo que importaba no era que tuvieran cáncer, que estuvieran deprimidas, atravesando un divorcio o que fueran ricas o pobres: la raíz de sus problemas era, de hecho, de naturaleza espiritual. Sus vidas no tenían balance. Estas personas no sabían cómo empezar a descubrir la manera de iniciar una vida intencional de felicidad y habían tenido que aprender a aceptar vidas ocupadas y vacías. Con frecuencia ocurría que sólo hasta cuando atravesaban un suceso catastrófico —como una enfermedad, desempleo, divorcio, o la muerte de un ser querido— ellas se daban cuenta que su vida estaba girando sin control.

Fue durante este periodo en el que aprendí el concepto de "balance entre la vida personal y el trabajo". Lo que había estado aprendiendo era la manera de enseñar a la gente a vivir con balance, salud y felicidad.

En ese tiempo todavía trabajaba con niños marginados que vivían en albergues públicos y con poca esperanza. Para referirse a ellos con frecuencia se utilizaba la expresión "niños desechados". Muchos habían estado involucrados en crímenes, faltaban a la escuela y tenían poco o ningún apoyo de parte de sus padres en casa. Ellos estaban luchando para sobrevivir así que decidí utilizar el mismo enfoque que había aprendido en los centros de investigación médica con mis niños de ciudad. Trabajé con ellos por varios años y vi los milagros que ocurrieron en sus vidas.

Luego, a finales de los años 90 empecé a trabajar como facilitadora en un programa cardiopulmonar en un hospital al sur de las montañas Apalaches y utilicé una variación del mismo programa con individuos que me consultaban luego de un evento cardiopulmonar crítico. Al mismo tiempo, estaba asistiendo a pacientes con cáncer y decidí utilizar el mismo método que había estado enseñando en varios programas de entrenamiento. Cuanto más utilizaba estos métodos, más aprendía de parte de mis pacientes y clientes sobre lo que funcionaba y sobre lo que no resultaba práctico, de modo que creé un plan nuevo, el cual en mi experiencia funcionaba mejor y producía mayores efectos a largo plazo.

Pronto, varias personas de negocios empezaron a buscarme para que les ayudara a manejar sus vidas vacías y llenas de depresión, estrés, angustia y situaciones médicas. Utilicé el mismo enfoque con estos clientes y aquello fue bastante exitoso durante varios años: enseñar a la gente a construir una vida intencional de balance, salud, abundancia y felicidad.

No es necesario que usted venda todo y vaya "de vuelta a la naturaleza" en un arranque de romanticismo, pero sí es esencial que busque dentro de sí y que escuche su propia naturaleza auténtica, sin importar lo que pueda resultar de eso. Le invito a cultivar las raíces de la felicidad que le permitirán tener un fundamento excelente para que pueda enfrentar —y disfrutar— el viento, la lluvia, el sol y la nieve de su vida.

El tiempo para empezar a hacerlo es ahora. El lugar para comenzar es allí mismo donde está. Todo lo que se requiere es tener un indiscutible deseo por descubrir la esencia de su *ser interior*, el propósito por el cual fue creado. Las recompensas son extraordinarias. ¡Así que, comencemos!

La definición de felicidad

En la década de 1980 hubo un tiempo interesante para convertirse en persona de negocios en el mundo financiero. Para quienes vieron la película *Wall Street*, esa era mi vida. Todos los días, a medida que me alistaba para ir al trabajo la presión me imbuía constantemente, especialmente durante aquellos días en los que sabía que iban a haber reuniones de grandes ventas en la Junta Directiva. Pero esa presión palidecía comparada con el estrés constante de saber que tenía que alcanzar el éxito; yo tenía que sobresalir de algún modo en medio de los 75 hombres quienes supuestamente eran mis colegas, pero que para ser más precisa eran mis competidores diarios en un entorno despiadado.

Sentía una enorme presión ante el hecho de tener que ser exitosa porque en el mundo financiero había pocas mujeres. Creía que el éxito era el padre de la felicidad; por lo tanto, si alcanzaba el éxito, de seguro vendría acompañado de felicidad. Pero cuanto más me concentraba en el éxito, más parecía que la felicidad me evadía.

Habían tres biblias que difícilmente se separaban de mí: los dos libros de Michael Korda, *El éxito* y *El poder*, y *Dress for Success* de John Malloy. Literalmente consultaba esos libros todos los días. La forma como vestía era un asunto crítico si quería ser tomada en cuenta seriamente, como una mujer atractiva e inteligente que manejaba los recursos de personas adineradas, de los inversionistas y de las corporaciones.

John Malloy me enseñó a utilizar un "uniforme" corriente de traje negro o azul oscuro con una blusa del cuello alto y una inclinación tonta hacia los collares. Michael Borda me enseñó a subir la escalera del éxito al paso más rápido posible y cómo hacer movidas estratégicas que me aseguraran escalamiento progresivo. Todos los aspectos de mi vida estaban inundados con mi obsesión por alcanzar el poder y el éxito —el cual creía yo que eventualmente me conduciría a la felicidad.

En esa época la mayoría de nosotros pensaba que el "éxito" engendraba la riqueza y la felicidad. En realidad eso no difiere mucho de hoy. Trabajamos para comprar ropa de moda, autos, casas en los sectores más exclusivos, hacemos que nuestros hijos vayan a las mejores escuelas. Y nos esforzamos duro para conseguir estas cosas, y como dije al comienzo, no hay nada de malo en ello.

Pero a pesar de seguir trabajando más fuerte que nunca, parece que tuviéramos cada vez menos y menos tiempo para disfrutar de esas "recompensas" ganadas —y peor aún, con frecuencia, esas mismas cosas no producen la felicidad ni el sentido de balance que pensábamos.

La definición de éxito debe incluir la esencia de la felicidad y el balance. El éxito no debe continuar siendo definido escasamente como riqueza, poder y estatus. Esa definición viene con un precio demasiado alto, no sólo para la persona que intenta perseguir esta definición tradicional sino que también destruye la integridad de la familia y de nuestro mundo.

Los frutos de una vida comprometida con la felicidad son: entusiasmo, inspiración, pasión, compasión, coraje, honestidad, y autenticidad. Escoger la felicidad implica escoger el camino de la certidumbre. También habrá sufrimiento, accidentes, dolor y pérdidas, junto con la risa, el placer y el gozo. La vida deja de ser una montaña rusa de subidas y bajadas. En vez de enfrentar cada día con un sentido de incertidumbre tentativa, usted vivirá con confianza en sí mismo, coraje y optimismo. La felicidad es la confianza de que sin importar lo que ocurra, el potencial de su vida se estará desarrollando constantemente.

La felicidad requiere de disciplina o de práctica. Yo utilizo "práctica" en vez de disciplina. Para muchos de nosotros la palabra "disciplina" tiene connotaciones negativas. La palabra "práctica" significa exactamente lo que dice. Usted se mantiene realizando una práctica, una y otra vez, y la ejercita una y otra vez.

La felicidad se consigue mediante practicar las cuatro raíces del balance. Esas cuatro raíces nos ayudan a cultivar estados mentales positivos y nos permiten eliminar los estados negativos de la mente. El estado mental negativo más destructivo es el temor crónico. El temor es la médula de la furia, del pesimismo, del odio, de la depresión, la vergüenza, el perfeccionismo y la ansiedad. Cuando las semillas del temor se infiltran en todos los aspectos de la vida empezamos a vivir con desespero, y nos resignamos a aceptar y tolerar vidas de infelicidad.

Las raíces de la felicidad nos dan una perspectiva fresca de la vida. Usted experimentará un nuevo sentido de energía, de poder y de bienestar. Cuanto más felicidad y balance experimente, mejor se deshará de sus temores y de su estrés. En vez de temores y estrés destruyendo su vida, usted empezará a realizar cambios profundos para su beneficio.

La felicidad y el placer

Con frecuencia pensamos que es posible hallar la felicidad en el perfeccionismo, en el consumismo, en cuerpos esbeltos, en tener más dinero, en conseguir estatus, en el poder y el control, en las posesiones o el éxito, en tener mejores trabajos, en un nuevo cónyuge, en hijos más inteligentes y realizados, pero el asunto es que en realidad, la felicidad no se puede comprar.

Confundimos felicidad con placer. Vivimos experimentando un placer tras otro. Pero nadie va a encontrar la felicidad en la prisión del placer porque este es corto y temporal. La felicidad se experimenta a lo largo de la vida. El placer es un evento —un momento en el tiempo. Nadie ha logrado hallar la felicidad mediante ir tras los placeres.

El placer puede ser seductor y adictivo. La obsesión de buscarlo destruye el bienestar mental, físico y espiritual. La búsqueda del placer implica fumar, beber, ir en pos del sexo, de los videojuegos o simplemente desperdiciar la vida frente al televisor, sin mencionar las muchas enfermedades que se relacionan directamente con los estilos de vida enfocados en él. Es por eso que definitivamente el placer es una experiencia; la felicidad es un camino elegido que se recorre durante la vida.

Muchas personas van en pos del placer sin condiciones —no estando satisfechas continúan escalando la siguiente montaña, trepan la ola más alta— sólo para experimentar otra sensación más intensa en el centro de placer del cerebro el cual se expande constantemente para esperar el siguiente gran salto. Sin importar cuál sea la experiencia en cuestión, puede llegar a ser muy adictivo, trátese del alcohol, las drogas, comer desmedidamente, trabajar en exceso, ir de compras, jugar por dinero, los videojuegos o la pornografía. El placer se disfraza de "verdadera felicidad", pero es sólo una ilusión, como muchos de los demás fantasmas que continuamos persiguiendo a lo largo de la vida.

Muchos de nosotros vamos en pos de una experiencia de placer tras otra sólo para tener una mayor desilusión después de cada intento. Los placeres son de corta duración. No pueden prolongarse. Su búsqueda constante crea una vida vacía y, literalmente, nos está matando en el mundo: comer con exceso, la tecnología, el consumismo, el materialismo, la búsqueda del éxito.

El buscar y experimentar placer por sí mismo es un callejón sin salida. Pero si su meta es la de experimentar una vida de auténtica felicidad, el placer vendrá y alegrará su viaje. Habiendo dicho esto, hay que agregar que el placer es un don, un hilo atesorado que se entreteje en el tapiz de la felicidad. Difícilmente encontrarán a alguien que disfrute comer tanto como yo. Una buena comida es indudablemente una fuente de gran placer. Pero yo tengo muy claro que dicha fuente es "únicamente" alimento y que se entreteje en la felicidad de mi vida. La comida no define mi felicidad. El alimento es una fuente de placer, pero no es necesariamente una fuente de felicidad.

Cuando conduzco mi convertible con el techo descapotado en una noche llena de estrellas brillando sobre mi cabeza y siento el poderoso aire remolinándose a mi alrededor, eso es placer puro para mí. De nuevo, eso es placer y nada tiene que ver con la felicidad. Si yo vendiera mis muebles mañana, le aseguro que mi felicidad no se afectaría.

Resulta trágico ver que muchos pacientes y clientes han ido a través de los años en busca del placer bajo el disfraz de la felicidad. Se mudaron de una casa a otra, cambiaron de trabajo, cambiaron de dieta, tuvieron un guardarropa tras otro y trágicamente, una relación amorosa tras otra —sólo para descubrir que la felicidad les estaba evadiendo. No han logrado entender la diferencia entre el placer y la felicidad.

La felicidad implica una vida proactiva porque ella conlleva a tomar la decisión de vivir cada día como si cada experiencia fuera una clase en la escuela que se llama vida. El poder que se siente cuando se elige una vida de felicidad elimina la mentalidad de víctima. Escoger la felicidad tiene que ver con convertirse en el héroe de su vida, no en la víctima. Las personas felices tienen la actitud de agradecimiento sin importar las circunstancias que tengan que enfrentar. La felicidad es la habilidad de recibir y dar amor.

La verdadera felicidad es tan duradera como una excelente obra de arte: cada día usted descubre una nueva faceta que hace su vida aún más preciosa y sagrada.

La verdadera felicidad implica balance y durabilidad

En nuestros días un tema de gran interés es la sostenibilidad del planeta. Sabemos que no podemos seguir tomando el petróleo, el carbón y el gas de nuestra desgastada tierra a perpetuidad. No debemos continuar envenenando la frágil atmósfera, el aire precioso y la atesorada agua que sostiene la vida en este planeta. Sostenibilidad significa mantener en existencia, suministrar, nutrir y respaldar la vida.

Yo considero que la definición actual de felicidad no es sostenible ni alcanza a crear el balance que deseamos para cada uno de nosotros. En la tabla adjunta comparo el significado tradicional de felicidad con mi propia definición. (Consulte la tabla 1-1).

Sentido tradicional de felicidad (Felicidad no sostenible)		Mi sentido de felicidad (Felicidad sostenible)
Límites	→	Libertad
Escasez	→	Abundancia
Dominada por el temor	→	Orientada por la confianza
Rígida	→	Flexible
Competencia	→	Cooperación
Alto costo	→	Bajo costo
Individual	→	Comunidad
Futura	→	Presente

Tabla 1-1

LÍMITES *VS.* LIBERTAD

Cuando los puntos de referencia para evaluar la felicidad son la riqueza, el poder, el estatus o la belleza, se vive en un estado de limitación constante. Los límites constituyen un modo de sujeción a una fuerza de influencia. Los límites implican que la vida está siendo controlada por una fuerza exterior a nosotros. No se es libre cuando se está preocupado por mantener y aumentar las riquezas. Tampoco cuando para medir su felicidad, usted debe verificar incansablemente cuánto poder está demostrando en el mundo. Ni cuando mantener el estatus implica un trabajo constante que le asegure que nadie más le está superando. Finalmente, la libertad tampoco se logra con la belleza exterior la cual se va menguando, el envejecimiento es inevitable y luchar contra ello resulta en una batalla perdida en el mundo cruel de la vanidad.

La verdadera felicidad es un sentimiento de libertad. Usted experimenta la libertad de elección cuando vive desde el interior y no permite que su vida sea definida por los estándares tradicionales, sino que usted crea sus propios estándares. Escuchar la propia voz interior y confiar en las elecciones propias nos conduce a una vida de felicidad.

ESCASEZ *VS.* ABUNDANCIA

Tristemente, muchos de nosotros hemos distorsionado las lecciones sobre la felicidad que aprendimos en nuestra niñez. Nuestras experiencias se desarrollaron a medida que crecíamos en diversos entornos, como la familia original, determinada comunidad religiosa y nuestro vecindario. Muchos creen que sólo unos pocos experimentan verdadera felicidad. Otro buen número de personas considera que alcanzarla es como sacarse la lotería y que sólo algunos son lo suficientemente afortunados como para ganársela. Y otros creen en las "obras de la justicia" —una teología que dice que si usted trabaja suficientemente duro en algo, recibirá la recompensa por aquello en lo que trabajó. Todas estas teorías sobre la felicidad nacen de la filosofía que sostiene que ella es escasa. Al mirar a mi alrededor, yo tendría que concordar en que la verdadera felicidad tiene un suministro limitado. Pero esto se debe a que hemos comprado la idea de un sistema que nos enseña que la felicidad es tan escasa como los dientes de una gallina.

La felicidad es escasa porque muy pocos de nosotros la escogemos de forma intencional. Nos sentamos a esperar que suceda porque sí. Muchas filosofías y religiones creen que la felicidad es el estado natural de los seres humanos y que nuestras decisiones nos mantienen alejados de la felicidad. Que la abundancia es el fundamento de la felicidad.

DIRIGIDA POR EL TEMOR *VS.* ORIENTADA HACIA LA CONFIANZA

No podemos experimentar felicidad cuando la vida está dirigida por el temor. El resultado del temor es la preocupación. Nos hemos convertido en un mundo de preocupaciones y en individuos manejados por el temor. Es imposible experimentar auténtica felicidad cuando estamos infectados de temor.

La verdadera felicidad es una forma de vivir en la cual confiamos en la vida. Descansamos en que la vida es buena y que existe un propósito para cada quien y que cada circunstancia tiene que ver con aprender mientras estamos vivos. Una existencia feliz implica tener confianza en que todo en la vida ocurre con un propósito y que la vida es un salón de clase, no una prisión.

RIGIDEZ *VS.* FLEXIBILIDAD

Cuando cierra los ojos y se imagina a sí mismo y a su familia siendo felices, estoy seguro que el mundo rígido ni siquiera entra en su mente. Pero de forma tradicional, muchos sistemas de creencias nos dicen que hemos de vivir de una forma predeterminada para experimentar la felicidad. Dichas filosofías tienen definiciones rígidas de lo que se debe hacer para ser feliz.

La verdadera felicidad es llevar una vida en balance, y un balance adecuado exige flexibilidad. Piense en una persona en una barra de equilibrio o una cuerda alta: requiere de flexibilidad extrema. Lo mismo se necesita en la vida. Cuanto más flexibles seamos, mayores oportunidades tendremos de experimentar auténtica felicidad.

COMPETENCIA *VS.* COOPERACIÓN

Un concepto equivocado común es que competimos para ganar y así experimentamos la felicidad. Hace poco escuché una entrevista al actor Morgan Freeman en donde se le preguntó si era más feliz ahora que había ganado una nominación de la Academia. El actor respondió con humildad: "Yo tenía una vida de felicidad antes que ganara el premio y en el presente sigo llevando la misma clase de vida. El premio que obtuve está en un estante como señal de un logro en un evento, pero no incide en la felicidad de mi vida". Morgan Freeman sabe que la competencia esencial es la competencia con uno mismo y la meta es mejorar las habilidades actorales o quirúrgicas o docentes, las que sean de cada quien. Si alguien considera que competir contra otro docente para ser el profesor del año y que obtener la distinción le va a dar verdadera felicidad, entonces va a continuar en una montaña rusa de emociones. Pero si esa persona considera que la competencia tiene que ver con sigo misma para convertirse en un maestro más apasionado diariamente por la enseñanza en su vida y que eso le hará feliz, entonces está en el camino de la felicidad.

Vivimos en un mundo en el que las naciones compiten por productos, armas y recursos naturales. Pero el mundo de repente se ha hecho más pequeño con la globalización y la escasez de los recursos naturales no se resuelve mediante la competencia. Estamos en un planeta majestuoso aunque pequeño y frágil, por lo que debemos empezar a actuar en niveles de cooperación aún mayores. La competencia por los recursos naturales ya no es una opción para la sostenibilidad del planeta. Las decisiones y las actitudes sobre los recursos valiosos localizados en cada país están inseparablemente entretejidas en el destino del planeta entero.

Esta es la era de la cooperación más allá de las fronteras nacionales. Estamos empezando a cooperar y compartir varias tecnologías, investigaciones médicas, clonación, información sobre el genoma y muchos recursos financieros, para mencionar unos pocos. Un buen ejemplo de la cooperación de esta Era es la estación espacial, donde estamos uniendo recursos en vez de competir.

Piense en algún momento en donde usted estuvo trabajando en un proyecto en el que todo el mundo cooperaba para hacer que el proyecto funcionara. ¿Recuerda la maravillosa y enriquecedora sensación de cooperación y de camaradería que experimentó cuando trabajaba en unidad por esa meta en común? Ahora recuerde algún momento en el trabajo en el que usted estuvo en franca competencia por algo. ¿Se acuerda de la energía invertida, en mantenerse vigilante y sin descanso? ¿Viene a usted la sensación de aislamiento que experimentó? Una vida de competencias es desgastante y no trae verdadera felicidad. La competencia extrema termina por producir soledad y una vida vacía.

ALTO COSTO *VS.* BAJO COSTO

Invertimos una inmensa cantidad de dinero yendo tras la felicidad. Pensamos que vamos a encontrarla en una casa nueva en un vecindario mejor, en un automóvil último modelo, en otro par de zapatos, en un televisor más grande, en unas vacaciones exóticas o cambiando de trabajo. Pagamos un costo muy alto persiguiendo la felicidad sólo para descubrir que cuanto más la buscamos, más nos elude. Sin importar cuánto compremos, a dónde nos mudemos o si cambiamos de trabajo, no vamos a encontrarla fuera de nosotros mismos. La deuda de nuestra tarjeta de crédito permanece alta todo el tiempo a medida que continuamos persiguiendo la felicidad.

No obstante, la verdadera felicidad no tiene costo porque es una condición de la mente y del alma. Se han hecho muchos proyectos de investigación intentando determinar si las personas acaudaladas son más felices en comparación con las que no lo son. Los resultados demuestran que los que no tienen dinero son tan felices como los que lo tienen.

LO INDIVIDUAL *VS.* LA COMUNIDAD

Todavía continuamos creyendo el mito escabroso del individualismo. La imagen de alguien escalando hasta la cima para descubrir la cura del cáncer; se continúa alimentando la idea de que la felicidad sólo se experimenta cuando se alcanza una meta en solitario.

El nuevo paradigma de la felicidad y del éxito se basa en el concepto de que si cooperamos, alcanzamos la meta mediante la sinergia. Cuando la meta se alcanza, la comunidad celebra y muchos individuos se transforman. Cuando una comunidad actúa en conjunto se logran esfuerzos mancomunados en pro de una meta, lo cual marca un contraste cuando una persona actúa en una misión solitaria. Muchos tenemos la imagen de superhéroes individuales, por ejemplo, Rambo, o personajes representados por Arnold Schwarzenegger —que están ahí para salvar al mundo; muchos buscan materializar este mito en vez de compartir un sueño o una meta en comunidad y realizarlos sinergéticamente. "El aislamiento mata; la comunidad sana".

EL FUTURO *VS.* EL PRESENTE

Hay quienes continúan trabajando duro esperando el día en que despertarán felices o en el cual ocurra un evento que los convierta en personas felices. Piensan que van a experimentar la verdadera felicidad cuando "conozcan a la persona adecuada o consigan el trabajo soñado, pierdan peso o tengan suficiente dinero". Esos son mantras de nuestra cultura moderna.

La mayoría de religiones y fuentes espirituales proclaman que la esencia de la felicidad está disponible en el tiempo presente de la vida. Usted no tiene que esperar por nada ni por nadie. Créalo, interiorícelo, conéctese, experiméntelo y piense que la verdadera felicidad no sólo es posible en el presente, sino que ha estado ahí durante toda su vida esperando simplemente que usted la descubra.

LAS MUJERES Y LA FELICIDAD

Nosotras las mujeres hemos perdido el sentido de nosotras mismas. Muchas han permitido que sus vidas se compliquen debido a sus hijos, sus esposos y sus trabajos. Por consiguiente, han perdido su pasión, continuamente se quejan de no tener energías ni interés en el sexo y continuamente se sienten abrumadas. Nosotras las mujeres debemos dejar de sentirnos culpables y de culparnos por la falta de apoyo de nuestra cultura y de nuestra nación. Trabajamos más duro pero ganamos menos y experimentamos frustración muy a menudo.

Las mujeres encontramos que la tarea de criar hijos es mucho más estresante que para los hombres, no obstante los hombres también informan que la presión de mantenerse en una carrera ascendente para "proveer" para la familia es igualmente abrumadora. Tanto padres como madres se encuentran estresados hasta el límite.

Solemos pensar que cuanto más rápido vayamos, más rápido llegaremos, pero la pregunta es ¿a dónde estamos yendo y por qué estamos yendo para allá? ¿Será que pensamos que vamos a encontrar la felicidad donde nace el arco iris? ¿Pensamos que vamos a encontrarla si tenemos más dinero, más estatus, hijos más exitosos y realizados, o si acumulamos más cosas? El asunto es que estamos viviendo con una tristeza molesta, obsesionada, nos sentimos incomprendidos, solos y desorientados.

LA FAMILIA Y LA FELICIDAD

En este mundo, donde nos jactamos de nuestro poder de decisión, ¿qué es lo que de verdad estamos eligiendo?

Vivimos en una cultura que considera que la estructura de la familia tiene muy poco valor o ninguno. Sí, de dientes para fuera se habla de lo valiosa que es la familia y de cómo ésta es la base de cualquier sociedad civilizada, con verdaderos valores, pero ¿qué hemos hecho nosotros, nuestras empresas, nuestro gobierno, para demostrar que apreciamos el valor de la familia y lograr el balance entre el trabajo y la vida familiar?

Las personas solteras tienen su propia porción de problemas por enfrentar. Existe la presión de hallar a la pareja "correcta" en un entorno donde hay muy poco tiempo libre para buscar a ese compañero o compañera. Los servicios para concertar citas están creciendo exponencialmente porque el tiempo y la ubicación son bienes limitados. Los adultos jóvenes están ocupados ascendiendo en la escalera del éxito intentando conseguir más dinero, acumular riqueza, estatus y poder para alcanzar la felicidad, sólo para descubrir que si no van felices en el viaje, seguramente tampoco lo serán en el lugar de destino.

Los políticos hablan de los valores familiares, pero continúan gastando el presupuesto en proyectos secundarios inútiles, en vez de centrar su atención en lo que es la columna vertebral y la esencia de una sociedad saludable. Continuamente nos sentimos aislados, frustrados y abrumados con el cuidado de los hijos, debido a que ambos padres tienen que trabajar porque no hay horarios flexibles en el lugar de trabajo; el cuidado de su salud es inapropiado o demasiado costoso para acceder a este. Sólo hasta cuando decidamos detener este ataque contra el sistema familiar y exijamos apoyo a nivel de las empresas y el gobierno, tendremos que arreglárnoslas de la mejor forma posible para transformar nuestra existencia de modo que logremos descubrir la satisfacción y la felicidad de una vida en balance.

Los padres se encuentran tan abrumados con sentimientos de culpa, preocupación y cansancio que crean límites muy deficientes para mantener una familia saludable. Ponen a sus hijos en primer lugar, y sólo si tienen tiempo de sobra le dan atención a su relación marital o apartan un espacio para el cuidado personal.

La familia se ha convertido en una fuente de opresión, ansiedad y temor, en vez de ser un aliciente en la vida y el fundamento del amor.

El cuidado de sí mismo se ha convertido en un lujo y un sueño alcanzable sólo para los ricos o los "malcriados" o "egoístas". Esto representa una amenaza perversa para la salud mental, física y espiritual.

La ciencia de la felicidad
—Cómo afecta nuestra salud

La felicidad es el deseo intrínseco de todo ser humano sobre la tierra. Buscamos la felicidad mediante las puertas de la Religión, la Filosofía, la Psicología, la Medicina y hasta mediante el gobierno. En la Declaración de Independencia, Thomas Jefferson escribió:

"Declaramos evidentes por sí mismas estas verdades: que todos los hombres son creados iguales; que han sido dotados por su Creador de ciertos derechos inalienables; entre estos están la vida, la libertad y *la búsqueda de la felicidad*".

¿Qué significa la búsqueda de la felicidad? ¿Se nos garantiza tener felicidad? Por supuesto que no. ¿No es interesante que hace más de 230 años, la felicidad fuera considerada un "derecho" por los padres de nuestra patria? Tenemos el "derecho" a ser felices.

En una encuesta reciente publicada por la revista *Time* se dijo que los americanos se sienten felices el 78% del tiempo.[1] Éramos un país optimista buscando la felicidad para cuando se escribió la Declaración de Independencia en 1776, y en la actualidad la buscamos más que nunca antes.

La felicidad ha cambiado de ser un derecho garantizado por nuestro gobierno a un aspecto vital de la investigación científica.

Uno de los nuevos enfoques de la Psicología ha sido el campo de la Psicología Positiva. Hemos dedicado años de investigación a conocer aspectos de la depresión y la ansiedad, pero recientemente se ha despertado el interés por la "ciencia de la felicidad". ¿Cuánto de nuestro optimismo o pesimismo es hereditario? ¿Inciden nuestros genes en lo felices u optimistas que seamos?

Fuimos diseñados para experimentar la felicidad desde el mismo principio. Los investigadores creen que entre el 50% y el 70% de nuestra felicidad y optimismo se deriva de nuestros genes. Ellos tienen impacto en nuestra felicidad, contentamiento y propensión hacia la ansiedad y la depresión, así como en la habilidad para manejar el estrés. Tal vez usted pueda observar a sus padres y a los miembros de su familia y determinar las razones por las cuales ríe. Este es un factor importante, no obstante, todavía queda un 50% de felicidad que es determinado por actitudes, comportamientos y valores.

Ahora tenemos una gran oportunidad para aprender acerca de los adelantos de la Ciencia sobre los efectos positivos para la salud que se derivan de la felicidad. También es posible aprender técnicas para aprender a ser felices.

Abraham Lincoln sabía que todos tenemos la capacidad de tomar decisiones que influyen directamente en nuestra felicidad cuando dijo: "La mayoría de las personas pueden ser tan felices como se decidan a serlo". Las investigaciones recientes apoyan esas palabras dichas hace más de 150 años.

La felicidad es un estado físico del cerebro. Cuando estamos felices nuestro cerebro produce neuroquímicos que hacen que queramos comer, tener sexo o tal vez cantar una canción. Para estudiar los efectos de estos neuroquímicos la mayoría de los investigadores utilizan diferentes técnicas de medición, como por ejemplo la técnica de Imagen de Resonancia Magnética Funcional, IRMF, que registra el flujo sanguíneo que activa partes del cerebro; también utilizan los EEG (electroencefalogramas), que monitorean la actividad eléctrica de los circuitos neuronales; o las pruebas sanguíneas que miden la cantidad de hormonas o neurotransmisores en la sangre, como la dopamina o la serotonina.

Aquí hay algunos resultados de investigaciones recientes sobre la felicidad:

Las personas que tienen puntajes altos en pruebas de evaluación psicológica producen un 50% más de anticuerpos que las personas promedio en respuesta a las vacunas contra la influenza.[2]

Las personas que tienen puntajes altos en las escalas de la felicidad, optimismo y contentamiento, tienen un riesgo reducido de sufrir enfermedades cardiovasculares, hipertensión e infecciones.

Los investigadores hallaron que cuando las personas practican regularmente actos de felicidad y de gratitud, aumentan sus niveles de energía, su salud física mejora y sufren menos dolores y fatiga.

Un estudio reciente revela que las personas optimistas redujeron el riesgo de morir en un 50% durante los nueve años que duró la investigación.[3]

La risa y el buen humor generan salud y bienestar porque:

⊕ Reducen el estrés

⊕ Refuerzan el sistema inmunológico

⊕ Reducen la presión sanguínea

⊕ Mejoran el funcionamiento del cerebro

Un estudio del Centro Médico de la Universidad de Maryland informa que la habilidad de reír en situaciones de estrés nos ayuda a *no* producir neuroquímicos perjudiciales. La risa aumenta la capacidad para luchar contra varias enfermedades aumentando la producción de anticuerpos. Dado que nos relajamos cuando reímos, reducimos el riesgo de tener enfermedades coronarias, hipertensión, apoplejías, artritis y otras enfermedades inflamatorias. La risa reduce los niveles de hormonas estresoras como el cortisol.[4]

La risa constituye también un gran ejercicio para el cuerpo. Cuando reímos ejercitamos los músculos faciales, abdominales, del pecho, las piernas y la espalda. La risa llena los pulmones de oxígeno, el cual alimenta los órganos vitales: el cerebro, el corazón, los pulmones y el hígado.

En un estudio reciente se hizo seguimiento a dos grupos de pacientes cardiacos. El primero recibió cuidado médico únicamente; el segundo recibió cuidado médico y adicionalmente estuvo viendo treinta minutos de programas de comedia al día. Un año después, el grupo de pacientes que recibió el tratamiento adicional de risa demostró tener una menor incidencia de ataques cardiacos repetitivos, así como menos episodios de arritmia, baja presión sanguínea y menores niveles de hormonas estresoras.[5]

A continuación encontrará diez sugerencias para una vida más feliz:

1. *Mantenga una actitud de gratitud*: fisiológicamente es imposible tener experiencias de gratitud y de estrés al mismo tiempo. Las investigaciones demuestran que los individuos agradecidos reportan tener más energía y menos dolencias físicas en comparación con quienes dan menos muestras de agradecimiento. Los estudios nos dicen que practicar la gratitud (consulte el capítulo 6) resultó en niveles mayores durante estados de alerta, entusiasmo, determinación, optimismo y felicidad.

2. *Elección*: cada momento de la vida es una elección, y cada elección que hacemos tiene un efecto expansor. Si elegimos comprometernos con practicar la felicidad y el optimismo, podemos transformar nuestra vida.

3. *Sea proactivo*: dejemos de ser víctimas de sí mismos y de culpar a los demás. Si diseñamos un plan con pasión y vivimos proactivamente, nos convertiremos en los héroes de nuestra propia vida, no en nuestra propia víctimas.

4. *Sonría*: practique de forma intencional el acto de sonreír. Un científico que estudia las expresiones faciales nos dice que cuando la gente sonríe, libera más serotonina y endorfinas (las hormonas de la felicidad) que las personas que no sonríen.[6] Thich Nhat Hanh y Su Santidad Dalai Lama son categóricos en afirmar que la sonrisa es el primer paso a una vida de salud mental, física y espiritual. Empiece practicando la sonrisa para convertir cualquier situación en una oportunidad de optimismo.

5. *Ría con frecuencia*: ría tan frecuentemente como le sea posible para liberar hormonas sanadoras como las endorfinas, los analgésicos naturales del cuerpo. En vez de comprar píldoras para el estrés, rente una película divertida, o entre a la red y busque un sitio de humor y compártalo con sus amigos. La risa reduce la presión sanguínea, reduce las hormonas del estrés y fortalece la función inmunológica.

6. *Involucre el juego en su vida*: vuelva a ser "niño". La Ciencia nos dice que cuando jugamos se incrementa el número de células inmunológicas que combaten las enfermedades. El juego aumenta la creatividad y el optimismo en todos los ámbitos, tanto en el hogar como en el trabajo.

7. *Cuide su salud*: es esencial que nos concentremos en la salud física. Cuando cuidamos de nuestra salud corporal generamos mayores posibilidades de lograr la felicidad. El cuerpo es nuestro mayor bien, por consiguiente, cuidémoslo con ternura.

8. *Espiritualidad*: un gran número de personas felices han desarrollado prácticas espirituales que sustentan su corazón y su alma. Averigüe qué es aquello que le invita a la pasión, al amor y a los logros personales. La espiritualidad es lo que nos permite tener un fundamento en la vida.

9. *Practique el altruismo y la filantropía*: las personas generosas llevan vidas ricas y abundantes. El altruismo neutraliza las emociones negativas, las cuales a su vez afectan las funciones inmunológicas, endocrinas y cardiovasculares. El altruismo crea respuestas fisiológicas que fortalecen a las personas y las hace más energéticas contrarrestando así los efectos perjudiciales del estrés.

10. *Practique el perdón*: las personas felices saben que el perdón libera el alma. Alguien famoso dijo: "Vivir con resentimiento es como tomarse un veneno y esperar que le afecte a la otra persona". Abra su corazón al regalo de la felicidad y deshágase del dolor, el juicio, la ira y el resentimiento.

La verdadera felicidad se halla en los momentos simples, cotidianos y comunes de la vida. Se descubre cuando uno se detiene y empieza a escuchar qué es lo realmente importante. ¿Qué es aquello que nos produce pasión, que nos hace reír o cantar? La felicidad consiste en comprender que la vida es muy corta y que cada experiencia está diseñada misteriosamente para conducirlo a cada quien a su verdadero ser interior. Uno experimenta la felicidad cuando bendice a otros con las dádivas que ha recibido en su propia vida.

~ INICIE HOY MISMO ~

Pregúntese   ¿Cuál es mi definición de verdadera felicidad?
¿Qué parte de mi vida genera pasión y autenticidad?
¿Qué parte de mi vida me hace sentir triste y vacío?

Dígase   Mi vida está evolucionando constantemente hacia una mayor felicidad.

Haga   Realice algo agradable que haya estado posponiendo.
Lea un libro inspirador.
Vaya a un lugar tranquilo y experimente conexión con las plantas y animales.

Enfrentando las estaciones del alma

LIZ SE QUITÓ los zapatos de tacón alto y los empujó bajo la silla del avión. Durante los días anteriores había estado asistiendo a reuniones por toda la ciudad de Londres y finalmente iba de regreso a Nueva York. Estaba un poco incómoda porque no pudo conseguir un vuelo directo sino que tendría que hacer escala en Ámsterdam. Debido a su cansancio había decidido que sin importar lo que pasara, no hablaría con nadie en el avión. Había estado haciendo presentaciones empresariales por varios días y lo único que deseaba hacer era dormir.

Cerró los ojos y estaba quedándose dormida cuando escuchó: "Discúlpeme, creo que tiene puesto mi cinturón de seguridad". Estaba furiosa, abrió sus ojos, desabrochó su cinturón y tomó el cinturón que le estaba alcanzando el pasajero de al lado. Rápidamente hizo el cambio y volvió a cerrar los ojos. A medida que empezó a dormitar de nuevo, Liz cayó en cuenta que había visto un color intenso extraño en este pasajero. Abrió lentamente sus ojos y vio a un monje vestido con su atuendo color azafrán. Permaneció sentada en silencio intentando mantener una expresión de sonrisa en su rostro. El monje, de estatura pequeña, la saludo con una amplia sonrisa. Dijo: "Hola, mi nombre es Sing Lapso". Ella titubeó por un momento y contestó con vacilación diciendo: "Hola, mi nombre es Liz Barnes. Veo su manto azafrán, ¿es usted un monje budista?". "Sí, vivo en un monasterio budista en Sri Lanka".

"¿Qué estaba haciendo en Londres?", preguntó Liz. "Fui invitado por Oxford para asistir a una reunión sobre los efectos a largo plazo del tsunami", contestó el monje. "Interesante", dijo Liz con precaución. "Debió ser devastador para su monasterio y la gente de Sri Lanka. Siento mucho que eso haya sucedido. La gente está tan desolada que ha de estar necesitando mucha consejería y ayuda para su salud mental; probablemente estén traumatizados por mucho tiempo".

Entonces el hombre sonrió con amplitud: "No, usted no entiende nuestras creencias sobre la vida. Nuestra gente tiene poca necesidad de recibir consejería psicológica. La mayoría de nosotros somos budistas y creemos que la vida no es permanente. Todos somos parte de la naturaleza, y por lo tanto, también de sus ciclos. Ella continuamente busca tener su equilibrio y eso significa que los humanos hacemos parte de su balance. El desequilibrio en la tierra originó el terremoto y ello condujo al tsunami. Éste creó la destrucción pero entonces el suceso restauró el balance de la tierra. Los seres humanos estamos inexorablemente ligados a la naturaleza y hacemos parte del proceso de restituir el balance. Nosotros vemos al tsunami y sus efectos como parte del ciclo del proceso de la vida. Todo lo que nace está sujeto a la naturaleza. Sólo un poco después del tsunami, estuve mirando al océano y todo se veía tan tranquilo de nuevo: la naturaleza nuevamente estaba en balance". Liz permaneció en silencio a medida que el monje expresaba pensamientos que ella jamás hubiera tenido.

Después de eso Liz continuó su viaje en silencio asimilando la filosofía sencilla del monje sobre la vida. Esas palabras continuaban retumbando en su mente y de alguna manera le parecían crueles. Se sentía desamparada y confundida. ¿Estaban los seres humanos indefensos frente a la naturaleza y a los desastres naturales? ¿Vivimos bajo la ilusión de controlar la naturaleza, lo cual resulta en conmoción, angustia y confusión cuando experimentamos un tsunami, huracán, tornado o terremoto? Solemos ver tales eventos como "injustos, trágicos, o de alguna manera, producto de algún 'mal'". No obstante, este monje en sus vestiduras color azafrán considera que los desastres naturales son simplemente inteligencia de la naturaleza, la cual restituye continuamente su balance y estabilidad de flujo. Este hombre experimenta cada evento de su vida como una estación de su alma.

Las estaciones de nuestra vida

Los seres humanos tenemos una relación interesante con la naturaleza. Vivimos como si estuviéramos separados de ella y a veces le tenemos miedo porque no podemos controlarla. Tenemos un canal de televisión sobre el clima y muchos dependen de él todo el tiempo. El clima mismo es un componente principal de las noticias. Con ansiedad consultamos las predicciones climáticas esperando que la madre naturaleza defina nuestros planes futuros.

Otras culturas, sin embargo, consideran que los seres humanos y la naturaleza somos uno. Los nativos de América, de Asia, de India y de África —todos ellos creen que nuestro sistema corporal está directamente conectado a las estaciones del año y al clima de cada día. Estas culturas tienen gran reverencia por la naturaleza y el poder que ésta ejerce en nuestro cuerpo en todo momento. Estas culturas saben que cuando destruimos el entorno natural, destruimos también el interior de nuestros cuerpos. Este planeta es el macro sistema de la naturaleza y nuestro cuerpo refleja el microsistema de exactamente el mismo proceso, elementos y químicos. Estamos hechos de forma maravillosa e intrincada. Nuestro cuerpo ocupa un ciclo muy corto de vida dentro del gran ciclo dinámico de la vida del planeta y de nuestro sistema solar.

Nuestras enfermedades —físicas, emocionales o espirituales— se derivan de que nos separamos de los ritmos propios de la naturaleza. Si somos unidad con la naturaleza, ¿qué nos hace pensar que podemos crear vidas que vayan más rápido que el ciclo natural de la vida? Cuando intentamos orquestar el tiempo de acuerdo a nuestras necesidades y deseos nos desconectamos de los ciclos naturales de la vida. Después de vivir varios años en Oak Haven, he desarrollado gran respeto y reverencia por las fuertes tormentas eléctricas que azotan nuestra granja durante algunas tardes calurosas de verano. Bien arraigados en el suelo, los fuertes troncos de los majestuosos árboles se sostienen con firmeza, a la vez que sus ramas ejercen flexibilidad y ceden con humildad a los azotes del viento y la lluvia. El caos absoluto que la naturaleza impone durante una tormenta puede parecer muy destructivo y violento desde el exterior; sin embargo, la experiencia trae armonía y balance al mundo natural.

Durante estas tormentas los árboles me han enseñado mucho sobre el alma humana. El asunto *no es si* los sufrimientos, las pérdidas, las desilusiones y las enfermedades vendrán, el asunto es *cuándo* vendrán. He descubierto que, a semejanza de los árboles de la granja, todos tenemos la capacidad de enfrentar las tormentas con tal que tengamos una buena raíz y podamos emerger transformados. El aspecto crucial que debemos tener en mente no es el temor de la magnitud de la tormenta, sino la magnitud de la confianza en que hemos cultivado las raíces que nos sostengan y sustenten frente a los sucesos que nos ocurran. La razón para cultivar este arraigo esencial no es simplemente sobrevivir, sino crear una vida increíblemente próspera y balanceada que se fundamente en la felicidad.

De la misma manera, los granjeros que viven en las montañas a nuestro alrededor me han enseñado varias cosas sobre el clima. Los más veteranos siempre tienen formas de predecirlo, las cuales han sido transmitidas cuidadosamente de generación en generación. Me han mostrado que cuando vivimos en medio de la naturaleza y despertamos los sentidos, en muchas ocasiones, ella misma nos informa sobre lo que debemos esperar. Muchos hemos perdido esa percepción profunda así como nuestra íntima relación con ella debido a la vida ocupada que llevamos o porque todo el tiempo hemos vivido en la ciudad. Yo en realidad creo que cuando nos desconectamos de la naturaleza perdemos reverencia y estimación por la vida misma.

El "clima" de nuestra vida nos ayuda a definir nuestro significado y propósito. En vez de intentar cambios en él o evitar las tormentas, tenemos la opción de buscar en nuestro interior y cultivar raíces profundas, un tronco fuerte y ramas flexibles. Cuando buscamos en nuestro interior, creamos la oportunidad de emerger fortalecidos por la tormenta, así creamos un nuevo sentido de fortaleza y balance.

Imagine a un árbol quejándose porque el otoño está a punto de venir o lamentándose porque sus retoños de primavera no tienen al principio su color verde característico. Puede sonar ridículo, pero lo mismo ocurriría con nosotros si nos resistiéramos a aceptar los ciclos de nuestra vida. El árbol se convierte en una parte dinámica de las etapas de la exuberante vida y no en una víctima de esta. El árbol se convierte en el héroe regio de cientos de años de crecimiento y supervivencia en medio de circunstancias inhóspitas. Se podría hacer un corte transversal del árbol y ver su edad; seguramente hubo años de sequía y también de inviernos fuertes. Su vida majestuosa está registrada dentro de sí como si se tratara de un diario.

El mundo natural no entiende el concepto de víctima. ¿Por qué deberíamos entonces nosotros tenerlo? Las estaciones del año y las estaciones de la vida nos ofrecen oportunidades para la reflexión, para tomar decisiones y para emprender la acción. A medida que usted afronte las estaciones de su vida, cobre ánimo y confíe en que su ser auténtico está evolucionando y creando una vida intencionada.

Las estaciones del año —primavera, verano, otoño, invierno— pueden informarle y guiarle respecto a las estaciones de la vida. Lo interesante de todo es que los asuntos psicológicos y espirituales difícilmente desaparecerán sino que continuarán regresando a su vida de forma cíclica hasta que usted se dé la oportunidad de experimentarlos de forma diferente. Por ejemplo: furia, temor, angustia, vergüenza —todas estas cosas van cambiando en nosotros a medida que maduramos. Tenemos la oportunidad de mejorar la forma en que experimentamos y expresamos estas emociones, pero si continuamos ignorándolas o negándolas, éstas eventualmente terminarán por enfermarnos.

La naturaleza en su sabiduría infinita nos recuerda con frecuencia que nada permanece estancado. Es engañoso creer que las cosas deban permanecer iguales. Cada ciclo dinámico de nuestra vida representa una oportunidad de crear una experiencia y una respuesta diferente.

El otoño nos indica que existen momentos de desprendimiento, de estar desnudos, vulnerables y de capitular. A medida que los vientos y el frío despojan la cubierta protectora de las hojas de los árboles, no experimente pánico ni temor, sino confianza en el proceso. Es únicamente a través de ese proceso de rendición y de seguridad que el árbol logra continuar creciendo, prosperando y madurando. Los árboles renuentes que no se someten a ese proceso de liberar sus hojas, están muertos o en proceso de morir. *El invierno* nos invita a mirar de forma introspectiva, a sentarnos en quietud y a escuchar con atención. Presenta la oportunidad de mirar al interior del mundo natural, de demostrar coraje y de permanecer expuestos como los árboles y a examinar esta estación de la vida. La primavera es un tiempo de potencial y fertilidad. Al reflexionar sobre la primavera nos damos cuenta que hay un caudal de oportunidades que comienzan con plantar las semillas que originan una vida de felicidad y balance. *La primavera* nos asegura que luego de cada estación fría de nuestra vida existe un nuevo y cálido nacimiento. *El verano* nos invita a disfrutar del descanso y los frutos de nuestra vida. La tranquilidad del verano nos recuerda que es tiempo de descansar y de jugar, de reposar en los días largos y soleados de esta estación y de comprender además que los veranos de nuestra vida cada vez son menos.

Los ciclos y las estaciones de la naturaleza se convierten constantemente en metáforas para el proceso de envejecimiento y de transformación de nuestra vida. El envejecimiento es un paso natural y maravilloso, el cual muchos experimentamos como si fuésemos víctimas oprimidas en vez de verlo como un proceso divino que implica dignidad, sabiduría y espiritualidad. La calidad de nuestro envejecimiento tiene una proporción directa con la profundidad y la fortaleza de nuestro sistema de raíces. En nuestro viaje hacia la verdadera felicidad es crucial observar y escuchar a la naturaleza. Ella nos enseña atesoradas lecciones para nuestro viaje: flexibilidad, entrega, fortalecimiento, sanación, paciencia, descanso, perseverancia y esperanza.

Descubra su ser auténtico

Cada una de las estaciones constituye una invitación para explorar el potencial de nuestro ser interior. Las estaciones y el mundo natural deben corresponder a los ciclos de la naturaleza. Los árboles de pera se obligan a florecer y producir peras; los árboles de cereza florecen y producen cerezas. Pero a diferencia de estos árboles que no tienen la opción de elegir, la primavera nos ofrece la oportunidad de plantar las semillas que nos permitan desarrollar nuestro ser auténtico.

La expresión "nuestro ser auténtico" se refiere al tiempo en el cual nuestra experiencia y nuestro propio ser se funden en uno solo. Se experimenta un sentido de energía, poder y conexión. En la antigüedad solían llamarlo "el lugar del conocimiento". Usted "sabe" que está consciente y completamente despierto. Es una experiencia de plenitud y de comunión. Se siente como si se viviera en un estado de gracia. Es nuestro ser original el que empezó a definir la forma de nuestra vida antes que empezáramos a ser influenciados por nuestra familia directa, la sociedad, el sistema escolar, y las demás experiencias.

Muchos de nosotros hemos experimentado momentos fugaces en nuestro ser auténtico. Puede tratarse de aquellos instantes en los que nos perdimos apasionadamente mientras leíamos algún libro sin tener consciencia del tiempo o el lugar donde nos encontrábamos porque estábamos absortos en la historia. Tal vez usted tocaba el piano y mientras sus dedos interpretaban la partitura, su cuerpo y su alma eran la música. Quizás usted se hallaba escribiendo un ensayo y vaciando en él todo su corazón y de repente descubrió que sus dedos temblaban a medida que ponía por escrito sus ideas. Cierre sus ojos por un momento, respire profundo, y remóntese a su niñez. Traiga a su memoria un lugar donde se sentía en comunión y conexión con su ser auténtico. ¿Recuerda la sensación de confianza, paz y poder? Si usted logra recordar esas sensaciones, entonces estaba en ese lugar en conexión con su ser auténtico.

Momentos para rendirse

El mundo natural nos extiende una invitación para hacer algo que implica uno de los desafíos más grandes pero esenciales para los seres humanos: rendirse. La naturaleza no hace una decisión consciente para rendirse; en la primavera, los bulbos de los tulipanes dormitan bajo el suelo frío, las hojas pequeñas retoñan en los viejos robles, los pájaros alegres buscan el lugar más seguro para construir sus nidos —todos se rinden con certidumbre y confianza al poder de la primavera que produce vida, crecimiento, belleza y alegría.

La naturaleza —nuestra maestra— siempre se rinde ante el sol, el viento y la lluvia en el desafío de producir algo nuevo y maravilloso.

El recurso de la rendición es esencial para que podamos afrontar las estaciones de la vida y experimentar verdadera felicidad. La naturaleza nos enseña que todo aquello que es demasiado quebradizo e inflexible, no sólo se rompe, sino que usualmente también muere. Todo en la naturaleza se adapta, decae y fluye, crece y cambia de piel, experimenta tiempos de expansión y de contracción. Rendirse es un acto de coraje, confianza y poder. Rendirse implica andar por la senda segura y balanceada y vivir una vida de felicidad auténtica.

Vivimos en una cultura que asigna un valor demasiado alto en el cumplimiento de los logros individuales. Desde el día que nacemos estamos sujetos a ideales, logros y éxito. Durante toda la vida se nos enseña a competir en los deportes, en la escuela y en los negocios. Una lección que aprendemos rápidamente es que en la vida hay ganadores y perdedores —y la palabra rendirse tradicionalmente está asociada con los perdedores. Pareciera contradictorio que para llegar a experimentar verdadera felicidad fuera esencial incluir el concepto de rendición.

En mi familia, orientada hacia la competencia en los deportes y los negocios, la palabra "rendirse" no era considerada una opción. Mi padre, mi hermano y mi abuelo eran parte de las fuerzas militares. "Rendirse" significaba perder, fracasar o ser conquistado. "Rendirse" evocaba las imágenes de un soldado derrotado en un campo de batalla desolado y ondeando una bandera blanca.

Pero cuando examinamos los ideales de éxito que han construido nuestra vida, muchos de nosotros no nos sentimos contentos con lo que hemos producido. Una vida "bien diseñada" experimenta tristeza, depresión, apatía o confusión. Es posible que nos sintamos abrumados. A veces, entre más planes hacemos, más se complican. Y mientras más nos rendimos, más logramos alivio cuando sentimos que nuestra vida se ha salido de control. Esta idea de rendirse y perder el control produce ansiedad momentánea, pero a medida que cedemos ante la gracia de la rendición, se produce sanación.

Rendirse parece simple, pero no siempre es fácil. Desprenderse de algo constituye uno de los desafíos más profundos a nivel emocional o espiritual. La idea de rendirse produce ansiedad. Piense por un momento que su ego y su voluntad han construido la vida que usted está viviendo en el presente. Ahora analice si está o no conectado a una vida intencionada y en balance con su ser auténtico.

La rendición es el ingrediente perfecto para descubrir una vida llena de propósito. A través de la Historia, grandes mentes espirituales y psicológicas han liberado el poder asombroso del desprendimiento y han confiado en el proceso. Cuando uno se acoge a la rendición, libera su ego y su apego a la vida que ha construido liberando así un poder inmenso.

La rendición restituye nuestra fuente, restituye el balance. Así, nos entregamos con confianza al flujo de energía, inteligencia y amor creador de la vida. Esta energía omnipotente sabe lo que usted necesita y lo guiará en la dirección de su potencial pleno.

De forma innata todos sabemos que la vida tiene ciclos, flujos y balance. Somos flujo y fluido, estamos sujetos a los ciclos del entorno natural. Tal como las estaciones, la luna y la marea tienen un ciclo en la naturaleza, todos nosotros también hacemos parte de este vasto ritmo de la vida. Y también sabemos, de forma innata en qué momento estamos fuera de este ritmo magnífico y cuándo hemos perdido el balance. En nuestro interior tenemos detectores que funcionan como alarmas que indican "¡Alerta, alerta, sin balance!" No obstante, con mucha frecuencia, con el objeto de sobrellevar nuestra agitada vida aprendemos a ignorar esas alarmas internas. A veces hasta las desconectamos; hasta quitamos sus baterías para así poder avanzar cada vez más rápido y así nos convertimos en un tren que avanza sin control por fuera de su carril.

Créanme, he aprendido bastante bien sobre lo que implica el poder de la rendición. Mi vida avanzaba a un buen ritmo de acuerdo a lo planeado cuando cierto día mis alarmas intermitentes detectaron nuevamente un pánico que regresó con gran ímpetu y casi consume mi vida. Me parecía tener "la vida perfecta": una carrera maravillosa, una familia modelo, una casa fabulosa, los mejores automóviles, las vacaciones ideales. Pero bajo la superficie de esa vida ideal había un llamado constante. Bajo la guía sabia de un director espiritual y de un terapeuta competente, decidí hacer lo más sorprendente que pudiera haber imaginado en mi bien organizado mundo: rendirme ante mi ser auténtico.

Nunca imaginé la vida tan enriquecedora que experimentaría actualmente. Mi concepto anterior acerca de "la vida perfecta" no se compara a la vida intencionada que llevo ahora. Cuando usted se rinde, inicia una aventura de descubrimiento sobre su identidad y el propósito de su vida. Se desata dentro de sí un nuevo sentido de libertad, poder y energía.

Envejeciendo con alegría

Según informa el Centro de Control y Prevención de Enfermedades, en la actualidad alcanzamos a vivir 30 años más en comparación con el promedio de vida alcanzado en 1900.[1] Con los avances en Genética y con la decodificación del genoma, ha emergido la que se conoce como la ciencia del envejecimiento; se espera que los nuevos descubrimientos obtenidos transformen dramáticamente este proceso. Durante años hemos estado consumiendo suplementos para la juventud, así como aplicándonos cremas y tónicos. Ahora sabemos que el envejecimiento es un asunto bastante complejo que tiene que ver con los genes, los cuales contienen los planos de la vida; sin duda, en el futuro existirá intervención genética a fin de extender esta etapa.

A medida que envejecemos existen muchas otras formas de enriquecer la vida en los planos mental, físico y espiritual. En este libro usted descubrirá los beneficios de conectar su existencia a cuatro raíces específicas. Y junto a esta ciencia nueva del envejecimiento, quiero compartirle algunas sugerencias para envejecer con alegría.

Yo personalmente considero que el concepto de "antienvejecimiento" es deficiente. El envejecimiento hace parte natural del ciclo de la vida: nacer, crecer y morir. Empezamos a envejecer desde el momento en que fuimos concebidos en la matriz de nuestra madre. Me entristece el enorme número creciente de personas que intenta detener el envejecimiento. Hay quienes hasta han desarrollado una reacción fóbica a ese proceso natural. Yo considero que lo que debemos hacer es permanecer saludables tanto como sea posible. Mi deseo es que cada quien tenga una vida saludable y que pueda atravesar la etapa del envejecimiento con regocijo.

Las recompensas de cada estación

La Ciencia ha demostrado que ciertas prácticas fomentan la salud, la longevidad y la felicidad. Sin importar si es un adulto joven, si se encuentra en la mediana edad o próximo a jubilarse, existen varios regalos que usted puede hacerse a sí mismo.

SUEÑO

Nací y fui criada en una familia que tenía gran reverencia por el sueño, especialmente por la santidad de las siestas. Mis padres y mis abuelos solían hacer la siesta. Cuando éramos pequeños íbamos y jugábamos afuera sin hacer mucho ruido durante el tiempo de la siesta. Yo continué ese sagrado ritual de la siesta con mi familia. Siempre hemos apartado un tiempo para dormir la siesta. Estudios recientes informan que existen beneficios para la salud cuando apartamos un lugar durante el día para dormir. (Si usted tiene problemas de insomnio consulte con su médico ya que tomar la siesta pudiera interferir con su tratamiento).

Siempre me ha fascinado dormir. Me encanta observar a los perros, los gatos, los pájaros, los caballos y a los bebés humanos mientras duermen. Dormir es un asunto importante, ya que pasamos la tercera parte de nuestras vidas durmiendo.

Para quienes estén interesados en aprender más sobre el sueño existen dos grandes recursos sobre el tema que recomiendo y he utilizado durante años. Se trata del libro del doctor James B. Maas, *Power Sleep (Aprende a dormir)*, y del libro del doctor Gregg Jacobs, *Say Good Night to Insomnia (Diga buenas noches al insomnio)*. De hecho escuché los impactantes discursos del doctor Jacobs sobre el sueño y el insomnio cuando estuve en Harvard, y me impresionan los resultados que ha obtenido con su programa para combatir el insomnio.

La falta de sueño tiene un efecto profundo en la mente, en el cuerpo y en el alma. Cuando las personas no duermen lo suficiente están más expuestas a sufrir accidentes automovilísticos y otro tipo de percances. Del mismo modo, no se puede pensar con la misma claridad y la memoria no se hace tan confiable, aparte de que la totalidad de la salud también se ve afectada. La privación crónica del sueño tiene efectos en los sistemas inmunológico, cardiovascular, gastrointestinal y endocrino.

Más de la mitad de la población adulta no está consiguiendo dormir lo suficiente y se encuentra enferma de cansancio crónico. Esto representa un problema serio. Si usted es una de esas personas que sufren de insomnio o de falta de sueño, por favor consiga ayuda. En primer lugar le sugiero adquirir los dos libros mencionados arriba, son una excelente introducción para entender cómo funciona el sueño en relación con su cuerpo. Después de eso, si usted todavía enfrenta problemas de esta índole, visite a un especialista en su localidad.

EJERCICIO

Vivimos en una cultura de obesidad y vida sedentaria. Es importante que todos, sin importar nuestra edad, dejemos un rato el sofá y hagamos ejercicio. Tanto los padres, las madres, los niños, los abuelos y hasta la mascota, necesitamos hacer algún tipo de actividad. Camine, baile, juegue o corra, simplemente muévase. Las investigaciones hablan abrumadoramente de los efectos positivos del ejercicio en todas las etapas de la vida. Y dado el aumento de la obesidad infantil, este se ha convertido en un asunto demasiado serio. Un estudio de la Universidad de Illinois demostró que los adultos que caminan 45 minutos al día durante tres veces a la semana mejoraron su desempeño en tareas cognitivas en un 15%.[2] En el capítulo 7 veremos más información sobre el ejercicio.

APRENDIZAJE

En cada etapa de nuestra vida, desde que somos jóvenes hasta nuestro último aliento, el aprendizaje continuo hace que se sigan produciendo nuevas células cerebrales. La doctora Elizabeth Gould de la Universidad de Princeton, reveló que el aprendizaje continuo asegura la supervivencia de las recién formadas células cerebrales.[3]

USO DE ANTIOXIDANTES

Las investigaciones revelan el increíble poder de los antioxidantes. La evidencia creciente indica que el uso de antioxidantes es una clave importante para desacelerar el proceso de envejecimiento. Los antioxidantes protegen al cerebro de los radicales libres, los cuales son moléculas inestables que se producen en el cuerpo a través del oxígeno. Los radicales libres debilitan las membranas celulares y dañan los tejidos del cuerpo, lo que incluye el cerebro. Por su parte, los antioxidantes protegen las células mediante deshabilitar los radicales libres. De esto hablaremos más en detalle en el capítulo 9.

DIETA

Existen tantas dietas en el mercado que resulta abrumador escoger una apropiada para cada persona. Un estudio de *Journal of the American Medical Association* informó que las mujeres y los hombres con una edad superior a los setenta años que se adhieren a dietas especiales y a un estilo de vida saludable y a quienes se les hizo seguimiento durante un periodo de 12 años, tuvieron una tasa de muertes significativamente menor (más del 50% más baja) que otros individuos de su misma edad.[4] Los participantes que vivieron por más tiempo, consumieron una dieta mediterránea y se adhirieron a un estilo de vida saludable (ejercicio regular, sin fumar y uso moderado de alcohol). La dieta mediterránea es alta en fibra y baja en grasas, contiene leguminosas, nueces, granos enteros, pescado, aceite de oliva y abundantes frutas y vegetales.

MANEJO DEL ESTRÉS (EJERCICIO DE LA SERENIDAD)

Existe un vínculo directo entre el estrés y el envejecimiento acelerado. Un estudio reciente de la Universidad de California demuestra que el estrés causa envejecimiento prematuro. Los telómeros, ubicados en las terminaciones del ADN son esenciales para la reproducción y el crecimiento de este tipo de células. Cuando nos hallamos ante situaciones de estrés extremo, los telómeros sufren daño y el crecimiento celular se inhibe. Este estudio halló que el estrés puede acelerar el envejecimiento en 10 años.[5] La buena noticia es que el mismo estudio también encontró que el daño es reversible si se aplican métodos de cuidado personal.

OPTIMISMO

Estudios científicos revelados recientemente, confirman los beneficios para la salud cuando se tiene una actitud optimista. Mantener la perspectiva optimista de la vida tiene un impacto directo en los efectos del envejecimiento. Esto no me sorprende ya que trabajé en un programa de rehabilitación cardiaca durante años. En mi experiencia observé que la mayoría de pacientes geriátricos que sobrevivían a eventos extraordinariamente dolorosos eran personas increíblemente optimistas y sabias. Me di cuenta que los pacientes optimistas ejercían un efecto bastante positivo sobre los pacientes pesimistas o "amargados". Estos pacientes optimistas diseminaban su optimismo como si se tratara de una infección viral. Sin importar lo que les sucediera, ellos tenían un enfoque proactivo y optimista, y no se resistían al concepto de permanecer saludables y de adaptarse a las cuatro raíces de la felicidad y de la salud diarias.

Mediante las investigaciones sabemos que con cada emoción o pensamiento que tenemos se genera una respuesta eléctrica y química. Por lo tanto, cuando somos optimistas estamos enviando a través del cuerpo pequeñas porciones de químicos sanadores y fortalecemos nuestro sistema inmunológico, lo que también incide favorablemente sobre la presión sanguínea, generando bienestar y salud en la mente, el cuerpo y el alma.

Me siento muy afortunada de provenir de una familia de eternos optimistas. Mi padre era un agente de ventas que vivía cada semana silbando a medida que se aproximaba a la puerta de sus clientes esperando tener la mejor semana en su carrera. A fin de obtener un ingreso extra para la familia, mi padre también manejaba un camión de volquete desde el norte de Ohio hasta las minas de carbón hacia el sur del estado para recoger el mineral luego de trabajar como vendedor durante el día. En algunas ocasiones me dejaba acompañarlo. Ello representaba un acuerdo especial entre los dos porque permanecíamos despiertos toda la noche sin importar que tuviera que asistir a la escuela al día siguiente. En el camión no hacía calor, ya que por lo general lo acompañaba al final del invierno; aquellas ocasiones en compañía de mi padre fueron memorables. Y si era afortunada me quedaba en casa y no asistía a la escuela al día siguiente o quizás iba con él a llevar el carbón a sus clientes. Durante esas largas noches él me hablaba de lo difícil que había resultado alguna venta y de lo emocionante que era la vida de un vendedor. Tenía un optimismo tan increíble que casi que transpiraba cada venta que hacía. Siempre me repetía que uno debe creer en sí mismo, en su producto y en el público. Cuando hablaba sobre la vida o sobre lo positivos que debemos ser respecto a los resultados, emanaba de él una gran energía contagiosa.

Mi madre era una religiosa devota y creía que el poder de Dios podía superar cualquier cosa, en cualquier lugar y en cualquier momento. Sin importar lo mala que llegara a ser alguna situación o alguna persona en particular, ella sabía hallar el lado bueno de las cosas. Cada célula de su cuerpo era la esencia misma del optimismo. Por ende, mi optimismo se originó de la muy interesante combinación entre mis padres. Mi padre no honraba la puerta de una iglesia y pensaba que la religión era una bolsa de viento para los indefensos y desesperados; mi madre pensaba que los vendedores eran serpientes astutas en los cuales no se debía creer en lo más mínimo.

Los investigadores están intentando verificar algo que mis padres, tías, tíos y abuelos me enseñaron hace ya muchos años atrás. Un artículo de *Journal of Personality and Psychology* informó sobre un estudio que reveló que las personas con actitudes positivas hacia el envejecimiento viven un promedio de 7.5 años más que los que ven el envejecimiento de forma negativa.[6]

Margery Silver, Doctora en Educación de *Beth Deaconess Medical Center* estudió el perfil psicológico de 200 centenarios saludables y descubrió que el aspecto común que prevalece entre estas personas es que siempre piensan de forma positiva.[7] Otro estudio publicado en *Archives of General Psychiatry (Archivos de Psiquiatría General)* demostró que después de 10 años de seguimiento, las personas muy optimistas tuvieron 55% menos de riesgo de morir por cualquier causa y 23% de menor riesgo de muerte por enfermedades relacionadas con el corazón, frente a las personas que mostraron un nivel alto de pesimismo.[8]

Un estudio sobre el envejecimiento en América realizado por la Fundación MacArthur reportó que las elecciones que se hacen respecto a estilos de vida son más importantes que los aspectos genéticos en cuanto a determinar la calidad del envejecimiento de un individuo.[9] El estilo de vida óptimo para el envejecimiento está cimentado en las cuatro raíces sobre las cuales tratamos en este libro.

REÍR

Los investigadores han determinado que la risa produce salud y bienestar. Reír disminuye el estrés, fortalece el sistema inmunológico, reduce la presión sanguínea y mejora el funcionamiento del cerebro. Ría tan frecuentemente como le sea posible de modo que libere endorfinas, que no son otras que las hormonas de sanación, los analgésicos naturales del cuerpo. En vez de tomar una píldora para calmar el estrés le recomiendo ver una película divertida.

⊕ Un estudio del Centro Médico de la Universidad de Maryland, indica que la risa aumenta nuestra capacidad de luchar contra varias enfermedades mediante el incremento de la producción de anticuerpos. La risa reduce los niveles de las hormonas del estrés como el cortisol. Nuestro cuerpo se relaja cuando reímos reduciendo así el riesgo de sufrir enfermedades coronarias, hipertensión, ataques de apoplejía, artritis y enfermedades inflamatorias.[10]

⊕ Los investigadores encontraron que la risa tiene un efecto en la salud y en la función de los vasos sanguíneos. Descubrieron a través de ultrasonido que el diámetro de las arterias se incrementa en un 22% durante la risa y se disminuye en un 35% cuando existe estrés.[11]

ALTRUISMO

Las almas generosas viven rica y abundantemente. El altruismo neutraliza las emociones negativas que afectan las funciones inmunológicas, endocrinas y cardiovasculares. El altruismo crea respuestas fisiológicas, incrementa las defensas, las cuales hacen que la gente se sienta más fuerte y con más energías, lo que contrarresta los efectos perjudiciales del estrés.

El altruismo era el fundamento del hogar de mi madre. En la ciudad donde vivíamos no existían hogares de refugio y los desamparados sin hogar eran cuidados por un grupo de iglesias. Resulta sorprendente la idea de no enviar a las personas necesitadas a un hogar de refugio sino invitarlas a un hogar familiar. Cada iglesia tenía un horario de un día al mes; cuando ese día llegaba y la Policía había encontrado a alguien sin hogar, llamaban a la iglesia, la cual se hacía responsable por esa persona en necesidad. Mi madre se registró como la familia designada por nuestra iglesia. La visión espiritual de mi madre era que un extraño representaba una oportunidad para practicar la hospitalidad y la gracia. ¡Qué bendición resultó todo aquello para mi vida!

Cuando se nos llamaba de la iglesia, mi madre actuaba como si el Presidente de los Estados Unidos fuese a llegar. De inmediato cambiábamos las sábanas de la cama y poníamos unas frescas, limpiábamos la casa hasta quedar reluciente y yo era enviada a la cocina para iniciar con la preparación de los alimentos. Era un tiempo de celebración y de banquete. Mi madre sentía que cada extraño era un ángel de Dios disfrazado. Ella consideraba que al dar la bienvenida a esta persona aquello resultaba en una bendición porque la hospitalidad definía la clase de personas que éramos.

Qué diferencia con la gente en necesidad de nuestro mundo de hoy. Estas personas son temidas y rechazadas. Sin embargo, nos perdemos de recibir dones cuando pasamos por alto la oportunidad de practicar verdadera hospitalidad y altruismo.

Muchos de estos extraños me enseñaron lecciones muy valiosas sobre la pobreza, el abuso, la violencia y el rechazo de nuestra sociedad. Me enseñaron el poder de servir a otros y la emoción gloriosa de "la alegría de ayudar". También me permitieron experimentar el don que significa saber que todos somos una sola familia humana y que sentarse a la mesa con alguien cuya vida es tan radicalmente diferente, resulta ser muy enriquecedor.

Tuve el privilegio en mi propia familia de crear un espacio en nuestra casa en donde pudimos alojar a varios individuos marginados hasta cuando pudieran volver a estar en condiciones de seguir por sí solos su camino. Hemos sido bendecidos con un gran número de ángeles y santos que han visitado nuestro hogar y nos han permitido practicar la gracia de la hospitalidad: individuos y familias de casi todas las razas, otros en estado de enfermedad, algunos, víctimas de la violencia, y hasta niños abandonados en las calles. Cada uno de ellos nos dejó lecciones valiosas tanto a mi familia como a mí.

Los estudios demuestran que el altruismo nos trae salud y felicidad. Cuando los investigadores de Harvard mostraron un documental de la Madre Teresa y su trabajo a un grupo de personas, se evocaron sentimientos de altruismo en el grupo en estudio. Se midieron los componentes del sistema inmunológico de los individuos, entre estos la inmunoglobulina A y se encontró que este compuesto se incrementó en el grupo que experimentó sentimientos de altruismo.[12]

COMPASIÓN

La compasión ha sido la médula de todos los líderes espirituales y religiosos. Jesús, Buda, Gandhi, Lao Tsu y muchos otros líderes a través de la Historia han manifestado la virtud de la compasión. Entender la profundidad de este concepto es un asunto bastante crítico. La compasión no es sentir pesar o empatía por otros cuando uno está viendo las noticias. La compasión requiere de acción de parte del individuo que la experimenta.

El Dalai Lama demuestra el significado de la compasión cuando dice: "Yo creo que la compasión es mucho más importante que la religión. La compasión es una señal inequívoca de que se tiene fortaleza interior".[13]

La compasión de hecho cambia nuestra biología. Elimina las barreras entre los pueblos, las religiones y los países.

La palabra hebrea que frecuentemente se traduce por compasión es *rachamin*, la cual se deriva de la raíz *rechem*, que significa matriz, útero, o "la matriz de Dios". Está totalmente relacionada con la esencia de Dios. Tener compasión por otro es semejante a tener los sentimientos de una madre por su hijo en la matriz. Significa sentir el sufrimiento de los demás y responder ante ese sufrimiento.

Otra palabra hebrea para compasión es *splanchnizomai*, la misma que se utiliza para intestino o víscera. Los escritores de la Biblia la utilizaron únicamente para describir la compasión que desplegó Jesús hacia otras personas. Es un término poco frecuente y literalmente significa que lo que Jesús sentía por los demás era tan profundo que se manifestaba a nivel de sus intestinos.

Yo pienso que la compasión y el amor son dos aspectos de un mismo concepto. Cuando amamos a nuestro prójimo como a nosotros mismos, lo que estamos manifestando es compasión, la cual nace de nuestra decisión de amar. Tengo un letrero en mi escritorio que me recuerda que "el amor es una decisión". De la misma manera creo que la compasión es una decisión. Es cierto que en la vida no siempre sentimos amor de forma natural por nuestro prójimo pero podemos elegir amar a otros como un asunto de decisión, no simplemente como una emoción circunstancial. La compasión es un filtro que nos recuerda continuamente que nuestras diferencias son secundarias y que nuestra semejanza es primaria. Como norma espiritual, cuando en alguna situación yo no me siento cálida y centrada, elijo comportarme de forma amorosa y compasiva en los planos de mi vida personal, familiar y de trabajo.

De acuerdo a los textos antiguos, cuando elegimos actuar movidos por la compasión estamos actuando desde la matriz de Dios y desde los intestinos de Dios. Cuando escogemos vivir dirigidos por la compasión experimentamos verdadera felicidad en cualquiera de las etapas del alma.

Qué bendición es llegar a comprender que estamos inseparablemente conectados a los ciclos de la vida a medida que envejecemos. Constantemente estamos evolucionando y siendo renovados. Cada ciclo nuevo y cada situación nueva están colmados de posibilidades. Deténgase por un momento, cierre sus ojos y respire profundo. Escuche el ritmo perfecto de su corazón. Su existencia es una nota en la gran sinfonía de la vida. Ojalá que usted pueda rendirse a las lecciones y a las maravillas de cada estación de su alma a medida que experimenta la verdadera felicidad.

~ INICIE HOY MISMO ~

Pregúntese ¿Me siento conectado con la naturaleza? Si no es así, ¿por qué no?

¿Cuál es mi sentir respecto a envejecer?

¿Cómo puedo empezar a experimentar el poder de la rendición?

Dígase Estoy a salvo y seguro en cada estación de mi vida.

Haga Consiga un nido de pájaros y obsérvelos a medida que transcurren las estaciones.

Vea una película divertida y experimente el poder sanador de la risa.

Escoja una obra de caridad y apóyela económicamente. ¿Qué se siente cuando se decide a actuar de manera altruista?

CAPÍTULO 3

Cómo entender el rumbo de la felicidad

CUANDO DESPERTÉ, empecé a sentir la agradable textura de la cobija que calentaba mi cansado cuerpo. Miré a mi alrededor en la habitación en la que me encontraba y comencé a recordar dónde estaba. No podía creer que habíamos gastado tanto dinero en estas vacaciones y que aún así estuviera tan enferma y que todo lo que hiciera fuera dormir.

Por fin mi fiebre estaba cediendo y me sentía malhumorada. Habíamos esperado dos años con mi esposo para tener estas vacaciones y ahora me sentía tan enferma. Mi esposo se sentó a mi lado y me dijo que había reservado un masaje para mí al día siguiente a las siete de la mañana, en una mañana de domingo 4 de julio. Aquella era la única hora que habrían de tener libre en todo el día y Jim creía sinceramente que aquello me haría sentir bien. Pero la última cosa que yo quería en el mundo era un masaje. Levantarse a las seis de la mañana en la mañana de un domingo de vacaciones era más un castigo que un regalo.

Con vacilación tomé el elevador al Centro de Bienestar en el primer piso y tímidamente me registré con la asistente, quien pacientemente me llevó hasta el cuarto de masajes. Ella me solicitó quitarme los zapatos, acostarme boca abajo y cubrirme con una sábana antes que entrara el masajista. Estando allí acostada me dolía todo el cuerpo. Mi cabeza daba vueltas recordando lo que había hecho durante el último año de mi vida. Me había graduado de mi Doctorado en mayo, había pasado el mes de junio en mi entrenamiento clínico en Harvard, y luego de eso me había desplazado hasta San Francisco para hacer prácticas médicas con el renombrado cardiólogo, el doctor Dean Ornish. Había estado bastante ocupada por mucho tiempo. Para obtener mi Doctorado había pasado varios años recibiendo una clase tras otra. Quería asegurarme de adquirir conocimiento sobre las últimas investigaciones en Medicina mente-cuerpo. También había asistido a otra clínica para dedicar los pocos ratos libres a realizar prácticas y a aprender tanto como fuera posible.

Sin importar cuánto aprendiera, temía que no aprendiera lo suficiente. Había tenido un ritmo tan acelerado por tanto tiempo que en realidad me estaba enfermando. Entonces mis pensamientos fueron interrumpidos cuando se abrió la puerta. Escuché la voz amable del terapista que preguntaba: "¿Cómo se encuentra hoy, señora Hall? ¿Hay algo especial que deba saber antes de iniciar el masaje?". Yo empecé diciendo: "He estado muy ocupada y he viajado durante meses y ahora toda esa actividad me está pasando la factura. He estado enferma". El terapista, retiró la sábana de mi espalda y comenzó el masaje.

Después de algunos minutos el hombre preguntó, "Bien, ¿qué la trajo a San Francisco?". Yo le conté que estaba allí para hacer prácticas con el doctor Ornish y que mi esposo iba a tomarse algún tiempo para descansar, pero que me enfermé. El hombre me preguntó dónde había estado y en qué trabajaba. Aquello fue como si la compuerta de una represa se abriera.

Le conté que dejé mi carrera en las finanzas y que me dediqué intensamente a aprender todo lo que pudiera sobre el estrés, la Medicina mente-cuerpo, espiritualidad y bienestar. Hice un recuento de los grados que recibí, el entrenamiento que obtuve de maestros de todo el mundo, y las intensas prácticas espirituales que hice con gran disciplina. Continué explicándole mi insaciable curiosidad y obsesión de aprender todo lo que pudiera y los años en que asistí a una clase y a otra, con un profesor y otro. De repente me detuve, y hubo un silencio sepulcral en la habitación. Empecé a llorar y a sollozar y me sentí abochornada de que este hombre a quien yo no conocía tuviera que escuchar mi historia de cansancio y tristeza. Luego de unos momentos de silencio, el hombre dijo: "¿Me permite contarle una historia?". Yo asentí con la cabeza, mientras él me alcanzaba un pañuelo para secar mi nariz y rostro.

Entonces me comenzó a contar:

"Hace mucho tiempo en India había un sanador cuyo nombre era Sanjay. Vivía en un pueblo pequeño y hacía curaciones y enseñaba. Las personas asistían de todos lados para escuchar a este humilde hombre y para preguntarle sobre cómo sanar sus dolencias. Sanjay era muy feliz y amaba su gente y su trabajo. Todo transcurrió bien por varios años hasta que cierta tarde, luego de impartir sus enseñanzas, lo visitó un anciano y le dijo: 'Usted es un buen hombre, y tiene enseñanzas maravillosas pero hay un hombre en la montaña que sana a más personas que usted y enseña cosas nuevas y diferentes a las que usted enseña. Pero eso está bien, usted es un hombre sencillo y lo hace bien en este lugar pequeño'. Entonces el anciano desapareció en el crepúsculo, pero el sanador quedó cautivado por sus palabras. Sanjay no podía dormir y los días subsiguientes, se sintió preocupado. Pensaba: 'Hay alguien que sabe más que yo, y hace su trabajo mejor que yo'. Aquello continuó atormentándolo por semanas hasta que no pudo resistirlo más.

"Sanjay se despertó cierta mañana, alistó su maleta y emprendió el viaje hacia la montaña a visitar a ese sanador superior del cual había escuchado. Quería ir y ver cuáles eran las cosas maravillosas que ese hombre podía hacer. Sanjay llegó a la aldea de la montaña donde todo el mundo conocía al sanador maravilloso. Se quedó en una esquina de la ciudad y esperó bajo la sombra de un olivo para escuchar las enseñanzas de este famoso sanador. Lo escuchó con gran fascinación y admiración y observó cuando la gente hacía fila para sanarse. Sanjay decidió que no abandonaría al maestro hasta que pudiera aprender los grandes secretos de su poder. De modo que una semana se convirtió en un mes y un mes en un año. Todos los días el sanador venía bajo el olivo y Sanjay se inclinaba con reverencia ante todas sus enseñanzas. Al final, cierto día, el sanador llamó a Sanjay frente a toda la muchedumbre y le preguntó: 'Sanjay, ¿tú quieres saber todo lo que yo sé y quieres saber la forma de hacer todo lo que yo hago de la misma manera como lo hago?' 'Oh, sí, maestro, eso es lo que deseo'.

"En un abrir y cerrar de ojos el sanador cortó su cabeza y la puso encima de la cabeza de Sanjay. De inmediato la cabeza dijo: 'Ahora tienes mi cabeza y puedes saber todo lo que yo sé'. Sanjay se sintió muy feliz y empacó de nuevo su maleta y regresó a su aldea. Estaba muy contento porque el informe sobre su conocimiento y habilidades se difundió en toda la provincia y gente de todas partes venía para escucharle y ser sanada. Así, Sanjay estuvo satisfecho por muchos años. Cierto día, un extranjero joven se sentó en el jardín a escuchar las enseñanzas de Sanjay. Al finalizar la sesión, Sanjay se disponía a salir del lugar, pero el joven se le acercó y le dijo: 'Hay en ti gran conocimiento, maestro, y tienes gran poder, pero hay alguien que tiene más conocimiento y vive río abajo en la provincia de Leong. Él es alguien muy noble y sabio'. Cuando el hombre joven se fue, Sanjay se preguntaba por qué no había escuchado antes acerca de este hombre. De nuevo, no pudo dormir aquella noche y se sintió distraído al día siguiente. Aquello continuó ocurriendo por semanas. Al final, Sanjay empacó su maleta y salió río abajo en el bote de la mañana para visitar a este gran maestro.

"Sanjay llegó a la hermosa aldea y esperó en un lugar donde habían varios árboles de pera hasta que viniera el sanador. Luego de escuchar al maestro dar su lección y observar sus métodos para curar a los enfermos, decidió quedarse para aprender todo lo que esta persona tuviera para enseñar. Una semana se convirtió en un mes y un mes se convirtió en varios meses hasta que vinieron las lluvias monzónicas. Cierta tarde después de enseñar, el maestro llamó a Sanjay y le dijo: 'Sanjay, tú te has sentado aquí día tras día y me has seguido a donde quiera que he ido. Te has convertido en mi sombra. ¿Qué quieres que haga por ti?' 'Oh maestro, deseo conocer los secretos de tu mente y tener el gran conocimiento que posees'. Tan rápido como un relámpago, el maestro cortó su cabeza y la puso encima de las dos cabezas que ya había sobre el hombro de Sanjay.

"Sanjay estaba muy feliz y rápidamente abordó el siguiente bote para regresar a su casa en la villa. Y ello se convirtió en el hábito de Sanjay. Enseñaba y curaba feliz por un tiempo, hasta que escuchaba de un mejor maestro en otro lugar, de modo que empacaba su maleta y se iba a buscar al nuevo maestro. Con el tiempo cada maestro confrontaba a Sanjay y subsiguientemente cortaba su cabeza y la ponía sobre las otras cabezas de Sanjay.

"Esto ocurrió durante largos años, y Sanjay permanecía en un estado constante de cansancio, confusión y frustración. Cada vez que una persona se acercaba para hacerle una pregunta o en búsqueda de algún remedio, todas las cabezas hablaban, daban consejos y discutían. El habla constante, las discusiones y el tener que mantener el equilibrio de las cabezas, se convirtió una tarea abrumadora para Sanjay.

"Cierta tarde al final del otoño, cuando Sanjay estaba dictando sus enseñanzas, un monje bastante tranquilo entró y se sentó en la parte de atrás del gentío. Luego de que Sanjay terminara de enseñar, el monje se acercó a Sanjay y le dijo: 'Pobre hombre. Parece que has estado en una condición de agitación, confusión y dolor terrible. ¿Te puedo ayudar en algo?' Sanjay, casi a punto de romper en llanto dijo: 'Sí, hombre santo, he viajado por todo el mundo para obtener el mejor conocimiento posible y para convertirme en el mejor maestro sobre la Tierra. Ahora tengo todas estas cabezas sobre mis hombros y todas contestan y hablan y estoy tan confundido y cansado que no sé qué hacer. Lo único que yo quería era tener todo el conocimiento y la sabiduría disponible en el mundo'.

"En ese momento el monje se acercó y removió todas las cabezas que Sanjay tenía sobre la suya y las puso sobre el suelo a su lado. Sanjay se quedó en silencio y aturdido. Entonces el monje dijo con gentileza: 'Sanjay, no necesitabas viajar por el mundo para obtener la gran sabiduría y conocimiento. Todo lo que tienes que hacer es escuchar a tu propia mente y esta te enseñará todo lo que necesitas saber'. Sanjay miró a los ojos tranquilos del monje y con lágrimas en su rostro preguntó: '¿Cuál es tu nombre, oh hombre bondadoso?' 'Mi nombre es Siddhartha Gautama, el Buda'".

Cuando el hombre terminó de contar su historia, yo me quedé en la mesa de masajes completamente en silencio. Entonces el hombre dijo: "Regrese a su finca. No salga de allí. No más maestros, no más clases. Va a encontrar todo lo que necesita saber en su finca". Entonces dio la vuelta y salió de la sala. Cuando cerró la puerta tras de sí entré en estado de conmoción. Sentí como si un ángel me hubiera guiado en ese momento. Me vestí lentamente y fui al escritorio de la asistente para firmar el cheque de pago por el masaje. Entonces me incliné un poco y le pregunté a la asistente: "¿Quién es el hombre que acaba de hacerme el masaje? Es una persona muy bondadosa, sabia y gentil". La mujer me sonrió y contestó: "Su nombre es Samuel, es un monje budista y vive en un monasterio cerca a San Francisco. Él hace masajes una vez por semana y dona el dinero al monasterio. Usted es muy afortunada de que él la haya atendido, señora Hall. Él es en realidad un ángel".

Regresé a mi finca y seguí el consejo del monje. Ya no visito a más maestros o "gurús". Ya no voy a más seminarios, clases, retiros o destinos académicos. Empecé a trabajar en la granja y tomé la decisión consciente de aprender lo que la tierra tuviera que enseñarme. Cambié la dirección de mi vida. En vez de continuar en mi búsqueda insaciable, la finca me enseñó la forma de cultivar las raíces y de crear un fundamento sólido. La granja me movió hacia adentro y hacia afuera y allí pude descubrir mi auténtico ser interior y la dirección de la verdadera felicidad. Muchas de las lecciones más importantes que he aprendido no fueron en el salón de clase, ni de la mano de algún profesor famoso, sino como mi apreciado monje lo prometió, en las tareas simples y cotidianas de la vida trabajando en la tierra.

La dirección del desequilibrio: hacia arriba y hacia adelante

Para muchos la imagen del éxito es la de tener una oficina bonita en los pisos superiores de un edificio con vista a los alrededores urbanos. Recuerdo el maravilloso estatus del que mi ego disfrutaba cuando trabajaba en un piso superior del Centro Financiero de Atlanta. Yo creía que la felicidad era la hermana gemela del éxito y que este se presentaría en algún lugar del camino. Me parecía que las dos cosas debían estar conectadas inseparablemente pero entonces descubrí que todo ello era una gran fábula. Me había pasado toda mi vida yendo en dirección hacia arriba y hacia adelante, como muchos otros, siendo atraída con un señuelo hacia la cima, buscando éxito, estatus y dinero. No hay nada de malo con ninguna de esas tres cosas si se tienen las raíces y el fundamento para soportar el movimiento hacia arriba y hacia adelante.

Mucha gente anda apresuradamente por el carril de la velocidad para "lograrlo", cualquier cosa que eso signifique para cada uno en particular. "Lograrlo" puede representar unirse a una organización, obtener un mejor cargo, dinero, estatus o ser la "mejor" mamá del vecindario. No obstante, para obtener lo que se desea, de modo que sea duradero y sostenible, es necesario tener fundamento y raíces. Una vez que usted se vea atrapado en el remolino del éxito y en este estilo de vida, es muy difícil sostenerse si no tiene un fundamento sólido.

Solemos enfocarnos tanto en el premio, que cuando alcanzamos las metas hacia arriba y hacia adelante descubrimos que hemos creado una vida hueca y ocupada. Si no hemos desarrollado hábitos o disciplinas para mantenernos saludables y en estado de bienestar, entonces las tormentas causadas por vivir ocupadamente vienen y nos ocasionan daños considerables.

El éxito, sin las raíces del balance y la felicidad crea "grilletes de oro". El éxito y la felicidad basados en el movimiento hacia arriba y hacia adelante sólo puede alimentarse y sostenerse con experiencias que se concentren, obviamente, en movimientos hacia arriba y hacia adelante. Por esto es que tantas personas invierten mucho tiempo y dinero intentando alcanzar las emociones máximas. Hay quienes pagan grandes cantidades de dinero para pasar un fin de semana y probar que pueden caminar sobre carbones calientes sin darse cuenta que están andando sobre carbones calientes todos los días de su vida. Esto ocurre en el país de los campeones de la libertad que llevan puestos todo el tiempo los "grilletes de oro" que se han fabricado para sí mismos. Hemos seguido ciegamente una ruta en búsqueda de la felicidad y hemos limitado nuestra vida concentrándonos en ir hacia arriba y hacia adelante. Y el resultado es que hemos creado de forma colectiva vacíos para el alma. Hemos puesto nuestra vida en modo de piloto automático. Hemos elegido esa ruta hacia arriba y hacia adelante. Pero hoy tenemos la oportunidad de tomar nuevas decisiones saludables.

La dirección de la felicidad: hacia adentro y hacia abajo

El movimiento correcto hacia vivir una vida intencional de balance y felicidad es un movimiento hacia adentro y hacia abajo. Este movimiento crea el fundamento que necesitamos para permanecer firmes y fortalecidos. Si en primer lugar nos concentramos en movernos hacia adentro y hacia abajo, entonces nos moveremos de forma natural hacia arriba y hacia adelante y así continuaremos nuestro crecimiento durante toda la vida. Piense en la cimentación de un edificio, el cual depende de su fundamento. La base de nuestra felicidad se cultiva mediante movernos hacia adentro, hacia nuestro ser auténtico (vea la figura 3-1). Vivir desde el interior genera un ancla, una guía, la clave para una vida de felicidad (figura 3-2).

Un gran roble sostiene su maravilloso crecimiento hacia adelante y hacia arriba y lo hace porque en primer lugar ha estado fundamentado profundamente hacia adentro y hacia abajo. La dirección para descubrir la felicidad comienza hacia adentro y hacia abajo, a lo cual le sigue un movimiento hacia arriba y hacia adelante. Y tal como un árbol depende de sus raíces profundas, nosotros debemos estar arraigados en nuestros valores, creencias y conocimiento de sí mismos. Cuando empezamos a oír nuestra voz auténtica, nuestro crecimiento se moverá hacia abajo para crear un centro fuerte y saludable.

Figure 3-1

Figure 3-2

Todos tenemos un chip informático, una voz interna, un rayo de luz interior y buscamos sentirnos realizados. Muchos no hemos demostrado respeto por esta luz interior. La hemos ignorado, negado o silenciado para no experimentar su poder. Hemos creado tantas distracciones que no logramos percibir su energía ni su poder. Pero este poder o luz innata nunca se extingue. Continúa llamándonos hasta que le escuchemos. Cuanto más ignoremos el llamado de esa luz interna, mayor será el tiempo en que la felicidad nos eludirá.

Cuando escuchemos esa voz, seremos guiados, rescatados y dirigidos hacia el verdadero logro y felicidad. Entonces nuestro propósito se desenvolverá ante nosotros de forma natural. Seremos llevados a casa para estar con nuestro propio ser. Cuando la bellota del árbol de roble cae al piso no se afana ni aplica ninguna fuerza para convertirse en un roble. La pequeña bellota germina y echa raíces en el suelo, y eventualmente desarrolla las raíces fuertes que sostendrán al roble durante cientos de años a medida que continúe creciendo hacia arriba y hacia adelante.

Su propio sistema de posicionamiento global

Todos tenemos un sistema de posicionamiento global interno (GPS por sus siglas en inglés). Cuando aceptamos la responsabilidad de nuestra propia felicidad, nos hacemos conscientes de nuestra brújula interna.

Nuestro GPS nos guiará. Podemos elegir hacernos conscientes de nuestro GPS interno, prestarle atención y luego elegir la dirección que tomaremos. Y tal como ocurre con los GPS de los automóviles, se nos da información, se nos guía, pero no estamos obligados a seguir las indicaciones. No tenemos que ir en la dirección que indique el GPS, siempre tenemos la libre facultad de decisión. Nuestro GPS es la guía, el faro, la luz que nos llama a vivir una vida intencionada. Podemos ignorarlo, y muchos de nosotros lo hacemos. Pero nuestro GPS interno está programado para guiarnos en la dirección hacia nuestra felicidad. Nuestra ruta de destino ya está fijada y es auténtica, de modo que podemos avanzar en el proceso con confianza.

Es posible que usted tenga que transitar por caminos escabrosos y viajar por lugares de incertidumbre, pero escuche la voz de su GPS interno, siga el mapa. Existen cosas que pueden minar la confianza en nuestro GPS interno. Entre estas se encuentran la vergüenza, el temor, y la ira, las cuales crean inestabilidad y caos.

La espiritualidad: el movimiento hacia adentro y hacia abajo

La verdadera espiritualidad consiste en hacernos conscientes de que todos somos interdependientes con todas las cosas y con todas las personas, y que nuestros pensamientos, hasta los más insignificantes, generan acciones; y que cada acción tiene consecuencias reales en el Universo.

—Sogyal Rinpoche

Existe una diferencia clara entre espiritualidad y religión. En general, comúnmente se confunden los dos términos; pero estos son muy diferentes y tienen implicaciones diversas. Espiritualidad es la conexión del alma con Dios, el Creador, la Fuente, el Poder Superior, la Naturaleza o el nombre con el que denominemos lo Santo. Religión es un "sistema personal o institucionalizado que se basa en unas creencias y que ejerce reverencia por un poder sobrenatural al cual se le considera el Creador o Regente de todo el Universo".[1]

En los años recientes el movimiento de la Medicina mente-cuerpo y las investigaciones hechas en este campo han tomado nuevos giros. Una materia que enseña la Universidad de Texas en su Facultad de Medicina del Sureste se llama "Espiritualidad y Medicina" y se propone encaminar a los estudiantes hacia tratar y hablar con los pacientes sobre temas relacionados con la espiritualidad y las enfermedades. Más de la mitad de las escuelas médicas del país, desde Harvard hasta Stanford, ofrece ahora estos cursos. Instituciones de renombre como Harvard, Duke, Columbia y National Institute of Health, cuentan con investigadores que intentan desentrañar la relación entre la espiritualidad y la salud.

Existe un cuerpo de investigadores que está explorando las incidencias neurológicas entre estos dos aspectos. Al parecer, cuando tenemos experiencias espirituales se detectan alteraciones en los circuitos del cerebro. Muchos estudiosos creen que la espiritualidad afecta la salud, la felicidad y el bienestar.

Varios centros de investigación médica ahora estudian la conexión mente-cuerpo y llaman a estas investigaciones "el estudio de la religión, la espiritualidad y la salud". El nuevo centro de la Universidad de Columbia se llama "El estudio de la Ciencia y la Religión". Yo pienso que las instituciones tienen un problema cuando intercambian las palabras religión y espiritualidad, las cuales son muy diferentes. Es cierto que a veces pueden tener alguna relación, aunque no necesariamente. La espiritualidad y la religión pueden tejerse juntas en la tela de la vida pero pudieran no estarlo. Durante los muchos años de experiencia que tengo, he conocido a muchas personas religiosas y devotas a su religión y a Dios, pero que no han sido personas espirituales. También he conocido a varios individuos que son increíblemente espirituales pero que no hacen uso de una religión formal.

En este libro me concentro en un término mucho más inclusivo, *espiritualidad*, ya que todos tenemos una naturaleza espiritual, aunque muchas personas no sean religiosas.

El otro día un amigo psiquiatra y yo estábamos disfrutando de un café y él dijo que en su práctica clínica él considera que el 90% de sus pacientes tiene problemas espirituales, los cuales generan condiciones psiquiátricas. La raíz del asunto es que los seres humanos somos mente, cuerpo y alma. La ciencia y la espiritualidad mismas confirman que las tres se encuentran interconectadas entre sí. Por lo tanto, debemos tomar muy en serio el hecho de que necesitamos alimentarlas, me refiero a la salud mental, la física y la espiritual.

La Ciencia se está interesando en lo que sucede en el cerebro cuando tenemos experiencias espirituales. Ahora contamos con tecnología, como por ejemplo las pruebas de resonancia magnética, los electroencefalogramas, las tomografías y las pruebas de saliva y de orina, las cuales muestran lo que está sucediendo en nuestro cuerpo en tiempo real a medida que realizamos ciertas actividades.

El doctor Andrew Newberg de la Universidad de Pensilvania utiliza los escáneres cerebrales para identificar el lugar donde se encuentran los circuitos espirituales y la manera como el cerebro reacciona ante las prácticas religiosas y espirituales. El doctor Newberg dice: "No existe la manera de determinar que los cambios neurológicos asociados a las experiencias espirituales signifiquen que el cerebro esté produciendo esas experiencias o que dichos cambios estén percibiendo una realidad espiritual".[2]

Existe una nueva ciencia que está emergiendo llamada la Neuroteología. Los neuroteólogos investigan sobre los efectos de las actividades religiosas o espirituales en el cerebro.

Esta nueva ciencia está orientada hacia preguntas como: ¿Estamos hechos para experimentar la espiritualidad? ¿Tenemos antenas o receptores internos que respondan a las "experiencias espirituales? Cuando elegimos abrir el alma, ¿recibe nuestro cerebro energía, luz, o estimulación eléctrica en algunas áreas específicas? Estamos viendo resultados que indican que la respuesta a este tipo de preguntas es afirmativa.

Viviendo desde el interior

Después de varios años de experiencia he llegado a ver que la ruta hacia el verdadero ser proviene de vivir desde adentro hacia afuera. Esta es la clave, según han enseñado todos los grandes maestros religiosos y espirituales a través del tiempo, sea que se trate de Jesús, Buda, Lao Tsu, Confucio, Mahoma, Gandhi, Thoreau, Emerson, el doctor Martin Luther King Jr., la Madre Teresa, el Padre Thomas Keating y muchos otros grandes maestros, todas sus enseñanzas se pueden resumir en un mensaje básico: busque adentro, escuche y viva desde su centro.

La Biblia, la Torah, el Corán, las Upanishads, los Vedas, el I Ching, los discursos del Buda, los Misdrash y el Bhagavad Gita —todos estos textos religiosos del mundo— se centran en explicarnos cómo debemos vivir desde el interior. Cada texto sagrado difiere en sus estilos, sus métodos y en una variedad de perspectivas sobre la vida espiritual, pero esencialmente el mensaje es el mismo.

Este mensaje no sólo se encuentra en la mente de los grandes maestros y en los textos sagrados, sino que también se ve reflejado en la naturaleza y en la ciencia. Todos los árboles tienen su médula en el centro; todo sistema orgánico emerge desde su interior. Todas las especies comparten un diseño que inspira reverencia a este maravilloso Universo.

¿Por qué pensar entonces que el flujo de nuestra vida se puede dirigir en otra dirección cuando la naturaleza, la ciencia, la espiritualidad y la religión susurran: "Mira desde el interior... regresa a casa"? Nos obsesionamos con buscar la felicidad, la paz mental y el balance en el exterior y como resultado perdemos el equilibrio con el mundo natural al cual estamos unidos inseparablemente. Como sociedad, como nación y como individuos, sólo necesitamos mirar un periódico, escuchar las noticias o leer una revista, para darnos cuenta que estamos dirigiendo nuestra vida en dirección hacia el exterior de nuestro ser. A medida que continuamos la búsqueda implacable para acumular más posesiones, dinero y poder, continuamos hundiéndonos en la apatía, la confusión y el temor.

La única manera de encontrar balance y experimentar verdadera y auténtica felicidad es mediante vivir desde el interior. Como individuos y como comunidad necesitamos redefinir el concepto de la verdadera felicidad y hacer el compromiso de vivir orgánicamente desde nuestra esencia —aquel espacio sagrado de energía vital de potencial ilimitado. De otro modo, el mundo, nuestras familias y nosotros mismos, no podremos sostenernos si no escogemos vivir desde el interior en cada aspecto de la vida. Debemos tener intimidad con nosotros mismos y ser felices hallando balance interior antes que podamos experimentar felicidad con otras personas, con nuestras familias y nuestras comunidades.

Si hacemos el compromiso de vivir desde el interior, conseguiremos transformar nuestra vida y el mundo en el cual vivimos. Mi invitación es que tanto usted, como su familia, su empresa y su comunidad, empiecen a vivir desde el interior con integridad, amor y balance en todo aspecto. Si usted y yo vivimos desde el interior y empezamos a hacerlo desde este mismo momento, nuestro planeta dejará de ser un sistema insostenible y en decadencia y florecerá de manera sostenible para cada comunidad de la familia humana y para todo bosque, río y creatura sobre la tierra.

Cuando usted elija empezar su viaje hacia el interior y hacia la profundidad de su ser auténtico, le prometo que disfrutará de la experiencia de vivir desde su interior.

~ INICIE HOY MISMO ~

Pregúntese   ¿En qué dirección está yendo mi vida?

¿Estoy escuchando mi propio "GPS"?

¿Es importante para mí la espiritualidad?

Dígase   Estoy viviendo desde el interior.

Haga   Lleve un registro que revele su proceso de tomar decisiones.

Visite algún lugar que considere espiritual.

Cree su propio ritual de gratitud y practíquelo a diario.

Encuentre su propio ritmo

DURANTE VARIOS AÑOS estuve visitando médicos y probando una gran variedad de medicamentos para aliviar mis dolores crónicos. De una pequeña garrapata que vivía en los campos de Oak Haven contraje la enfermedad de Lyme, una afección bacteriana que ataca el sistema neurológico de varias maneras. Mi pesadilla empezó con terribles dolores de cabeza los cuales fueron avanzando hasta afectar mis piernas a tal punto que no podía caminar; al poco tiempo empecé a experimentar procesos de pensamiento demorados y patrones de habla confusos. Para alguien que había disfrutado durante toda su vida un sentido de control sobre su cuerpo y su mente aquello se convirtió en un verdadero infierno. Con el tiempo se me hizo el diagnóstico correcto y después de varios tratamientos con medicamentos, lo cuales duraron varios meses, los doctores me informaron que estaba "curada".

Tal vez estaba "curada", pero los terribles dolores nunca cesaron y mi cuerpo seguía presentando deficiencias de muchas maneras. Me resultaba increíblemente difícil caminar por la finca, levantar los sacos de alimento para los caballos o encerrar a las yeguas o a sus crías. Con el paso del tiempo, ya me costaba mucho trabajo mover los pies y tenía que hacerlo uno a la vez y hasta tuve que aprender a caminar otra vez. Las bolsas de 25 kilos de alimento para caballos que anteriormente solía levantar sin ninguna dificultad, ahora me parecían como si estuvieran cargadas de plomo. En mis establos, que anteriormente eran lugares de gran alegría, colapsaba entre las pacas de alfalfa y terminaba sollozando a medida que el dolor intenso se apoderaba de mi cuerpo hasta casi enloquecerme. Podía sentir las semillas de la depresión germinando y creciendo en mi ser. Me sentía sin esperanza.

Cierta noche, mientras descansaba en un sofá a la vez que cambiaba canales y me colocaba paños calientes en todo el cuerpo para aliviar el dolor, vi a una mujer de apariencia agradable vestida con una bata de médica hablando sobre Acupuntura. Ella describía la eficacia de este tratamiento para aliviar muchas enfermedades, especialmente sobre sus efectos para manejar el dolor. Yo me sentía desesperada y ello despertó mi curiosidad. Tanto mi esposo como mi hija son médicos y hemos disfrutado juntos de cenas y conversaciones animadas sobre Medicina Alternativa y el futuro de la Medicina Integral. Y la ciencia de la Acupuntura y sus posibilidades también había sido tema de discusión en muchas de esas conversaciones.

Al día siguiente, llamé a mi médico y conseguí los datos de una doctora china. Así comenzó una nueva odisea. La primera vez que conocí a la doctora Logan, ella no se detuvo en formalidades sino que de inmediato empezó a examinar mis muñecas; también examinó mis pulsaciones en ambos brazos. A medida que detectaba los débiles latidos bajo mi piel, en algún momento susurró con sorpresa con una sabiduría que yo no sabía descifrar. Luego de un rato se detuvo y me pidió que le mostrara la lengua, la cual examinó con mucho detenimiento. Mientras yo permanecía allí atenta observando el examen con gran curiosidad, empecé a sentir que esta mujer tenía la forma de ayudarme. Una luz de esperanza surgió sobre mi adolorido cuerpo.

La doctora Logan dijo que aunque los médicos occidentales me habían declarado curada de la enfermedad de Lyme, ella podía asegurar, a partir de mis pulsaciones, que mis brazos todavía contenían residuos de la enfermedad en mi cuerpo, la cual ya no aparecía en los umbrales de las pruebas médicas de laboratorio, pero según ella, estaba segura que aún permanecía en mi debilitado cuerpo. La doctora Logan utilizó Acupuntura y preparó una mezcla de hierbas y dijo que ello actuaría al nivel más profundo de mis células hasta extraerme la bacteria completamente.

La doctora Logan me explicó que la Medicina china escucha al cuerpo de cada paciente a través del pulso. Las pulsaciones son centros de información que nos indican cuándo hemos perdido el ritmo en nuestro cuerpo y por consiguiente, el ritmo de nuestra vida. Esta rama de la Medicina Antigua restablece el ritmo del cuerpo y la relación de este con los ciclos de la naturaleza, primavera, verano, otoño e invierno. El cuerpo es un flujo constante de transformaciones dinámicas a medida que avanzan las estaciones del año así como las estaciones en la vida de cada persona. Las funciones orgánicas corporales trabajan de manera diferente en el otoño de lo que lo hacen en la primavera.

Todo tuvo sentido para mí. Aquí en Oak Haven, el reino animal y el reino vegetal fluyen de acuerdo a los ritmos de la Madre Naturaleza. Mi perra Chloe muda de pelo en la primavera y luego está cubierta de una manta gruesa en el invierno. Tiene sentido que si las estaciones afuera cambian, de alguna manera debe ocurrir algo al interior de nuestro cuerpo. Ahora bien, si las células están siendo constantemente renovadas, ¿por qué no pudieran también cambiar nuestros órganos? Y si toda la naturaleza cambia con el ciclo de las estaciones durante el año, ¿por qué no deberíamos nosotros hacer lo mismo? Los seres humanos no estamos separados de la naturaleza. Fuimos creados del polvo y regresamos a él. Estamos inseparablemente ligados a la esencia de nuestro entorno.

Las pulsaciones también revelan información sobre el nivel de estrés al que esté sometido el cuerpo. Si tenemos alguna enfermedad física, psicológica o espiritual, el pulso lo revela. La enfermedad en cualquiera de estas áreas produce estrés, el cual se dejar ver a través del pulso. Una persona puede decirle al médico simplemente que tiene dolor de cabeza o de estómago e indicar los síntomas que se le manifiestan. Pero las pulsaciones son un espejo de lo que su cuerpo está experimentando a todo nivel.

Tres semanas después de empezar el tratamiento, en algún momento me agaché a recoger una lata de sopa de tomate en el supermercado y me di cuenta, por primera vez en un año, que estaba caminando sin tener que hacer un esfuerzo consciente para hacerlo. Mi cabeza se había vuelto a conectar con mis pies. Recogí la lata de sopa y la acerqué a mi pecho y empecé a derramar lágrimas de puro gozo y gratitud. En el transcurso de un año el dolor fue cediendo gradualmente hasta que finalmente desapareció por completo.

Esa experiencia fue mi lección final de compasión hacia el gran número de personas que conviven a diario alrededor del mundo con alguna clase de dolor crónico, el cual a su vez produce estrés crónico. Con cada dificultad viene un regalo y el mío a lo largo de esta terrible experiencia fue una nueva forma de ver mi cuerpo y a la naturaleza. La Medicina china nos enseña que cada una de nuestras células y todo sistema de nuestro cuerpo, dependen de su habilidad de no solamente tener una reverencia profunda por el pulso, por el ritmo y los ciclos de nuestro cuerpo, sino también el pulso y el ritmo de nuestra vida y de nuestra familia; si no escuchamos con atención, perdemos conexión con nuestra fuerza de vida, nos enfermamos y perecemos.

Escuche a su pulso

Escuchar a nuestro pulso significa vivir desde el interior, implica sintonizarse con los ritmos de nuestra vida. Cuando descubrimos nuestro pulso auténtico, nuestro propio ritmo, hallamos al verdadero ser interior. Yo defino a ese ser como nuestra fuerza vital, la energía de vivir, del alma y de nuestro aliento. Cuando descubrimos y apreciamos ese pulso de nuestro ritmo primitivo, empezamos a entender lo que en realidad significa el verdadero balance de la vida y el trabajo y aprendemos a explorar las nuevas e inmensas posibilidades disponibles para nosotros en cada instante y en cada aspecto de la vida.

El diagnóstico del pulso es una de las pruebas más importantes de la Acupuntura. El pulso suministra al tratante información inmediata y específica que puede conducirle a hacer un diagnóstico acertado e indicar si el cuerpo se encuentra fuera de su balance. Observe algunas de las descripciones que se hacen del pulso en Acupuntura: flotante (superficial), profundo (recóndito), lento, rápido, vacilante, resbaloso, apretado, rígido, grande, delgado, vacío, pleno, corto, largo, apresurado, intermitente y anudado. Me encantan el tipo de palabras que esta ciencia utiliza para describir lo que puede estar ocurriendo al interior de un paciente.

Ahora, empiece con usted mismo y vea si algunas de estas palabras lo describen. ¿Describen a su cónyuge, a su compañero de trabajo, a su madre o a algún vecino? Tal vez nuestro pulso revela la clase de vida que estamos viviendo y es un reflejo de lo que nos está sucediendo.

Resulta interesante también que la intensidad y calidad de nuestras pulsaciones disminuya a medida que envejecemos. Los hombres generalmente son más fuertes en el lado izquierdo y las mujeres en el derecho. Esto resulta interesante puesto que el lado derecho del cerebro es el lado creativo y el izquierdo es el de la lógica y el de las tareas por ejecutar. Las estaciones ejercen influencia sobre el cerebro. Cada estación del año afecta al pulso de forma diferente.[1]

La Acupuntura emplea el pulso para identificar los desequilibrios que haya en el cuerpo. Es una ciencia antigua que se utiliza en la actualidad como un tratamiento aceptado y legítimo para muchas condiciones de salud. Los Institutos Nacionales de Salud (NIH por sus siglas en inglés) están conduciendo investigaciones extensas sobre el tema de la Acupuntura y hasta ahora se ha encontrado evidencia clara de que ésta ayuda a aliviar algunas clases de dolores. Ahora se considera como una alternativa aceptable o complementaria a la terapia médica convencional indicada para muchos estados de salud. Los NIH también han revelado que existe evidencia considerable de que la Acupuntura provoca la liberación de endorfinas —sustancias naturales de alivio al dolor— y actualmente se le está ofreciendo a muchos pacientes hospitalarios.[2]

Los estudios demuestran que la Acupuntura se ha utilizado eficazmente para tratamientos de adicciones, depresión, náuseas debido al embarazo, quimioterapia, asma e infertilidad.

Por otra parte, uno de los aspectos sobre el cuerpo humano que se revelan a través del pulso es el estrés crónico.

El estrés: lo bueno, lo malo y lo feo

El estrés se ha convertido en una epidemia en este siglo XXI. Yo misma he experimentado de primera mano, a través de mi vida y de mi trabajo, los efectos fisiológicos, psicológicos y espirituales del estrés.

El estrés hace parte natural y esencial de la vida. Nuestras manifestaciones de estrés han sido diseñadas para proteger y preservar la vida. Todos necesitamos cierta cantidad de estrés, pero no demasiado ni durante un tiempo prolongado. Nuestro cuerpo se mantiene reaccionando constantemente ante el estrés positivo y negativo. El estrés positivo nos motiva y nos dirige. Por ejemplo, es probable que nos exaltemos ante un nuevo proyecto de trabajo o por la posibilidad de mudarnos a otra ciudad para aprovechar una nueva oportunidad. Pero el estrés negativo afecta la salud física y mental y termina por impedirnos disfrutar de verdadera felicidad.

Todos nosotros tenemos un tremendo potencial no utilizado, así como aficiones que nunca hemos explorado. El estrés y los temores nos impiden alcanzar el potencial pleno. Para evitar que eso suceda, usted necesitará deshacerse de él de modo que pueda experimentar una vida intencional de verdadera felicidad. El estrés hace parte de la vida, como respirar, comer o beber. El estrés es una constante diaria y hay una razón para que exista. Éste revela nuestros lados oscuros y permite que ellos sean traídos a nuestra atención. De hecho, cada situación estresante que percibimos como un obstáculo, es en realidad una oportunidad.

Usted sabe que si descuida una herida o una úlcera, tiene sus consecuencias —la situación es factible de empeorar y dependiendo del caso es posible que se requiera de una amputación o hasta le cueste la vida. El estrés empeora si lo ignoramos y no respetamos el regalo que nos está ofreciendo. El negarlo, como negar una herida, llega a afectarnos mucho ya sea en el plano espiritual o psicológico o físico. El estrés situacional o agudo puede convertirse en estrés crónico, continuo o incurable.

El estrés debe funcionar como una guía y un don. Observe qué es aquello que lo estresa, acepte que está estresado y sea compasivo consigo mismo. Muchos de los clientes con los que he trabajado son demasiado severos con sus resultados personales. Una queja común de la primera consulta es: "No sé qué es lo que sucede conmigo. Estoy tan estresado. Otros logran manejar este tipo de estrés, pero yo no". Estas personas se sienten víctimas de su propio estrés, y por ende, abrumadas. Cuanto más intentemos erradicarlo mediante el alcohol, las pastillas para dormir, las drogas, comer en exceso, o mediante una variedad de comportamientos perjudiciales, más creamos vidas dependientes de estas cosas. Cuanto más tengamos una vida de negación de nuestro estrés, mayores formas encontrará éste para manifestarse y así llamar nuestra atención.

El estrés es nuestro maestro. Usted se le podrá esconder por un tiempo pero él siempre encontrará la forma de llamar su atención. Al principio se manifestará en su bienestar psicológico o espiritual pero con el tiempo también se exteriorizará en el plano físico. El maravilloso potencial de todos nosotros desea mostrarse y cualquier cosa que esté impidiendo su manifestación saldrá y creará estrés para así informarnos que algo está ocurriendo. El estrés constituye una invitación para tomar nuevas decisiones y ello requiere acción. A medida que usted aprenda a tratarlo, su increíble potencial se hará manifiesto, guiándolo más plenamente en la ruta hacia la verdadera felicidad.

Tenemos un cerebro antiguo que fue creado para ayudarnos a sobrevivir. A este cerebro se le conoce como el *cerebro reptil*, el cual está compuesto por nuestro sistema de temor. La reacción "pelee o huya", que reside en este cerebro primitivo da origen al patrón de respuestas fisiológicas que nos hacen responder ante las emergencias.

Cuando nos encontramos bajo estrés, liberamos neurotransmisores que alteran el comportamiento. El cuerpo responde ante esas hormonas aumentando el pulso cardiaco, la presión sanguínea y la respiración. Se bombea una cantidad mayor de sangre hacia los músculos, el cerebro, el corazón y los pulmones. El flujo sanguíneo llega a aumentar en un 300% o 400% preparando así a los pulmones, a los músculos y al cerebro para mayores demandas. También se aumenta la cantidad de azúcar o glucosa en la sangre, lo cual acelera el metabolismo; así logramos tener la capacidad para reaccionar de forma inmediata ante las emergencias. La sangre se espesa a medida que las plaquetas se preparan para detener rápidamente cualquier sangrado que se presente. A medida que la sangre se espesa, el oxígeno aumenta en los glóbulos rojos y se promueve una mejor función de los glóbulos blancos encargados de prevenir las infecciones. El bazo descarga glóbulos rojos y blancos permitiendo que la sangre transporte más oxígeno.

Nuestra respuesta "pelee o huya" es similar a la de la mayoría de los sistemas computarizados más avanzados del mundo. El cuerpo de inmediato prioriza sus necesidades: se aumenta el suministro sanguíneo al cerebro, al corazón y a los músculos periféricos, al mismo tiempo que se disminuye el suministro de sangre al sistema digestivo y a otras regiones que en ese momento son consideradas como irrelevantes. Sin importar lo que ocurra, todos tenemos que manifestar un gran respeto por la manera increíble en que funciona nuestro cuerpo. Es obvio que ha sido creado perfectamente y con la capacidad de manejar situaciones de estrés agudo e inmediato.

El estrés tiene efectos contiguos que se manifiestan de varias maneras sobre la mente y el cuerpo:

- Memoria: se hace vaga e inexacta.

- Aprendizaje: dificulta el aprendizaje y la resolución de problemas.

- Percepción: se hace limitada y estrecha.

- Actitud: se torna defensiva y agresiva.

- Estado de ánimo: se vuelve negativo y evasivo.

- Cuerpo: las quijadas se aprietan y los músculos se tornan tensos quedando listos para la acción.

- Respuestas fisiológicas: se incrementa de inmediato la presión sanguínea, la velocidad de la respiración, el corazón late más de prisa, se aumenta el nivel de azúcar en la sangre y la adrenalina. Los vasos sanguíneos se contraen en el rostro y en las manos y el tracto digestivo se cierra de modo que los músculos puedan recibir la cantidad apropiada de sangre.

EL EQUIPO "PELEE O HUYA"

Las dos hormonas de supervivencia que emite nuestro cuerpo en estados de estrés extremo son la adrenalina y el cortisol.

La adrenalina es producida y secretada por las glándulas adrenales las cuales se encuentran localizadas al lado de los riñones y son responsables de la síntesis y secreción de diferentes hormonas que son esenciales para las funciones corporales. Varias de las hormonas del estrés que se encuentran en nuestro cuerpo se producen en estas glándulas adrenales; entre estas se incluyen la epinefrina y el cortisol. La adrenalina o epinefrina está involucrada en varios procesos hormonales y neuronales y es la hormona clave en la reacción de "pelee o huya" en los casos de estrés agudo o repentino.

El cortisol cumple con varias funciones. Es un compuesto crítico para la regulación del metabolismo y la utilización corporal de proteínas, carbohidratos y grasas, así como en la regulación de la presión sanguínea y las funciones cardiovasculares que nos ayudan a controlar el estrés. El cortisol se produce en las glándulas adrenales en respuesta a las señales que envía la glándula pituitaria al hipotálamo en el cerebro. La secreción del cortisol se incrementa debido a factores de estrés psicológico o físico de cualquier clase. Luego de una situación de estrés, los niveles de adrenalina regresan a su estado normal; no obstante, los niveles de cortisol pueden permanecer elevados durante un periodo de tiempo más largo.

EL ESTRÉS AGUDO *VS.* EL ESTRÉS CRÓNICO

El estrés agudo se presenta a través de todo aquello que se considere una amenaza inmediata. El estrés agudo es la respuesta física y mental normal ante una situación de emergencia o de alteración. Puede tratarse de un accidente automovilístico, de una discusión con otra persona o de la pérdida de un partido de tenis. También puede ser causado por cualquier sensación de peligro, por el ruido, por estar ante un grupo grande de personas, por hambre o por una condición de enfermedad. Éste constituye una respuesta natural a corto plazo y es saludable y normal. Los químicos que se liberan en el cuerpo relacionados con este tipo de estrés se disipan rápidamente una vez termina la situación de trauma o de emergencia.

El estrés crónico, sin embargo, es muy diferente del estrés agudo. Es un tipo de estrés que permanece durante un periodo largo de tiempo y no se disipa ni desaparece. El estrés crónico continúa alojándose en la mente y en el cuerpo, generando sustancias químicas relativas al estrés. Esta clase de estrés se introduce lentamente en el sistema corporal, de la misma manera como lo hacen muchas sustancias venenosas, llegando a causar enfermedades y hasta la misma muerte.

Investigaciones científicas recientes revelan que los efectos del estrés crónico son de largo alcance. Los niveles continuos y altos de cortisol destruyen los huesos y los músculos. Esto hace que los procesos de curación así como los de renovación de células se hagan más lentos; también genera alteraciones en el metabolismo y en las funciones mentales del individuo debilitando así al sistema inmunológico. Los altos niveles de estrés crónico persistente pueden conducir a tener altos niveles de cortisol los cuales estimulan el apetito, trayendo como resultado el aumento de peso así como la dificultad para perderlo cuando se desea.

El estrés crónico libera adrenalina y cortisol, perjudicando así al sistema inmunológico y reduciendo nuestra habilidad para luchar contra las infecciones y combatir los estados inflamatorios del cuerpo. Los niveles elevados de adrenalina y cortisol afectan a muchos órganos y sistemas corporales a largo plazo.

Cuando el cuerpo experimenta estrés de forma continua, empieza a afectarse de varias maneras y esto conduce a una variedad de condiciones y enfermedades entre las cuales se incluyen molestias coronarias, cáncer, obesidad, artritis, insomnio, infertilidad, hipertensión, dolores de cabeza, migrañas y desórdenes digestivos, a la vez que se acelera el proceso de envejecimiento.

Cada persona responde ante el estrés de forma diferente y esto se debe a las experiencias que son propias de cada individuo, a que todos somos el producto de una combinación de genes, y aun, hasta la manera como manejaban el estrés nuestros ancestros. Personalmente creo que debemos ser bastante flexibles con las personas cuando intentamos determinar cuáles son los factores que crean estrés en ellas, así como la forma en que ellas reaccionan ante esos factores. Rachel Yehuda, con un Doctorado en el Centro Médico del Monte Sinaí en Nueva York, dice: "El manejo del estrés no es un asunto de una sola fórmula que resulte igual para tratar todos los casos. Varios estudios han demostrado que el hecho de simplemente relajarse no es un asunto que funcione con todos los pacientes. Decirle a alguien que ha sido afectado por el estrés que se relaje es como decirle a una persona que padece de insomnio que se vaya a dormir".[3]

Con la tecnología en proceso de avance y con los descubrimientos científicos, estamos empezando a entender cómo el estrés crónico afecta a las personas en diferentes planos, así como sus efectos devastadores en nuestro cuerpo. La ciencia neurológica está utilizando técnicas de escáner que nos están permitiendo entender de forma más profunda los procesos físicos milagrosos que ocurren al interior de nuestro cuerpo. Entre estas técnicas se incluyen las pruebas de resonancia magnética, los electroencefalogramas y las tomografías. Por ejemplo, se utiliza la función de resonancia magnética para determinar qué partes del cerebro se activan en diferentes tipos de situaciones, como en el caso de actividades que generan estrés o que producen diversos tipos de sensaciones. El "mapeado del cerebro" se logra cuando se aumenta el flujo de sangre o se detecta un mayor influjo de actividad en las distintas áreas del cerebro. En el caso de las tomografías, se inyecta al paciente una pequeña dosis de una sustancia química llamada radionúclida combinada con azúcar. Estas sustancias emiten positrones y la tomografía se hace alrededor de la cabeza del paciente para detectar las emisiones de positrones de acuerdo a la posición de la radionúclida. Los tumores malignos crecen a un ritmo tan acelerado que se necesita utilizar más azúcar y radionúclidas junto con ese azúcar. El computador mide la cantidad de glucosa en la imagen de modo que se puede localizar la concentración y hacer un diagnóstico. Los electroencefalogramas (EEG), registran la actividad eléctrica en varios lugares del cerebro. Las neuronas producen campos eléctricos dentro de éste, los cuales son medidos mediante esta técnica en la que se colocan una serie de electrodos en diversas partes de la cabeza para medir las frecuencias eléctricas del cerebro.

Los investigadores también utilizan pruebas de sangre, saliva y orina, para evaluar las sustancias químicas que libera el cuerpo durante una situación de estrés o de relajamiento. Por ejemplo, se hacen pruebas de epinefrina y dopamina a través de la orina, aunque también se pueden realizar a partir de la sangre tomada de una vena. La prueba más común para medir el nivel de cortisol utiliza muestras de sangre, aunque también se está utilizando mucho la saliva.

LOS EFECTOS DEL ESTRÉS EN LA SALUD

Aquí están los resultados de algunos estudios que muestran cómo el estrés produce una variedad de efectos en la salud corporal:

El corazón: investigaciones realizadas por el doctor Thomas Pickering, M.D., cardiólogo en Cornell Medical Center, demuestran que el estrés genera la liberación de epinefrina de las glándulas adrenales al sistema sanguíneo. La epinefrina activa las plaquetas sanguíneas, las células responsables de reparar los vasos sanguíneos liberando así grandes cantidades de ATP, una molécula alta en fosfatos necesaria para suministrar energía al cuerpo. La ATP hace que los vasos sanguíneos se estrechen rápidamente, cortando el flujo de la sangre, activando así un ataque cardiaco o una apoplejía.[4]

Apoplejía: Lawrence Brass, M.D., profesor de Neurología asociado a la Facultad de Medicina de Yale, encontró que el estrés severo es uno de los factores más potentes para generar una apoplejía, en una proporción mayor a lo que lo hace la presión sanguínea alta, y que este factor podía manifestarse aún 50 años después de haber sufrido algún tipo de trauma. La tasa de apoplejías entre los prisioneros de la Segunda Guerra Mundial fue ocho veces mayor que la evidenciada en otros veteranos. El doctor Brass descubrió que el estrés logra causar enfermedades inclusive muchos años después del evento que lo generó. El estrés causado por haber sido un prisionero de guerra fue tan severo que cambió la forma como los individuos respondían ante el estrés mismo.[5]

Sistema inmunológico: Sheldon Cohen, PhD., profesor de Psicología en Carnegie Mellon University, aplicó a 400 personas un cuestionario diseñado para cuantificar la cantidad de estrés a la cual estaban sometidas. Luego las expuso a gotas nasales que contenían virus de gripa. El 90% desarrolló resfriado. Estos mismos individuos presentaban niveles muy altos del factor de corticotrofina, que es la sustancia que interfiere con el sistema inmunológico.[6]

El cerebro: la doctora Amy F.T. Arnsten, de la Facultad de Medicina de Yale, informó sobre una investigación que demostró que cuando las personas experimentan estrés incontrolado, se activa en el cerebro una enzima llamada proteína kinasa C, que causa disfunciones en la memoria a corto plazo y en otras funciones de la parte ejecutoria del cerebro, la corteza prefrontal.[7]

Artritis reumatoidea: la hormona prolactina es liberada a través de la glándula pituitaria en respuesta al estrés, el cual activa las células que generan hinchazón en las articulaciones. En un estudio de 100 personas con artritis reumatoidea, la doctora Kathleen S. Matt, PhD., y sus colegas de la Universidad Estatal de Arizona, encontraron que los niveles de prolactina eran de más del doble entre quienes informaron altos grados de estrés, comparados con quienes no se encontraban en estado de estrés.[8] Otros estudios han demostrado que la prolactina migra hacia las articulaciones y allí se inicia una cascada de eventos que conducen a la hinchazón, causando dolor y debilitamiento.

Sobrevivientes al abuso infantil: Lawrence Brass, M.D., de Yale mencionado anteriormente, también reportó en un estudio sobre víctimas de abuso infantil, que el estrés psicológico que los niños sufren generado por maltrato infantil hizo que el hipocampo —una estructura del cerebro medio— fuera más pequeño que el de los adultos normales. El hipocampo es responsable parcialmente de almacenar la memoria a corto plazo. El doctor Brass declaró que esto constituye evidencia de que el estrés psicológico altera la composición del cerebro.[9]

El estrés crónico debe tratarse dondequiera que resida, en el lugar de trabajo (con los colegas, el jefe, el entorno corporativo), el hogar (el cónyuge, los hijos o el vecindario) y dentro de cada persona.

Los ayudantes corporales contra el estrés: las endorfinas, la serotonina y la dopamina

El cuerpo produce ayudantes contra el estrés y lo hace mediante químicos y hormonas sanadoras. Voy a mencionar sólo unos cuantos de modo que podamos hacernos una idea de que cada pensamiento, emoción y actitud, tienen la habilidad de producir poderosos agentes sanadores para experimentar felicidad plena.

LAS ENDORFINAS: LA AYUDA VIENE EN CAMINO

El cuerpo humano produce por lo menos 20 clases diferentes de endorfinas las cuales tienen la capacidad para crear un estado de elevación natural. Ellas pueden vincularse con los neurorreceptores del cerebro y dar alivio al dolor mediante bloquear las señales que se producen en el sistema nervioso. Las endorfinas también interactúan con los receptores opiáceos del cerebro para reducir la percepción del dolor, produciendo una acción similar a la de algunas drogas como la codeína y la morfina. Las endorfinas son producidas de forma natural mediante una variedad de actividades como la respiración profunda, la meditación, comer alimentos condimentados, tener sexo, reír, hacer ejercicio y muchos otros medios más.

Las endorfinas afectan el cuerpo y la mente de muchas maneras: alivian el dolor, reducen el estrés, fortalecen el sistema inmunológico, activan las células naturales asesinas y resguardan al sistema inmunológico contra las células cancerosas y otras enfermedades, a la vez que ayudan a retardar el proceso de envejecimiento.

Hacer ejercicio produce endorfinas. Usualmente denominamos a estas actividades con las expresiones "la elevación de los corredores" o "el segundo aliento". Hacer el amor aumenta las endorfinas el 200%. Candice Pert, de Johns Hopkins, documentó la conexión entre los orgasmos y las endorfinas. El doctor David Weeks, neuropsicólogo de Royal Edinburg Hospital, encontró que las mujeres y los hombres que tienen sexo entre cuatro y cinco veces por semana se ven 10 años más jóvenes que las personas promedio que tienen sexo dos veces por semana.[10]

Ciertos alimentos inducen la producción de endorfinas en el cuerpo. El chocolate es un generador popular de endorfinas, al igual que el ají. Cuanto más picante sea éste, mejor estará condicionado su cuerpo a producir endorfinas.

La acupuntura, los masajes, las duchas, los baños calientes, todo esto estimulan la producción de endorfinas. La risa activa la liberación de endorfinas, lo que no sólo ayuda a aliviar el dolor, sino que contribuye al proceso de sanidad.

La meditación y la imaginación guiada también ayudan al cuerpo a producir endorfinas, así como a reducir la presión sanguínea y a producir una sensación de bienestar. La música contribuye a la sanación física y mental, ya que también estimula la producción de endorfinas.

LA SEROTONINA

La investigación científica ha permitido descubrir algunos compuestos químicos con funciones semejantes en el cuerpo a las de los opiáceos en nuestros receptores cerebrales y en la columna vertebral. La serotonina es uno de esos químicos increíbles que producen sensación de bienestar. La serotonina es un neurotransmisor que participa en la transmisión de los impulsos nerviosos; estos son excepcionalmente importantes porque transportan los impulsos entre las células nerviosas. La serotonina es clave para la comunicación celular ya que mantiene comunicadas a las células entre sí. También es el compuesto químico que nos permite tener sentimientos de felicidad y estados de ánimo balanceados ya que promueve el sueño, calma la ansiedad y alivia la depresión. Cuando se libera serotonina en nuestro cuerpo la tensión disminuye.

Los niveles bajos de serotonina pueden conducir a la depresión, a muchos trastornos como: insomnio, obesidad, dolores de cabeza, fibromialgia y muchas otras condiciones similares. El problema de salud mental número uno es la depresión. Afecta a unos 15 millones de americanos quienes gastan aproximadamente $3 billones de dólares al año para manejarla.

LA DOPAMINA

El cerebro produce otro neurotransmisor llamado dopamina. Ésta afecta los procesos cerebrales que controlan los movimientos del cuerpo, las respuestas a las emociones y la habilidad de experimentar dolor o placer. También desempeña una función esencial en la salud mental y física. La dopamina actúa en conjunción con otras proteínas específicas llamadas receptores y la vinculación de la molécula de la dopamina con un receptor inicia una cascada de sucesos bioquímicos dentro de la célula.

La dopamina es un químico muy importante que se produce en el cerebro. Ayuda en la transmisión efectiva de los mensajes entre las células nerviosas. En otras palabras, permite que una célula hable a la otra. Las personas que sufren de la enfermedad de Parkinson tienen cantidades muy disminuidas de dopamina en dos de sus estructuras profundas del cerebro, los ganglios basales y la substancia negra. Esto es importante ya que la dopamina coordina nuestros movimientos como por ejemplo caminar y mantener el equilibrio.

Venenos que matan el pulso y la raíz

Existen venenos que matan el pulso. Es posible que estos no destruyan nuestro pulso saludable de inmediato pero con el tiempo pueden acabar con nuestra preciosa vida. Tales venenos son las emociones tóxicas que continuamente circulan en nuestro sistema afectando la mente, el cuerpo y el alma. Estos pueden destruir la salud e impedirnos una vida de prosperidad. Entre ellos se encuentran el temor, la ira, el odio, la vergüenza, la culpa, la envidia, los celos, la preocupación, el sentirnos víctimas, el pesimismo, la apatía y la codicia. Estas emociones nos roban las energías que necesitamos afanosamente para vivir con verdadera felicidad.

Al principio cada una de esas emociones afecta la salud mental pero sólo es cuestión de tiempo antes que el asunto crezca para infectar el cuerpo y el alma. Yo tomo este asunto de los venenos muy en serio porque he visto muy de cerca los efectos que causan estas emociones. Así que analice las siguientes condiciones con detenimiento.

EL TEMOR

El temor es la emoción más poderosa que experimentamos después del amor. El temor está de primeras entre la avaricia, la ira, el odio, la vergüenza, la envidia, la preocupación y la victimización. Todos los grandes líderes espirituales y religiosos nos dicen en sus textos que el temor nos impide alcanzar el pleno potencial de la mente, el cuerpo y el alma. El temor es un veneno y nos impide una vida de plena felicidad. Como humanos, no podemos evitar experimentar el temor; sin embargo, las cuatro raíces o fundamentos que veremos nos enseñan maneras saludables de enfrentar los temores que surgen a diario. El temor libera en el cuerpo químicos que generan estrés, los cuales producen enfermedades.

LA IRA

La ira nos separa, no solamente de las personas a quienes amamos, sino que nos hace daño a nosotros mismos. La ira es un veneno que nos impide tener intimidad y vida en comunidad; es una voz que crece sin control hasta convertirse en un incendio que destruye. La ira es algo que debe respetarse y escucharse porque nos indica que hay algo en nosotros que anda mal y que necesita arreglo. Jamás niegue ni subvalore la ira. El estrés de vivir con ira crónica puede afectar su salud. Acójala y haga un registro de ella o comparta esos sentimientos con un amigo o consejero. La ira es una dádiva que puede ayudarle a llevar una vida intencionada.

EL ODIO

El odio paraliza e implica separarse de la vida. Es violencia en nuestro interior que eventualmente puede trasladarse a toda faceta de la vida. En el odio, las semillas de la felicidad no crecen. Si usted está experimentando odio le sugiero buscar ayuda de un consejero o una persona religiosa. El odio es letal para la mente, el cuerpo y el alma. Cuando uno elije odiar a alguien, esa persona controla su vida. Usted le confiere el poder a ese sujeto o grupo al que odia. El odio impide que usted continúe produciendo las hormonas del amor, tan necesarias para sanar.

LA VERGÜENZA

La vergüenza por lo general implica sentirse deficiente. Es un elemento tóxico y tenerla es semejante a vivir con una nube sobre el corazón. La vergüenza usualmente tiene sus inicios en la niñez con asuntos relacionados con nuestras familias. Es difícil de superar en solitario. He descubierto que muchos de nosotros hemos tenido una vida plagada de vergüenza, la cual es una piedra de tropiezo y nos impide disfrutar de verdadera felicidad. Es tóxica y conduce a la depresión. Bajo ésta, el cuerpo puede llegar a deteriorarse.

LA CULPA

La culpa implica no sentirse digno. Es un sentimiento pesado y tóxico que cargamos a nuestra espalda. He trabajado con muchas personas cuyas vidas han estado cargadas de culpa. Vivir con culpa es como vivir mirando por el espejo retrovisor y vivir así es como dejar de vivir. El pasado se acabó y no hay nada que lo pueda cambiar. La culpa es como el cáncer que carcome la salud mental, física y espiritual.

LA ENVIDIA O LOS CELOS

Yo creo que la razón por la que está incluido entre los diez mandamientos (no debes codiciar) se debe a que la envidia planta las semillas de la autodestrucción y la destrucción de otros. La envidia da origen a los asesinatos, a los robos, a la infidelidad, a la violencia y a muchas cosas más. Cuando una persona vive deseando lo que otros tienen nunca puede estar en paz o ser feliz. La envidia representa una situación espiritual bastante seria. Cada uno tiene que vivir con su propio designio. Es ilógico envidiar lo que otros tienen porque lo que ha sido destinado para uno es de uno. La mayoría de las personas que manifiesta envidia vive en una especie de infierno, siempre pensando que si tuvieran lo que otros tienen —un cónyuge atractivo (o atractiva), un gran trabajo, un automóvil nuevo, hijos o una casa grande— entonces sería feliz. La verdadera felicidad nunca se encuentra mediante lo que tienen los demás. La verdadera felicidad se encuentra cuando vivimos desde el interior hacia afuera y no desde afuera hacia el interior.

LA PREOCUPACIÓN

La preocupación es imaginación negativa guiada. Cuando permitimos que la mente imagine lo malo que "podría" pasar, no es más que simplemente imaginación negativa. Las preocupaciones no son reales, pero sí pueden robarle tranquilidad a la vida. El asunto es que la mayoría de las preocupaciones nunca ocurre e impacientarnos sólo nos mantiene en estado de temor e incertidumbre. Las preocupaciones generan químicos de estrés que lo único que hacen es enfermarnos. ¿No es mejor vivir en un estado de confianza y felicidad? Cada vez que nos preocupemos, detengámonos de inmediato y expresemos una palabra de afirmación para así erradicar este hábito desagradable. La preocupación no es nada más que un mal hábito que no aporta nada bueno. Cuando empiezo a preocuparme, sonrío y digo: "Estoy muy agradecida por mi vida". La gratitud es el antídoto de la preocupación.

LA VICTIMIZACIÓN

Vivimos en un mundo donde el ser humano se siente con derecho a esperar ciertas cosas. Si las expectativas no se cumplen la persona puede empezar a sentirse como una víctima. Cuántas veces ha escuchado decir: "¿Por qué me pasa esto? No merezco lo que me esté pasando". La victimización consiste en pensar que usted vive en forma insuficiente. La mentalidad de víctima no sólo arruina su vida sino la de las personas a su alrededor. Asuma la responsabilidad de sí mismo. Usted es el producto de todas las decisiones que ha tomado y también de las que "no" ha tomado. ¿Por qué debería ser eximido de las cosas malas que le suceden? De nuevo, la vida es un salón de clases, no una prisión. Las personas que viven como víctimas están en una prisión, y sin embargo, la llave hacia la libertad está puesta en la cerradura de la puerta. He descubierto que la mayoría de las víctimas no quiere abrirla porque tampoco quiere asumir la responsabilidad de su propia vida. Conviértase en el héroe de su vida, no en la víctima.

EL PESIMISMO

Este definitivamente es nocivo para los fundamentos o pilares de la felicidad. El pesimismo significa vivir siempre con la sensación de que la copa está medio vacía, no medio llena. Muchos de los eventos de la vida son neutrales, como conducir un automóvil o ir al buzón para recoger el correo; sin embargo, lo que define la experiencia es la actitud. Resulta interesante analizar los estudios que se han hecho sobre los efectos del optimismo. Las personas optimistas son más saludables, se divierten más, y viven por más tiempo que las personas negativas. Es su vida. Usted decide.

LA APATÍA

La apatía representa una sentencia de muerte. Cuando una persona no manifiesta curiosidad, no se interesa ni se involucra con su vida, está muerta. La apatía es atrayente porque significa sentarse en los bordes de la vida, criticar a los demás y no hacer nada. Sin importar la filosofía, la espiritualidad o la religión que usted siga, ninguna de estas le hace honor a la apatía. Significa vivir un estado de zombi en un mundo dinámico y lleno de acción. Los sucesos más horribles y las injusticias del mundo ocurren bajo la sombra de la apatía. Recuerde esto: la apatía es lo opuesto al amor.

LA CODICIA

La codicia es una emoción guiada por el temor que consiste en creer que nunca se tendrá lo suficiente. Las personas codiciosas viven bajo la filosofía de la escasez. Piensan que no hay dinero ni alimento ni amor suficientes. Cuando una persona es codiciosa de ningún modo logra tener lo suficiente. Jamás consigue vivir en confianza porque lleva su vida en constante vigilancia. Yo he escogido vivir bajo la filosofía de la abundancia. Confío en que hay bastante para todos, simplemente que hemos fallado en la distribución de los recursos.

Cuando uno se deshace de los venenos que le impiden experimentar verdadera felicidad, empiezan a emerger y florecer virtudes. Surgen una variedad de ellas como: energía, perdón, gratitud, amor, compasión, paciencia, perseverancia, visión, curiosidad, optimismo, pasión y felicidad.

Cada obstáculo es una oportunidad

En el momento en el que usted elige llevar una vida intencional de verdadera felicidad empieza a experimentar los obstáculos como oportunidades para su crecimiento y comienza a tener una nueva percepción de su pulso de vida. El dolor de la pérdida de un empleo, el fracaso en una relación o descubrir que se tiene una enfermedad seria, pueden ser extremadamente difíciles y debilitantes, pero cuando usted ha imbuido su vida en las cuatro raíces o pilares de la felicidad y el balance, tiene el fundamento necesario para florecer aún después que un evento devastador le ocurra. Encarémoslo, ninguna persona tiene una vida libre de pérdidas o sufrimiento. El asunto no es *si* sufrimos y experimentamos quebrantos, el asunto es *cuándo* los vamos a experimentar. Por ello es que que resulta crítico tener un pulso fuerte y saludable. Sin importar si ocurre algún suceso desolador, usted está fuertemente arraigado dentro de sí.

Cuando usted aprenda a tener una vida intencional de felicidad, también aprenderá a encontrar su propio pulso a medida que escuche con detenimiento los ritmos de su ser, de su familia y de su comunidad. En el momento en que su pulso se haga superficial —o se ponga rígido, profundo, vacío, apresurado, o anudado— deténgase, escuche lo que el estrés tenga que decirle. Su cuerpo está intentando darle información sobre su vida. Encontrar su pulso y escuchar con reverencia, le conducirán a una vida de felicidad y balance.

~ INICIE HOY MISMO ~

Pregúntese   Cuando reviso mi pulso ¿es: rápido, vacío, apresurado o cómo?

¿Cuáles son las tres situaciones que más me estresan?

¿Cuáles son los venenos (temor, furia, vergüenza, etc.) que más afectan mi pulso?

Dígase   Mi vida es saludable y continuamente se está renovando.

Haga   Escuche una grabación sobre imaginación guiada a reducir el estrés.

Haga una lista de los venenos que desee desechar de su vida.

Disfrute un masaje relajante y experimente la calma de su cuerpo.

PARTE 2

SUS PILARES O FUNDAMENTOS

CAPÍTULO 5

S.E.A.N.
LOS CUATRO PILARES

A MEDIDA QUE miraba el menú y tomaba mi café, me sentía satisfecha con mi vida. Nuestra finca y el negocio de los caballos eran el producto de varios años de duro trabajo; además, por fin había terminado mi formación, obtenido mi Doctorado y tenía a mis dos hijas en la universidad, una de ellas en la Facultad de Medicina. Allí estaba yo tomando algo caliente en mi restaurante favorito, The Flying Biscuit, esperando encontrarme con una amiga que había conocido apenas dos meses atrás. Susan llegó luego de ver a su última paciente en la clínica y empezamos a hablar lo usual sobre los niños, los esposos, nuestras carreras y la política.

Después de un almuerzo formidable, que incluyó esos famosos panecillos calientes cubiertos de mermelada de cereza, nos dirigimos cada una a abordar su automóvil. Mientras me aseguraba el cinturón pensaba que ese era uno de aquellos momentos en los que uno se siente de maravillas por tener una buena amiga y porque la vida está fluyendo de forma tranquila. De repente, Susan se detuvo frente a su auto, giró y se dirigió de vuelta hacia el mío. Yo bajé el vidrio y sonreí preguntándole: "¿Qué sucede?". Susan me miró aturdida, se reclinó en mi auto y luego me dijo: "No sé cómo empezar. Intenté decírtelo durante el almuerzo, pero no supe cómo hacerlo. Se trata de lo siguiente: tal vez no me vuelvas a dirigir la palabra después de esto pero siento que debo decírtelo: Kathleen, estás construyendo una vida limitada". A continuación ella me dio unas palmaditas en el hombro, regresó a su auto y abandonó el sitio.

Yo me quedé paralizada y en estado de conmoción. No podía moverme. ¿Había escuchado bien lo que ella dijo? ¿Cómo podía una persona decirle a otra que estaba llevando una vida limitada? ¿Qué clase de amiga haría algo así? Experimenté varias emociones, desde furia hasta pánico, después confusión y luego furia otra vez. Entonces decidí sacar el asunto de mi mente. Después de todo ella sólo me conocía hacía poco tiempo y no sabía el camino que yo he recorrido desde mi niñez, ni de mis aflicciones familiares de ese entonces, como tampoco sabía muy a fondo acerca de mi vida actual. Tampoco sabía las dificultades infranqueables que he tenido que enfrentar. ¿Quién era ella para decirme que estaba viviendo de manera limitada? Decidí bloquear sus palabras en mi mente y regresar a mi bien diseñada vida.

Sólo que hubo un pequeño problema: sus palabras empezaron a hacer presa de mí. A medida que realizaba mis actividades cotidianas como cepillarme los dientes, ducharme, conducir mi auto, asistir a reuniones, cenar, la pregunta seguía rondando por mi mente: "¿Estoy viviendo de manera limitada?".

Siempre estaré agradecida por el valor que mi amiga Susan tuvo ese día. Ella tenía la perspectiva de una amiga nueva y veía en mí mucho más potencial del que yo misma veía. Mi vida no podía continuar de ese modo. Los ataques de pánico que había experimentado años atrás en el World Trade Center tal vez iniciaron mi viaje, pero este comentario de Susan me catapultó hacia un desafío más profundo.

Decidí dedicar un tiempo a autoexaminarme y a reflexionar sobre cómo mi vida pudiera estar siendo insuficiente. Ello tomó algunos meses, pero eventualmente varias cosas salieron a la luz. Descubrí que mi necesidad de seguridad y mis temores hacia alcanzar el éxito me habían truncado y paralizado. De nuevo comprobé que el estrés y el temor son socios. Estaba intentando forjar mi vida a la vez que evitaba enfrentar mis propios temores. Después de todos mis años de duro trabajo, había creado una prisión para mí misma y me había condicionado a no aspirar a nada más. Eso se debía a que mi vida era estable y tenía miedo de arriesgar esa estabilidad en aras del sueño que estaba ardiendo en mi corazón. Pero ahora no había forma de regresar atrás. Susan había atravesado mi armadura y yo no estaba dispuesta a permitirme tener una vida limitada.

Había alcanzado los estándares de éxito que aparecían en mi lista de cosas por hacer: una educación de cinco estrellas, una gran carrera en el mundo financiero, un esposo exitoso, dos hijas "perfectas", una casa grande, autos nuevos, una empleada, una segunda casa y estatus. Después de toda una vida de duro trabajo y sacrificios al fin había llegado a mi destino, pero ahora tenía una sensación de vacío que me atormentaba y que se estaba apoderando de mi alma. Me sentía sola, cansada y abrumada. El estrés y el temor embargaron mi vida. De alguna manera había logrado mantenerlos al margen, pero me sentía cansada de mi diario vivir. Me sentía tanto desmotivada como paralizada por mi estrés y mis temores.

Yo quería una vida intencional y descubrir la verdadera felicidad. Pero tenía que comenzar siendo honesta conmigo misma respecto a la clase de persona que era y al lugar adonde quería ir. Empecé a explorar mis propias inquietudes y decidí comenzar un proceso de aprendizaje, como si se tratara de asistir a una clase más. Entonces el estrés dejó de ser algo aterrador al que debía evitar y temer llegando a tornarse en algo que podía enfrentar. Mis preocupaciones terminaron por convertirse en mis maestras.

¿Está usted viviendo una vida insuficiente? Existen millones de personas en el mundo entero que se detendrían completamente si se les hiciera esta pregunta. Siéntase agradecido porque usted está considerando esta pregunta ahora mismo. ¿Qué tal si le preguntaran lo mismo sólo hacia el final de su vida o cuando una gran parte de esta ya haya transcurrido? Esta pregunta profunda me llenó de estrés pero fue una de los mejores regalos que alguna vez haya recibido. Me hizo examinarme en mi interior y hacia lo profundo, me indujo hacia una gran exploración y aventura que me llevó a descubrir el propósito de mi vida; como consecuencia, ahora sé lo que es la verdadera felicidad y el verdadero balance.

¿Cuáles son los cuatro pilares
o fundamentos de la verdadera felicidad?

Mi viaje hacia el descubrimiento de los cuatro pilares de la verdadera felicidad comenzó en el año 1993. Fue en esa intersección de mi vida cuando vi la serie de televisión PBS creada por Bill Moyers, llamada *Healing and the Mind*. El señor Moyers había viajado alrededor del mundo contactando a las personas e instituciones más notables que trabajaran en el área de la Medicina mente-cuerpo, el cual en ese momento era un campo que estaba floreciendo y empezando a investigar cómo ciertas prácticas de la mente afectan directamente al cuerpo. Los centros de investigación se concentraron en varias condiciones como las enfermedades cardiacas, el cáncer, las condiciones relacionadas con el estrés, la hipertensión, el dolor y la depresión.

Estos centros de investigación de avanzada desarrollaron prácticas que dieron origen a varios campos de la Medicina Alternativa y Complementaria. Yo abandoné el mundo financiero e ingresé en este nuevo mundo de la Medicina mente-cuerpo. La espiritualidad fue mi fascinación desde la niñez, de modo que decidí entrar también en este campo para explorar la relación entre la mente, el cuerpo y el alma, así que dediqué varios años a recibir formación de Postgrado sobre asuntos típicos de la espiritualidad.

Luego de tres años de estudiar una Maestría en Divinidad y de cuatro años de un Doctorado en Espiritualidad, decidí que necesitaba entrenamiento y experiencia prácticos en varios tipos de espiritualidad así como en varias prácticas espirituales. Estudié con monjes católicos, sacerdotes, monjas, rabinos, monjes budistas, sacerdotes hindúes, monjes taoístas, un líder Sufi y shamanes americanos de varias tribus. Durante varios años estudié con renombrados líderes religiosos y espirituales, entre estos el doctor Thomas Keating, un monje trapense cristiano que escribió su trabajo de Seminario sobre "Oración centrada", que consiste en el arte de la meditación cristiana; también con Su Santidad el Dalai Lama, un budista tibetano; Thich Nhat Hanh, un monje budista vietnamita; el Obispo Desmond Tutu; Arun Gandhi, el nieto de Mahatma Gandhi; y con el Presidente Jimmy Carter.

Durante ese tiempo decidí ingresar a la práctica clínica con doctores en Medicina para hacer trabajo pionero de investigación en esta área. También aprendí con el cardiólogo, el doctor Dean Ornish, en el Instituto de Medicina Preventiva, sobre el enfoque que él utilizaba eficazmente con sus pacientes de enfermedades coronarias. Su programa involucraba dieta, ejercicio, reducción de estrés y grupos de apoyo. Sus resultados despertaron gran interés en el ámbito médico y varias de las instituciones de investigación más prestigiosas del mundo empezaron a inquirir sobré cómo era posible que el programa de bienestar y de rehabilitación cardiaca estaba logrando reversar los efectos de las enfermedades del corazón. Surgió la pregunta sobre si se podía aplicar este método a otras dolencias de la salud como el cáncer, la hipertensión, el insomnio, la obesidad y la diabetes.

Yo había estudiado con el doctor Herbert Benson en Harvard Mind-Body Institute (Instituto Mente-Cuerpo de Harvard), donde se utilizaba un método similar en los pacientes y se estaban obteniendo unos resultados realmente impresionantes con su investigación. La doctora Rachel Naomi Remen del Instituto para el estudio de las enfermedades y la salud, en Bolinas, California, estaba utilizando un enfoque similar en pacientes con cáncer y estaba advirtiendo excelentes resultados. Entonces me fui hasta Bolinas para aprender más sobre cómo la doctora Remen estaba utilizando estos métodos con sus pacientes. También aprendí meditación concentrada con el doctor Jon Kabat-Zinn, quien estaba conduciendo trabajo de campo en el área de la Medicina mente-cuerpo en la clínica para la reducción del estrés de la Universidad de Massachusetts.

Me sorprendió ver cómo se están utilizando enfoques similares para tratar enfermedades diversas por parte de médicos de diferentes disciplinas en muchos lugares del mundo. En todos estos centros de investigación se estaba abogando por técnicas como la meditación y la relajación. Me sentí maravillada por las investigaciones sobre los efectos curativos de la meditación en la mente y el cuerpo. Entonces decidí estudiar meditación y experimentar de primera mano el efecto que tendría en mí.

Aprendí que los grandes centros de investigación médica del mundo estaban replicando lo que los líderes religiosos y espirituales ya habían estado practicando para generar bienestar mental, físico y espiritual. Ahora yo estaba extasiada. Las dos disciplinas, la Medicina y la espiritualidad, se fusionaban para emerger en el campo de la Medicina mente-cuerpo. Lo que descubrí sobre estas nuevas disciplinas integradas de la Medicina y la espiritualidad es que cuando practican el modelo mente-cuerpo, las personas se vuelven más saludables y felices. Uno de mis pies estaba bien plantado en el modelo mentecuerpo y el otro estaba firmemente plantado en el modelo espiritual.

Existen algunos fundamentos o pilares que pueden facilitarnos el experimentar felicidad, balance y bienestar. Estos son el resultado de la fusión entre buena ciencia, Psicología básica y espiritualidad tradicional; usted los tiene a su disposición. Ellos pueden convertirse en el centro de su vida durante los momentos más difíciles. A medida que aprendamos sobre ellos, también aprenderemos a nutrir y a fortalecer nuestro centro; además tendremos la capacidad para escuchar a nuestro propio ser y estaremos conectados a nuestra propia fuente. Los conceptos que analizaremos en seguida me han traído una existencia llena de felicidad y balance, y literalmente salvaron mi vida y la de un número incontable de personas con las cuales he tenido el privilegio de trabajar a lo largo de mi carrera.

Primeramente, empecé a desarrollar este plan de los cuatro fundamentos o pilares conmigo misma y luego lo utilicé con grupos de pacientes afectados con varias dolencias médicas —enfermos de cáncer, afecciones pulmonares y del corazón, obesidad, ansiedad, desórdenes depresivos, estrés, trastornos del sueño, hipertensión, depresión, menopausia, y muchos otros males. Las personas e individuos con los que trabajé evidenciaron resultados sorprendentes casi de inmediato. Aquello fue apasionante.

Los estudios están empezando a demostrar que estos cuatro pilares son la base para una verdadera felicidad y salud en cada uno de los aspectos claves de nuestra existencia. Ellos son: Serenidad, Ejercicio, Amor y Nutrición (S.E.A.N.). Son cuatro aspectos esenciales en los procesos químicos del cuerpo. Por ejemplo, algo tan simple como tomar una ducha caliente o ir a caminar por un rato, aumenta la producción de serotonina en el cuerpo. Lo mismo se puede decir de hacer parte de algún grupo de cualquier clase, como por ejemplo, un grupo para jugar cartas, un grupo de lectura, o irse a encontrar con un amigo. De la misma manera, la serotonina se aumenta cuando usted come carbohidratos durante un día ocupado. La clave para vivir balanceadamente y experimentar felicidad auténtica tiene que ver con comenzar a tomar decisiones enfocadas a un mejor estilo de vida. Cuando usted elije una vida intencional para ser realmente feliz, empieza a disfrutar el aprendizaje sobre cómo establecer esos cuatro pilares que pueden brindarle una vida dinámica y de balance.

Trabajé con niños en riesgo que estaban en el centro de la ciudad y que habían perdido tanto la esperanza como cualquier sentido de propósito para ellos. Utilicé las cuatro bases logrando resultados asombrosos. He tenido la oportunidad de enseñar estos parámetros a estudiantes de secundaria y universitarios, profesores, maestros, clientes, personas de negocios, y he sido testigo de cómo sus vidas han sido transformadas por el hecho de contar con buenas herramientas de trabajo.

Estas cuatro bases o pilares se han convertido en las raíces y fundamentos para la gente con la que trabajo. He aprendido a expandirlas y a esparcir su significado en mis programas. Cada uno de estos cuatro elementos esenciales de curación se han arraigado en la vida de pacientes en tratamientos contra el cáncer, enfermedades del corazón, con personas que enfrentan situaciones como la muerte de un hijo, la pérdida del empleo, la depresión, el estrés que implica construir una familia o vivir el infierno del insomnio. A medida que he observado los abundantes cambios milagrosos en los procesos de individuo tras individuo, he sentido como si cada uno de ellos fuese un árbol con cuatro raíces principales y mi responsabilidad fuera enseñarles lo que éstas implican y la forma de nutrirlas. He visto cómo uno a uno ha ido creciendo como un árbol saludable, desarrollando una vida nueva con frutos ricos, ramas fuertes y mucho más crecimiento.

*   *   *

Por ejemplo, Bill fue remitido a nuestro programa de rehabilitación luego de sufrir un ataque cardiaco de consideración. Él había sido un ejecutivo de nivel sénior en una de las grandes compañías que forman parte de la revista *Fortune 500* y se retiró luego de 30 años de trabajo pero nunca tuvo un día de descanso en 20 años. Bill amaba su profesión, su entorno de trabajo y a su compañía. Ingresó al grupo de rehabilitación bastante deprimido y dejó muy en claro que no quería hacer parte de este "montón de enfermos". Su actitud no era la usual de un paciente en un programa de rehabilitación. Se produce una gran resistencia cuando una persona exitosa desarrolla una enfermedad seria y se ve forzada a detener su vida ocupada para dedicarse a aprender sobre el cuidado de sí misma.

Fue toda una gran aventura para Bill entrar al grupo. Con el tiempo empezó a disfrutar del aprendizaje de los cuatro fundamentos o pilares del cuidado de sí mismo. A medida que empezó a aprender sobre la forma correcta de alimentarse, de hacer ejercicio, amar y manejar su estrés, aumentó su interés por la posibilidad de reversar su enfermedad cardiaca. Comenzó a anhelar nuestras reuniones semanales y con el tiempo se convirtió en la persona clave del grupo. Con su mente curiosa empezó a investigar por internet sobre el tema con gran voracidad. Manejó esta nueva experiencia de los cuatro pilares como si estuviera empezando una nueva empresa y como si necesitara saberlo todo para iniciar este nuevo propósito. Me siento muy orgullosa de decir que ya han pasado cinco años desde que Bill entró en nuestra vida y no sólo ha conseguido ser más feliz y saludable que antes, sino que no ha tenido más eventos cardiacos desde entonces.

*   *   *

Descubrir y fortalecer los cuatro pilares tiene que ver con escoger una vida de verdadera felicidad, balance y libertad, mediante crear opciones que sostengan y soporten tales pilares. La salud consiste en elegir un estilo de vida de libertad, felicidad y balance. Descubrir las cuatro raíces de la verdadera felicidad tiene que ver con aprender las prácticas que nos conectan con nuestra fuente, con nuestro ser y con las demás personas. Estas prácticas han sido utilizadas y probadas durante 30 años por otras personas y yo las he trabajado por más de 15 años en una variedad de grupos e individuos.

* * *

Justo después de regresar del M.D. Anderson Hospital, Elizabeth ingresó a mi oficina, se sentó en silencio y empezó a mirar hacia el piso. Elizabeth era una mujer de 37 años, estaba casada y tenía dos hijos. Me dijo que tenía un cáncer muy agresivo y que los pronósticos no eran buenos. Le dijeron que aún utilizando quimioterapia y radioterapia, las probabilidades de supervivencia eran muy pocas.

Yo le di literatura e información sobre los estudios de los cuatro fundamentos del cuidado de sí mismo y ella me dijo que iba trabajar conmigo en la medida de las posibilidades. Se interesó por aprender sobre los alimentos que fortalecen el sistema inmunológico, también sobre cómo el ejercicio vigorizaba sus funciones inmunes y que las prácticas para la reducción de estrés, así como la participación en un grupo de apoyo, elevaban los químicos curativos del cuerpo, todo lo cual, a su vez contribuía en el fortalecimiento del sistema inmunológico. Elizabeth ha sido muy aplicada al robustecer estos cuatro pilares y ya han pasado cinco años desde el diagnóstico inicial. Sin importar lo que pueda pasar en el futuro, sus hijos y su esposo han podido disfrutar de cinco años adicionales en la compañía de esta mujer maravillosa. Los cuatro pilares le dieron esperanza.

* * *

Uno de los aspectos sobresalientes de la reunión anual de la Sociedad Americana de Oncología Clínica celebrada en mayo de 2005, consideró las incidencias que tiene un estilo sencillo de vida con respecto al cáncer, no solamente en lo referente a la prevención de la enfermedad, sino para ayudar a quienes ya la sufren. Se demostró que algunas costumbres sencillas en los hábitos diarios, como reducir al máximo el consumo de grasas en la dieta y hacer ejercicio, reducen el riesgo de presentar recurrencia de cáncer.[1] La dieta y el ejercicio son dos fundamentos esenciales para lograr balance y felicidad.

Le invito a aprender sobre los cuatro pilares de la salud y la felicidad. Lo maravilloso de todo esto es que usted no tiene que tener una condición crítica de salud para que pueda beneficiarse de este estilo de vida. Este es un programa óptimo de bienestar para promover la salud, la longevidad y la felicidad. A medida que explore este estilo de vida basado en los cuatro pilares y desarrolle su ser interior, usted será más completo, más balanceado y más consciente de este aspecto de su vida. También será alguien más realizado y estará en mejores condiciones de dar y de recibir amor —experimentando así, la verdadera felicidad.

Definiendo el ser interior

Yo defino al *ser* interior como la fuerza de vida que conforma el alma, nuestra pasión y nuestro propósito. El ser interior es su luz y su energía fundamental. En diferentes culturas se identifica la fuerza de vida o ser con diferentes nombres: en la cultura hindú se conoce como *prana*, en la cultura china como *chi*, y en la cultura hebrea como *ruah*. En las culturas antiguas se define al ser interior con imágenes que describen la energía de la vida, la fuerza vital, el aliento o el espíritu. El ser interior es el fundamento de la existencia humana. Es la base de nuestro bienestar mental, físico y espiritual. A partir de todos estos conceptos yo desarrollé la definición de *ser interior* que utilizo en mi trabajo.

En espiritualidad utilizamos la imagen de un círculo espiral cuando nos referimos al ser interior en su viaje hacia su realización. La línea inicia en el exterior del círculo va rotando una y otra vez hacia adentro hasta que la línea se detiene en el centro del círculo. Piense en la imagen de un huracán remolinándose poderosamente en su exterior, pero a medida que el huracán hace espirales y usted llega al centro del huracán, experimenta calma, poder y reverencia. Usted, es decir su ser interior, empieza el viaje espiritual en el exterior del huracán donde el viento y los objetos se mueven rápida y frenéticamente. Allí se encuentran su ira, sus temores, aflicciones y apegos. Usted se da cuenta que en cada rotación, sus anhelos y apegos lo mantienen en el lado exterior del huracán y en la periferia de la verdadera felicidad. Entonces usted se hace consciente de aquello que lo mantiene en el exterior y de lo que le impide su viaje espiritual hacia el centro. A medida que usted se libera de la furia, su alma se hace más ligera y más feliz y como consecuencia usted se mueve de forma natural hacia el centro. Esta es una metáfora sencilla de la vida espiritual. *Lo Santo, lo Divino*, está en el centro; el ojo, como un imán, nos llama a casa para vivir de manera auténtica. Cuanto más sanamos en nuestro ser, más nos acercamos de forma natural al centro, al lugar de serenidad, paz y curación.

Los cuatro pilares de la verdadera felicidad sostienen nuestra vida y apoyan al ser interior en su viaje hacia el centro donde descubriremos de forma continua la felicidad y el propósito de nuestra vida. Sin importar si usted está enfrentándose al estrés, a la enfermedad, a situaciones médicas, a la ambición, a la ira, a una pérdida o a una sensación de vacío, los cuatro pilares pueden ayudarle a recuperar el balance. Dichos pilares han sido la base de la felicidad en mi vida durante muchos años y nunca me han fallado, especialmente en los momentos difíciles, cuando he experimentado que el mundo y las personas me han fallado.

Después de viajar por el mundo dando discursos y escuchando a miles de individuos, siempre ha emergido una preocupación común: ¿Cómo es posible encontrar a mi ser interior en medio de mi vida tan ocupada? Esta pregunta tan recurrente me llevó a buscar la respuesta. Mi propia experiencia, entrenamiento y formación, me llevaron a crear la obra de mi vida en los temas del estrés, la felicidad, la armonía, la espiritualidad y el balance entre la vida personal y el trabajo.

El balance entre la vida personal y el trabajo

El enunciado "el balance entre la vida personal y el trabajo" se está convirtiendo en una frase común en las corporaciones y en la vida pública. Cuando yo hablo del balance entre la vida personal y el trabajo no me refiero únicamente a las personas y a los padres que trabajan fuera de casa. Nunca he conocido a un padre o madre que se haya quedado en casa con sus hijos y que no haya trabajado tan duro como lo hacen los demás. Yo defino esta expresión como tener consciencia de la energía de la vida, de descubrir la intimidad, la serenidad, el propósito, el logro y la felicidad en todos los aspectos posibles: el trabajo, la familia, la comunidad y el ser interior. Por consiguiente, he desarrollado un sistema para ayudar a las personas a explorar, construir y sostener el balance y la verdadera felicidad sobre la base del día a día. Los cuatro pilares S.E.A.N. —Serenidad, Ejercicio, Amor y Nutrición— hacen parte de esto (vea la figura 5-1).

El desafío que enfrentamos hoy no es únicamente mantener y alimentar al ser interior, sino también descubrir las fuentes diarias de inspiración, energía y fortaleza que nos permiten renovarnos, tener sentido de logro y obtener el balance de formas nuevas y dinámicas. Con tantas responsabilidades de la época moderna que la gente afronta en el trabajo, en el hogar y en la comunidad, resulta todo un desafío mantener y alimentar el sentido del ser en la vida diaria.

Existen cuatro métodos simples, o pilares, que pueden entretejerse en la tela de la vida: usted no tendrá que agregar nada a su lista de "cosas para hacer", pero su vida se verá imbuida de un nuevo sentido de balance, orden, y sobre todo, con tiempo para dedicarle a todo aquello que verdaderamente alimenta y le produce felicidad. Estos pilares se derivan de los diversos modelos médicos que he estudiado y practicado durante estos años. Ellos integran un modelo médico probado y verídico, Psicología de la buena y espiritualidad clásica.

Serenidad   Nutrición

Ejercicio   Amor

Figura 5-1

¿Por qué cuatro pilares?

Existe evidencia que muestra que cuando hacemos de estos cuatro pilares, el fundamento de una práctica del cuidado de sí mismos, se previenen, se detienen o se reversan, una multitud de enfermedades y condiciones médicas.

✣ *Enfermedades del corazón*: las enfermedades del corazón son las asesinas número uno en América y afectan a más de 12 millones de personas. Tristemente, cada año mueren unas 250.000 personas por ataques al corazón. Las enfermedades del corazón son la causa principal de muerte en las mujeres mayores de 40 años, especialmente después de la menopausia. Las enfermedades coronarias matan a más mujeres que el combinado de todos los tipos de cáncer. Después que una mujer alcanza los 50, el riesgo de sufrir enfermedades del corazón se incrementa de forma dramática. El doctor Dean Ornish, cardiólogo y pionero fue uno de los primeros médicos en iniciar investigaciones sobre cómo la dieta, el ejercicio, los grupos de apoyo y el manejo de estrés, pueden de hecho, revertir los efectos de las enfermedades coronarias.

✣ *Cáncer*: todos los años, en los Estados Unidos, más de un millón de personas son diagnosticadas con distintas clases de cáncer. Por ejemplo, el cáncer de pulmón es el que causa más muertes tanto en mujeres como en hombres. El cáncer de seno es el tipo más común de cáncer entre las mujeres en Estados Unidos. Aproximadamente una de cada ocho mujeres desarrolla cáncer de seno en algún momento de su vida; el cáncer de seno es la causa principal de muerte entre las mujeres de 35 a 54 años. Por otra parte, el cáncer de colon se detecta en unos 140.000 pacientes cada año. Más de 180.000 hombres son diagnosticados con cáncer de próstata anualmente y más de 30.000 mueren por esta enfermedad. Todos estos tipos de cáncer pueden ser tratados de forma positiva mediante el fortalecimiento de los cuatro pilares, los cuales suministran la forma de reducir la recurrencia de los varios tipos de cáncer.

✛ *Obesidad*: en la actualidad, el 16% de todos los niños y adolescentes en los Estados Unidos presenta sobrepeso y el 65% de las personas de 20 o más años de edad presenta sobrepeso o es obesa. El exceso de peso y la obesidad son amenazas serias para la salud debido a que representan un mayor riesgo de desarrollar enfermedades cardiovasculares, hipertensión, diabetes y otros problemas serios de salud. La generación actual de niños puede convertirse en la primera generación en la Historia de América que vive menos que sus padres. Los gastos médicos destinados a tratar tanto el sobrepeso como la obesidad superan los $75 billones de dólares al año.[2] Un estudio publicado en *The New England Journal of Medicine* que hizo seguimiento a 900.000 adultos durante 16 años, encontró que los índices de masa corporal superiores estaban asociados con hasta un 20% de las muertes por cáncer en las mujeres, y un 14% en los hombres.[3] Los cuatro pilares constituyen la base para un estilo de vida saludable para las familias y para cada uno de sus miembros individualmente.

✛ *Hipertensión*: más de 50 millones de personas en los Estados Unidos sufren de hipertensión o presión sanguínea alta. Uno de cada cuatro adultos es hipertenso, lo cual se define como tener presión sistólica sanguínea por encima de 140 y presión diastólica sanguínea por encima de 90. Las investigaciones demuestran que los cuatro pilares disminuyen la presión sanguínea y que muchos pacientes bajo este sistema de tratamiento han logrado abandonar completamente su medicación.

✛ *Dolor crónico*: una encuesta reciente hecha por *USA Today*, *ABC* y la Universidad de Stanford, indicó que cuatro de cada diez adultos manifiestan sufrir de dolor crónico. La doctora Doris K. Cope, Directora de la División de Medicina contra el Dolor del Centro Médico de la Universidad de Pittsburgh, dijo recientemente: "En la Antigüedad la gente veía el dolor de forma más precisa; éste era considerado no solamente como una condición física sino también emocional y espiritual. Antiguamente se trabajaba con el paciente de forma integral".[4] El dolor crónico cuesta un promedio de $100 billones de dólares al año en gastos médicos, días laborales perdidos y bonos de compensación a los trabajadores. Los cuatro pilares han demostrado resultados positivos en reducir el dolor cuando se utilizan en conjunto con varios regímenes de medicamentos indicados.

⊕ *Insomnio*: muchos estudios han revelado que dos terceras partes de la población adulta (el 62%) han experimentado insomnio en el último año. Una tercera parte de los adultos dice que duerme menos de 6.5 horas cada noche.[5] El 85% de las personas que sufre de insomnio nunca ha recibido tratamiento médico. Millones de estos pacientes han recurrido al uso de ayudas contra el insomnio de venta libre, lo que ha creado un negocio que mueve $100 millones de dólares al año. También se invierten unos $200 millones anuales en melatonina, una hierba que estimula las funciones del sueño, y de la cual el doctor Gregg Jacobs de Harvard dice que ha utilizado con sus pacientes y que el 100% de estos informa mejoras en lo relacionado con recuperar el sueño.[6]

⊕ *Artritis*: uno de cada tres adultos, es decir, cerca de 70 millones de personas en los Estados Unidos, tiene artritis y otros tipos de dolor crónico en las articulaciones. La artritis es un término general que se utiliza para definir a más de 100 enfermedades distintas. La palabra "artritis" significa inflamación en las articulaciones. Los dos tipos de artritis más comunes son la osteoartritis y la artritis reumatoidea. La osteoartritis es el tipo de artritis más común y con frecuencia se le conoce como la enfermedad degenerativa de las articulaciones ya que el cartílago del cuerpo se deforma o se quiebra a medida que el paciente avanza en edad. La artritis reumatoidea es una enfermedad que dura mucho tiempo y afecta a las articulaciones en cualquier parte del cuerpo. El sistema inmunológico hace que el revestimiento interior de la articulación se hinche, y la inflamación se extienda a los tejidos adyacentes, causando la artritis reumatoidea. Estas condiciones médicas pueden ser muy dolorosas, insidiosas e incapacitantes. La mayoría de profesionales del cuidado de la salud recomiendan constantemente el uso de S.E.A.N. como formas de reducir el riesgo de desarrollar la enfermedad o como una forma de retardar o prevenir daño permanente a las articulaciones.

⊕ *Diabetes*: se estima que todos los años 18.2 millones de personas resultan afectadas por la diabetes, y esa cifra va en aumento. S.E.A.N. constituyen un elemento esencial para tratar la diabetes.

⊕ *Fatiga*: la fatiga crónica es difícil de diagnosticar. El estrés y la depresión que acompañan la fatiga causan perturbación a los sistemas inmunológico y neurológico, así como a las funciones hormonales. Por ello es esencial aplicar la Medicina mente-cuerpo a la fatiga. Los cuatro pilares son la esencia de este tipo de Medicina y por lo tanto constituyen exactamente lo que necesitan los pacientes que sufren de esta enfermedad.

⊕ *Dolor de cabeza*: aproximadamente 45 millones de americanos sufren de dolor de cabeza crónico y 28 millones de estos sufren de migraña. Los cuatro pilares son una ayuda superior para apoyar el tratamiento médico contra el dolor de cabeza.

⊕ *Depresión*: de acuerdo a un informe del Instituto Nacional de Salud Mental (NIHM por sus siglas en inglés), casi 18.8 millones de americanos de más de 18 años de edad sufren de depresión seria. La depresión es un precursor peligroso de muchas enfermedades y otras condiciones. El suicidio está asociado con la depresión y es la tercera causa de muerte en jóvenes de 10 a 24 años. En un estudio reciente conducido por la doctora Shamsah Sonawalla del Hospital General de Massachusetts, en el que se entrevistó a estudiantes universitarios, se demostró que la mitad de los estudiantes calificaban en la categoría de depresión seria.[7] La depresión y las enfermedades psicológicas están aumentando vertiginosamente en los campos universitarios así como en el público en general. Se ha demostrado en varios estudios que la práctica de los cuatro pilares ayuda en el tratamiento de la depresión.

⊕ *Ansiedad*: más de 20 millones de americanos sufren de problemas de ansiedad, que pueden ir desde un ataque de pánico hasta ansiedad general y fobias. Investigadores de UCLA consideran que menos del 25% de los adultos con desórdenes de ansiedad recibe tratamiento.[8] S.E.A.N. son importantes en el tratamiento de los problemas relacionados con la ansiedad.

Resulta difícil asimilar el gran número de personas con estas enfermedades tan comunes. De igual manera es complicado sondear los costos económicos y la presión que estos padecimientos en espiral tienen tanto en nuestro sistema de salud, en los individuos, en las familias, como en las corporaciones.

Ya no podemos esperar que nuestro deficiente sistema de salud y educación en salud nos ayude a resolver este gran dilema. Es tiempo para que cada uno de nosotros asuma la responsabilidad de su propio cuidado. Existe una cantidad enorme de información sobre el cuidado de sí mismo pero mucha de esta es confusa e inexacta. Mi sistema de S.E.A.N. suministra un formato sencillo, completo y fácil de recordar y puede adaptarse fácilmente a una vida ocupada.

He dedicado muchos años a trabajar con pacientes y clientes con enfermedades y condiciones de salud como las mencionadas previamente. Los pilares de S.E.A.N. han sido tremendamente beneficiosos en cada uno de los casos. Estas bases ayudan a disminuir el metabolismo, bajar la presión alta, mejorar la respiración y las ondas cerebrales y fortalecer el sistema inmunológico. Cada una de los pilares de S.E.A.N. —Serenidad, Ejercicio, Amor y Nutrición— le guiará a un descubrimiento personal de balance y felicidad mediante prácticas diarias que fortalecerán su bienestar físico, mental y espiritual.

A medida que aprenda a fortalecerlos notará que se desarrolla en usted mayor confianza y seguridad. Así experimentará menos altibajos a medida que empiece una vida balanceada.

Inicie el proceso de desarrollar los cuatro pilares dando pasos pequeños como si fueran pasos de bebé, disfrute respirar de forma profunda y practique la compasión en cada etapa del camino.

~ INICIE HOY MISMO ~

Pregúntese   ¿Qué me está impidiendo llevar un estilo de vida saludable?

¿Por qué no convierto mi salud en una prioridad?

¿Qué aspectos de mi estilo de vida necesitan de un cambio inmediato?

Dígase   Yo he elegido vivir con bienestar físico, mental y espiritual.

Haga   Coloque dichos motivadores e inspiradores en su casa y oficina.

Tome un baño caliente y beba su té favorito.

Disfrute de una gran cena saludable con un amigo o una persona amada.

CAPÍTULO 6

La serenidad:
Reclame su propia fuente

COMO DE COSTUMBRE, me bajé del automóvil, cargué mi maleta al hombro y me apresuré a entrar a la sala de bienestar cardiopulmonar del grupo al que asistía como facilitadora todas las semanas. Sonreí cuando empujé la puerta para abrirla y de inmediato mi vista se llenó de sillas de ruedas, caminadores, tanques de oxígeno y bastones. Sin importar las veces que hubiera atravesado esa puerta, el dolor y el sufrimiento de mis pacientes nunca ha dejado de impactarme. Sin embargo, a medida que abría esa puerta, semana tras semana era recibida con saludos y un diluvio de sonrisas, abrazos, besos y risas de aquellas almas que habían atravesado muchos ciclos de dolor a lo largo de los años. Aún así, en esos días de reunión se despertaban para bañar sus cuerpos adoloridos y cansados, tomaban sus medicinas, se subían a sus sillas de ruedas y esperaban a que el bus para discapacitados del condado los recogiera y llevara al hospital. Estos pacientes nunca se quejaban ni hacían demandas y aceptaban su situación con sorprendente dignidad y perseverancia. Ellos han sido mis maestros de muchas maneras, mucho más que el Doctorado que estudié bajo torres de mármol.

Descargué mi maleta y empecé la sesión, cuando noté a una mujer de hermosa apariencia que se destacaba entre el grupo; tenía el cabello canoso y posturas encorvadas. Asumí que ella era hija de alguno de mis pacientes pero inicié con mi pregunta habitual "¿Hay alguien nuevo aquí hoy?". Ella de inmediato se puso de pie y sonrió diciendo "Mi nombre es Jennifer. Fui remitida aquí por mi cardiólogo".

A continuación, esta mujer que estaba casada y tenía dos hijos, compartió con el grupo de forma tranquila cómo había sufrido un ataque cardiaco a la edad de 34 años. ¿La causa de su ataque? El estrés.

Nos contó de su vida inundada de preocupaciones exhaustivas tratando de equilibrar transportes compartidos, obras de teatro escolares, reuniones con clientes, ensayos de bailes, preparación de comidas, manejo de finanzas y las noticias de la noche. Lo que me sorprendió de su historia fue que este tipo de vida corresponde al estilo usual de la mujer de su generación y de la mía. Su relato era el de la típica mujer americana. Adicionalmente, no tenía una dieta desbalanceada, ni hábitos de salud deficientes de los que normalmente predisponen una condición de ataque cardiaco a tan temprana edad. Jennifer no bebía, no fumaba, hacía ejercicio y consumía una dieta balanceada. No obstante, el estrés en su vida literalmente la estaba matando.

Jennifer probablemente pensó que yo iba a ser su maestra, *pero fue ella quien me enseñó* una lección muy importante. En su enfoque dinámico para alcanzar el éxito como esposa, madre y mujer trabajadora, ella había fallado en proyectarse en la medida más importante de éxito que debe alcanzar cualquier especie: *la vida*. El ataque al corazón de Jennifer fue una llamada de atención para que ella redefiniera el éxito, pero en sus propios términos, así como para que encontrara el verdadero balance entre la vida personal y el trabajo.

La experiencia de Jennifer trajo a colación la verdad que declara que la serenidad no es un lujo. No es algo a lo que se debe aspirar sólo cuando se está de vacaciones, en los momentos de quietud o cuando al final nos hemos pensionado. El ataque al corazón de Jennifer nos sirve como recordatorio de que nuestra vida bien puede depender de que aprendamos a cultivar el pilar de la serenidad todos y cada uno de nuestros días.

El poder de los pensamientos y de las emociones

Cada segundo se realizan en el cerebro más de 100.000 reacciones químicas. Esto resulta bastante difícil de comprender. Por ello es que yo lo comparo con un computador magnífico. El cerebro es una farmacia personal y produce más de 50 drogas activas. Cada pensamiento está conectado a una respuesta química que el cerebro hace al momento en que surge el pensamiento. Lo anterior tiene implicaciones sorprendentes. Cada pensamiento que tenemos tiene una consecuencia inmediata tanto a nivel físico como psicológico. La preocupación no es algo que ocurre sin que tenga ningún efecto. Cada pensamiento cambia su cuerpo de inmediato. Imagíneselo como una gran sopa química que cambia con cada pensamiento que ocurre en la mente, con cada palabra que dice y con cada alimento que consume. Constantemente nos hallamos en un proceso de cambio y de convertirnos en algo nuevo. ¡Qué concepto tan increíble! Tal como en la naturaleza nada es lo mismo de un momento a otro, nosotros tampoco somos los mismos a medida que transcurre el tiempo.

La vida proactiva *versus* la vida reactiva

Hemos aprendido algunos hechos que demuestran que el estrés afecta el cuerpo, la mente y el alma. Es posible que usted haya estado viviendo históricamente una vida con factores estresantes que surgen de repente y le dejan sorprendido. Tal vez, de alguna manera, usted haya estado reaccionando con mentalidad de víctima bajo la premisa de "¿Por qué me sucedió esto a mí?". Si esa es la manera como usted reacciona ante los diferentes tipos de estrés —los cuales se presentan en diversos ámbitos, el trabajo, la familia, los amigos y la salud— entonces, eso significa que usted está utilizando un enfoque reactivo. ¿Ha tenido la experiencia de observar a un perro intentando fútilmente perseguir un auto por la carretera? Cuando uno se halla ante el estrés e intenta controlarlo después de que éste se presenta, es como el perro que intenta perseguir al auto que va a 90 kilómetros por hora. Usted escucha venir el auto, su corazón se acelera, el auto avanza a velocidad, su pulso se agita; entonces el auto desaparece de su vista, usted se detiene quedando exhausto y agotado diciendo:

"Ese auto pasa por aquí todos los días, algún día lo alcanzaré y mi estrés desaparecerá". Bien, eso nunca va a ocurrir. Es demasiado tarde. El asunto es que cada vez que el perro va en persecución detrás del auto, se refuerzan las reacciones de estrés interno. Bueno, lo mismo ocurre con los tipos de estrés que refuerzan las mismas rutas neuronales en el cerebro. El auto que pasa todos los días pudiera simbolizar aquello que lo estresa a usted: su trabajo, el dinero o la vida de familia.

El método más efectivo a largo plazo para enfrentar el estrés es mediante adoptar el enfoque proactivo. Para vivir bajo un enfoque proactivo se necesita una caja de herramientas para poder enfrentar las situaciones de estrés. Yo vivo en una granja con ganado, prados, cercas, establos y graneros. No podría lograrlo si no contara con las herramientas necesarias para administrar la granja. *El asunto no es si necesito las herramientas para reparar la cerca, el asunto es cuándo necesito tenerlas a mi disposición.* El mundo en el que vivimos se va a hacer cada vez más estresante a medida que se desarrolle la tecnología y la vida cambie con más rapidez y a un paso más acelerado de lo que podamos asimilarlo.

Ahora es el tiempo en que cada persona debe asumir el estrés de forma seria y equipar su propia caja de herramientas con los elementos especiales que le sirvan en su situación particular. A medida que aprenda a utilizar las herramientas de reducción del estrés, su umbral de estrés se modificará paulatinamente. La situación cambiará así como la del perro que solía ir persiguiendo los autos, pero ahora, a medida que escucha que el auto se aproxima, se toma un gran respiro, toma un poco de agua fresca y observa pasar el auto a la vez que bate su cola y sonríe. De la misma manera, en vez de caer desesperanzado en la trampa del estrés, logre hacerse consciente de lo que está sucediendo y tome medidas. Así, usted desarrollará un nuevo sentido de energía y poder que le conducirán a una experiencia de verdadera felicidad. El doctor Robert Epstein del Centro de Estudios sobre el Comportamiento de Cambridge e investigador en San Diego State University, dice: "Ahora es más importante que nunca aprender el mayor número de técnicas antiestrés posible, y mientras más rápido se haga, mejor".[1]

Manejo y reducción del estrés

En vista de que he trabajado durante muchos años con pacientes en el ámbito de la rehabilitación cardiaca y otras áreas, en muchos casos me he visto en aprietos para encontrar un término preciso que defina la forma de tratar el estrés que afronta cada individuo. De acuerdo con lo que aprendí durante mi entrenamiento clínico, he ido acuñando las expresiones "manejo del estrés" y "reducción del estrés". Mi formación educativa también incluye el campo de la espiritualidad. Por lo tanto, tuve que preguntarme qué término utiliza la espiritualidad clásica para el estrés y cuál es el término que se utiliza para la condición opuesta a éste. ¿Qué es aquello que todas las personas desean que sea opuesto al estrés? Todo lo que queremos experimentar es paz mental, sosiego y paz espiritual. *La serenidad* es lo opuesto al estrés. Yo considero que es una expresión más espiritual que manejo del estrés y es realmente lo que nuestro corazón y nuestra mente desean. Si la meta es la serenidad, entonces mi trabajo consistía en descubrir la forma en que debemos cambiar nuestro comportamiento para enfrentar los diferentes tipos de estrés que afronta el ser humano.

La serenidad es el antídoto contra el estrés crónico que afecta a millones de personas. La evidencia científica acumulada en el área de la Medicina demuestra lo crucial que es la serenidad en relación con la salud y la longevidad. Existen enormes costos sociológicos, psicológicos y físicos asociados con el estrés crónico entre los que se incluyen el divorcio, la depresión, los desórdenes de ansiedad, la infelicidad, el alcoholismo, la obesidad, el maltrato de menores y del cónyuge, problemas relacionados con el trabajo y asuntos de relaciones entre las personas. La práctica de la serenidad aporta muchos beneficios a la salud que mejoran directamente las condiciones médicas como el cáncer, las enfermedades del corazón, la obesidad, el insomnio, la diabetes, la hipertensión, la infertilidad, los dolores de cabeza y la migraña.

La serenidad tiene que ver con regresar a casa a la esencia del ser interior para experimentar verdadero propósito. Ahora bien, pronuncie la palabra serenidad una y otra vez, varias veces. ¿Qué sentimientos se evocan en usted: tristeza, cansancio, frustración o dolor? Anteriormente yo tenía una vida donde mi familia primaria al igual que la sociedad, asignaban poco valor y reverencia a la serenidad. Ésta era algo que ocupaba el tiempo de los monjes, las monjas y los ermitaños. La serenidad no era algo que una persona con esposo, hijos y trabajo, alguien exitoso y ocupado, con responsabilidades de comunidad y de iglesia, tuviera la oportunidad de experimentar. En mi vida, y probablemente en la suya, la serenidad era vista como un lujo, algo no tan esencial para la vida o el cuerpo, la mente y el alma. Pero la serenidad es esencial para todo ser vivo y si no la experimentamos de alguna manera, entonces terminaremos advirtiendo alguna enfermedad en cualquiera de sus niveles. Desde siempre se ha considerado que el ejercicio de la serenidad es bueno para el alma; no obstante, también existe evidencia creciente que indica que es muy beneficiosa para el cuerpo.

A través de las investigaciones ahora sabemos que cuando experimentamos momentos de serenidad nos conectamos con un tipo de fuente de curación milagrosa. La presión sanguínea disminuye, el sistema inmunológico se fortalece y se retarda el proceso de envejecimiento. La investigación científica claramente revela que cuando practicamos la serenidad el cuerpo se restablece y se sana a sí mismo. En el silencio, nuestro termostato se reinicia y nos conectamos con el ritmo real de nuestra mente, nuestro cuerpo y nuestra alma. Nuestra voz interna, nuestro ser interior sabe qué es lo que necesitamos para sanar y prosperar. El asunto es que muchas veces no sabemos escuchar. Y esto no es nuestra culpa. La mayoría de nuestras casas de adoración no nos enseñan esto, tampoco lo hicieron las clases de nuestro sistema educativo ni nuestra familia, de modo que ¿a dónde acudir para aprender estas prácticas esenciales dadoras de vida?

Nuestras opciones para encontrar la serenidad

Lo maravilloso de este campo en expansión de la Medicina mente-cuerpo es que se están desarrollando muchas fuentes de donde podemos obtener esta información floreciente.

LA RESPUESTA DE LA MEDITACIÓN Y LA RELAJACIÓN

En la actualidad unos 10 millones de americanos dicen que practican alguna forma de meditación con regularidad.[2] Esta cifra representa el doble comparada con la que se informaba hace una década. Personas de todo tipo de antecedentes, profesionales, amas de casa, agricultores, prisioneros, médicos, profesores, niños, personas religiosas y no religiosas, están acudiendo a aprender las técnicas de la meditación. Se pueden aprender en hospitales, bibliotecas, prisiones, centros de bienestar, spas, aeropuertos y en la privacidad del hogar. La práctica de la serenidad —especialmente la meditación— está siendo recomendada por los médicos y por parte de toda la comunidad que trabaja para el cuidado de la salud. A medida que el conocimiento sobre la serenidad se ha desmitificado, la meditación ha sido llevada desde los ámbitos de "la nueva era" hasta las corrientes más tradicionales de la ciencia. Durante el ejercicio de la meditación la mente atraviesa cambios sorprendentes.

El término *meditación* también es conocido como la "respuesta de relajación". Esta expresión fue acuñada por el doctor Herbert Benson de Harvard, en sus estudios sobre el estrés en 1967. El doctor Benson midió la frecuencia cardiaca, la presión sanguínea, la temperatura de la piel y la temperatura rectal de 36 personas que practicaban la meditación. Descubrió que quienes lo hacían utilizaban 17% menos de oxígeno, tenían frecuencias cardiacas más bajas en alrededor de tres latidos menos por minuto, así como un aumento en las ondas cerebrales theta, las mismas ondas de relajación que aparecen justo después del sueño.[3]

Estudios nuevos sobre la respuesta de relajación (meditación) han demostrado beneficios comprobados en una variedad de enfermedades:

✛ *Estrés*: Herbert Benson, M.D. de Harvard, midió la presión sanguínea, la frecuencia cardiaca, y los niveles de norepinefrina de un grupo de pacientes durante momentos de estrés y luego de 20 minutos de práctica de respuesta de relajación. Después de 28 días, el grupo demostró una frecuencia cardiaca significativamente menor, al igual que menor presión sanguínea y mayores niveles de norepinefrina.[4]

⊕ *Hipertensión*: bajo la dirección de J. Stuart Lesserman, M.D. de Harvard, se puso en observación a un grupo de pacientes que había sufrido de hipertensión durante por lo menos 10 años; para estudiarlos ingresaron en un programa de tratamiento durante 10 semanas mediante la respuesta de relajación. La presión sanguínea sistólica de estos pacientes disminuyó así como también la diastólica, manteniéndose bajas en chequeos de presión posteriores.[5]

⊕ *Insomnio*: G. Jacobs, PhD. de Harvard, sometió a 100 pacientes con insomnio a la práctica de la respuesta de relajación durante 10 semanas. El 100% de los pacientes informó algún tipo de mejora en el sueño y el 91% dejó de tomar por completo o disminuyó el uso de medicamentos para dormir.[6]

⊕ *Infertilidad*: Alice Domar, PhD. de Harvard, trabajó con mujeres en estado de infertilidad durante tres años y medio que se encontraban en un estado severo de depresión. Estas mujeres practicaron 10 semanas de respuesta de relajación, lo que resultó en una disminución significativa de la depresión y la ansiedad. Un tercio de las mujeres que presentaban un promedio de tres años y medio de infertilidad consiguió quedar en embarazo.[7]

⊕ *Dolor crónico*: Margaret Caudill, M.D. de Harvard, trató mediante la respuesta de relajación durante 10 semanas a 109 pacientes que habían sufrido de dolor crónico en un promedio de 6.5 años. Se demostró una mejora en los síntomas y una reducción del 36% en visitas hospitalarias en un año de seguimiento, así como en una reducción del dolor en un 50% durante el segundo año.[8]

⊕ *Longevidad*: investigaciones hechas por Robert H. Schneider, M.D. de Maharishi University Institute for Natural Medicine and Prevention, indicaron que dos estudios de grupos de meditación que presentaban presión normal a alta, eran un 23%

menos propensos a morir que la gente que no practicaba la meditación. Los grupos de meditación estudiados presentaron una disminución en la tasa de muertes relacionadas con enfermedades del corazón y apoplejías como también una reducción del 50% de muertes por cáncer.[9]

La meditación o la respuesta de relajación han demostrado efectos en la función inmunológica y en el cerebro y revelan las consecuencias biológicas de la conexión mente-cuerpo. El doctor Richard Davidson, PhD. de la Universidad de Wisconsin, junto con sus colegas descubrió que los pacientes que habían recibido entrenamiento de meditación por ocho semanas, produjeron un número mayor de anticuerpos a la vacuna contra la influenza y demostraron señales de actividad eléctrica aumentada en las áreas del cerebro relacionadas con las emociones positivas, en comparación con los pacientes que no recibieron entrenamiento sobre meditación.[10]

La revista *Journal of Memory and Cognition* informó que los estudiantes universitarios que practican la meditación demostraron mejoras significativas en el desempeño de la memoria durante un periodo de dos semanas en una prueba perceptual y de memoria a corto plazo.[11] La revista *International Journal of Neuroscience* también publicó investigaciones que demuestran que la meditación revierte el proceso de envejecimiento. Las personas que la practicaron durante más de cinco años eran fisiológicamente 12 años más jóvenes en relación con su edad cronológica, según lo demostró la medición de la reducción de la presión sanguínea, así como el resultado de un mejor desempeño visual hacia puntos cercanos a la visión y discriminación auditiva. Quienes practicaron meditación a corto plazo eran fisiológicamente cinco años más jóvenes en relación con su edad cronológica. El estudio controlaba los efectos de la dieta y el ejercicio.[12]

El periódico *Journal of Social Behavior and Personality* publicó un estudio longitudinal que demostró que los niveles de colesterol disminuyeron significativamente mediante la práctica de la meditación en los pacientes con colesterol elevado, comparados con los grupos de control, en un periodo de 11 meses.[13]

Las adicciones se toman una de las cuotas más altas en términos del sufrimiento que causa a las familias, los costos que generan al sistema de prisiones y al de salud pública; también incrementan los costos a la productividad por pérdida de potencial humano. Los diarios *Journal of Alcoholism Treatment Quarterly* e *International Journal of the Addictions* informaron que la meditación puede ayudar a disminuir el abuso de los cigarrillos, el alcohol y las drogas. Un análisis de los resultados de 198 tratamientos independientes encontró que la meditación produce una reducción significativa del uso del tabaco, del alcohol y de las drogas ilícitas, en comparación con los tratamientos estándar que se utilizan para tratar estas adicciones (entre los que se incluyen consejería, tratamientos farmacológicos, y los programas Doce Pasos) y también en comparación con algunos programas de prevención (entre los que se encuentran las iniciativas para contrarrestar la presión de grupo y las campañas que promueven el desarrollo personal). Aunque los efectos de los programas convencionales por lo general disminuyen considerablemente a los tres meses, los efectos de la meditación en la abstinencia total del uso del tabaco, del alcohol o de las drogas ilícitas, varió entre un 50% y un 89% en un periodo de estudio de 18 a 22 meses.[14]

Resulta imposible rebatir los resultados abrumadores que demuestran los beneficios para la salud que se derivan de practicar la meditación; sin embargo, en lo personal yo me asombro todavía más en lo relacionado con sus beneficios psicológicos y espirituales. Yo aprendí la práctica de la meditación y empecé a enseñarla en Atlanta. A medida que empecé a hablar sobre esta increíble práctica y sobre cómo ella se convirtió en una actividad que cambió la vida, no solamente mía sino la de un número incontable de otras personas, me sorprendió la respuesta de rechazo que obtenía de muchas personas ilustres. A veces recibía miradas extrañas y luego comentarios que revelaban sus conceptos erróneos sobre la meditación. Resultaba frustrante descubrir que esta increíble ventana hacia la salud, prosperidad y felicidad, fuese recibida con manifestaciones de temor e ignorancia.

Adquirí un entendimiento profundo de ella después de muchos años de estudiar con líderes religiosos y espirituales. La meditación es un tipo de oración. La mayoría de las oraciones implican hablar con el Divino o el Santo. La meditación es permanecer en silencio, rendirse, confiar y escuchar al Infinito y creer que uno ha de conseguir lo que necesita. En la meditación uno recibe el don de la curación en la magnificencia del silencio. Es una práctica especial antigua de todas las religiones y todas las espiritualidades. Es sólo en épocas recientes, durante los últimos 500 años, desde la era de la reforma protestante, que esta práctica reverente ha sido marginada a favor de la predicación, el evangelismo y cualquier actividad que produce ruido y agitación. Es como si hubiese una desconfianza innata al silencio.

Vivimos en una sociedad de ruido y caos. Nuestro mundo ha desarrollado una reacción fóbica a la experiencia reverente del silencio. Las prácticas de la serenidad representaron los desafíos más grandes de mi vida. Mi vida estaba llena de agitación, ruido y ocupación, de modo que la idea de acoger al silencio resultaba aterradora y representaba un desafío para cambiar mi forma de vida. Yo le invito a participar de esta maravillosa raíz de verdadera felicidad y balance.

A continuación aparecen algunos pasos sencillos que usted puede utilizar para aprender a meditar y usar la respuesta de relajación.

1. *Busque un lugar tranquilo*: descubra un lugar donde tenga pocas distracciones de modo que le resulte fácil concentrarse. Si es posible utilice ese mismo lugar con regularidad.

2. *Cierre sus ojos*: esto ayuda a acallar el mundo exterior y a concentrarse en el interior.

3. *Escoja una palabra*: escoja una palabra o frase corta que signifique algo tranquilizante para usted. Muchas tradiciones utilizan un nombre para Dios, o palabras o frases como "amor", "todo está bien", "déjalo ir" u "ohm".

4. *Repita la palabra*: repita la palabra o frase a medida que inhale lentamente, e inhale y exhale de forma profunda. Repita este

proceso una y otra vez. Este ritmo permite que usted se relaje y que conecte su mente, cuerpo y alma.

5. *Enfoque la mente*: cuando tenga pensamientos distractores imagine que estos son nubes o globos flotando en el cielo u hojas que van flotando río abajo en una corriente. No se apegue a ningún pensamiento, libérelo y déjelo ir y concéntrese de nuevo en su palabra o frase.

Cuanto más tiempo logre practicar la meditación en cada sesión, mejor. Si su meta es hacerlo durante 20 minutos eso es fantástico. Muchas de las personas con las que trabajo no tienen tanto tiempo, de modo que les pido que hagan "minimeditaciones" de tres a diez minutos, en los momentos en que puedan hacerlo durante el día; en el automóvil, en la oficina, en la alcoba o en el uso del auto compartido.

Cuando estuve en Harvard, el doctor Herbert Benson estaba enseñando sobre meditación y una de las estudiantes le dijo lo frustrante que era intentar meditar y lo mal que se sentía cuando lo hacía. El doctor Benson sonrió y respondió: "La única meditación mala es la que no se hace. En cualquier momento en que usted intenta limpiar su mente se crea una intención de sanar". ¡Yo digo amén a eso!

LA IMAGINACIÓN GUIADA

La imaginación guiada es una forma de relajación enfocada que integra la mente y el cuerpo y se hace mediante escuchar a un profesional capacitado que introduce imágenes tranquilas y música curativa en la mente. La imaginación guiada es una práctica sencilla pero poderosa que dirige y concentra su imaginación. En los últimos 25 años se han establecido los beneficios de la imaginación guiada en investigaciones que han indicado su impacto positivo sobre la salud, la creatividad y el desempeño. Diez minutos de imaginación guiada pueden reducir la presión sanguínea, el colesterol, los niveles de glucosa en la sangre y fortalecer el sistema inmunológico. Se ha utilizado para aliviar la depresión y los desórdenes generados por el estrés, así como para reducir los efectos adversos de la quimioterapia. En el caso de las personas en Occidente, la imaginación guiada les ha resultado más fácil de utilizar que la meditación tradicional porque las personas se sientan y se relajan mientras alguien les guía a través de su voz hacia un estado de relajación curativa.

La imaginación guiada evoca a los sentidos y estos responden. Los atletas olímpicos han estado utilizando por años esta técnica. Los nadadores olímpicos cierran sus ojos y se imaginan nadando y alcanzando la línea de meta. Su mente imagina que ya han ganado la carrera y por consiguiente obtienen la victoria. Cuando alguien se enamora, se mantiene pensando en la persona que ama. Se imagina escuchando y teniendo contacto con esa persona. El corazón empieza a latir de forma más rápida y la respiración se acelera. Este es un tipo de imaginación guiada. El cuerpo responde de inmediato a los pensamientos. Así es como funciona la imaginación guiada. La mente percibe algo a través de los pensamientos y el cuerpo responde de inmediato ante el estímulo de forma positiva.

La imaginación guiada tiene la capacidad de contribuir en cualquier tratamiento o procedimiento. Las investigaciones demuestran que esta técnica ayuda a las personas a superar el estrés, la ira, el dolor, la depresión, el insomnio y otros problemas asociados con las enfermedades y con los procedimientos quirúrgicos.

La imaginación guiada también puede:

⊕ Fortalecer el sistema inmunológico y las capacidades curativas

⊕ Reducir el tiempo de recuperación intrahospitalaria

⊕ Disminuir dramáticamente el dolor y la necesidad de utilizar medicamentos contra éste

⊕ Fortalecer el sueño

⊕ Aumentar la confianza

⊕ Reducir el estrés y la depresión

Yo he utilizado la imaginación guiada conmigo misma y con mis clientes y pacientes durante muchos años y con eficacia sorprendente. Consulte el apéndice *"A"* para encontrar lugares que proveen grabaciones de imaginación guiada relacionada con el tratamiento de enfermedades como el cáncer, molestias coronarias, el estrés, la depresión, la obesidad y muchas otras dolencias.

RESPIRAR PROFUNDO

"La vida está en el aliento. Quien respira a medias, vive a medias".

—Proverbio antiguo

Todos los días respiramos entre 14.000 y 25.000 veces; alrededor de 12 litros de aire por minuto. Respirar es el proceso individual más crítico que realiza nuestro cuerpo y sin embargo, muchos de nosotros no nos damos cuenta de lo mal que respiramos. La respiración es la primera línea de defensa contra el estrés y puede proporcionar calma y relajación instantánea.

Vivimos en un mundo lleno de personas que respiran con poca profundidad. La mayor parte del día estamos de afán y no somos conscientes de nuestra respiración. El resultado de este constante estado de respiración poco profunda es que no obtenemos la cantidad de oxígeno suficiente que nuestros órganos y sistemas del cuerpo necesitan para tener un desempeño óptimo, lo que a su vez hace que éste se estrese y se generen ansiedad y depresión. Alimentamos nuestro cuerpo con elementos esenciales como el alimento y el agua, pero no desarrollamos reverencia por la naturaleza física y espiritual que representa nuestra respiración.

En algunos idiomas como español e inglés, "aliento" y "espíritu" son dos términos con dos conceptos diferentes; sin embargo, en otros idiomas estos dichos conceptos corresponden a un solo término porque "aliento" y "espíritu" se consideran un mismo concepto porque implican la misma vitalidad. El aliento y el espíritu significan energía vital, vida, lo que en hebreo se conoce como *ruah*; en hindú el aliento es *prana; pneuma* en latín y griego; *chi* en chino. En muchas culturas no se puede separar el aliento del alma.

Como consejera espiritual desde hace años, aprendí con reverencia la relación entre el aliento y el espíritu. El aliento invita al respeto. Cuando yo estaba presente y teníamos que desconectar a un recién nacido moribundo del ventilador, yo tenía que entregar al bebé a su madre y veía como ese pecho pequeño exhalaba su último aliento, mientras permanecíamos allí en silencio total.

Al estar en la sala de partos, tuve que presenciar el nacimiento de un bebé que permanecía azul aún después de los innumerables intentos de parte del doctor para hacer que el bebé en nacimiento respirara. Estuve allí sujetando a ese precioso bebé quien no pudo tomar el aliento sagrado que daba vida a su espíritu.

También permanecí varios días en una Unidad de Cuidados Intensivos asistiendo a un joven de 13 años que había intentado suicidarse. El pecho de este jovencito subía y bajaba, pero los médicos dijeron que su cerebro había muerto y que era cuestión de tiempo que dejara de respirar. Nunca olvidaré cuando vi su cabeza tomar el último aliento y en milésimas de segundo, su vida se fue. Había sido desperdiciada de forma trágica.

Estas historias son lecciones valiosas que nos enseñan a todos que la vida es preciosa y que el aliento es lo que nos conecta a ella. Lo primero que hacemos cuando nacemos y abandonamos la matriz de nuestra madre es respirar; también es la última experiencia que tenemos cuando dejamos este mundo. De modo que todos debemos tener un respeto profundo por nuestra respiración, es decir, nuestro aliento de vida. Pienso que deberíamos enseñar a nuestros hijos este principio sagrado antes de enseñarles a leer o a escribir. Creo que el mundo sería un lugar muy diferente si desarrolláramos un mayor respeto por la relación que existe entre la mente, el cuerpo, el alma y nuestro aliento.

Siempre que sea posible, hagamos una pequeña nota sobre el por qué deberíamos respirar a través de la nariz. Existen unos vellos delicados dentro de ella que actúan como filtros que impiden el ingreso de partículas y gérmenes indeseados. La nariz actúa como regulador en cuanto a que si respiramos en el aire frío, la nariz calienta el aire, el cual llega a los pulmones con una temperatura más caliente y presenta humedad para lograr una función más eficiente en el cuerpo. A diferencia de nuestra era de cirugías plásticas, las personas en la Antigüedad apreciaban tener narices grandes las cuales constituían una señal de salud y poder. ¿No es interesante que ellos supieran que una nariz grande era en realidad un filtro grande para nuestra respiración sagrada?

Limpie su cuerpo a través de la respiración

1. Con la nariz, inhale profundo hasta su estómago (si no puede hacerlo, utilice la boca) e inunde con aire los lóbulos inferiores de los pulmones. A medida que lo haga, su estómago se levantará. Cuando exhale, su abdomen regresará a su posición.

2. Observe sus costillas y vea cómo se expanden y se contraen en cada inhalación.

Inhale contando hasta cinco, espere un momento y luego exhale contando nuevamente hasta cinco.

Observe cómo se ha despejado su mente. Su cuerpo también se siente renovado. Experimenta más energías. Fije una alarma o pegue recordatorios en el espejo, en su automóvil o en su escritorio, que le recuerden tomar respiros renovadores durante los días ocupados; no olvide compartir esta técnica con sus hijos, cónyuge y compañeros de trabajo. Literalmente es un regalo de vida.

LA ORACIÓN

Considero que la meditación es como una forma de oración. Creo que la oración es la experiencia más íntima que podemos tener como seres humanos y por ello es que toco este tema con bastante precaución y humildad. La oración es energía, luz o acción mental que va más allá del tiempo, el lugar y la distancia.

Algunas personas creen que una parte de lo Divino reside en nuestro interior y que cuando oramos estamos conectando nuestra chispa interna de lo Divino con la parte externa de lo Divino. Esta creencia claramente instaura lo santo en nuestro interior; la oración es la sinergia de esta fusión. Sin embargo, la mayoría de las religiones occidentales creen que Dios reside por encima de nosotros, que es trascendente y que permanece en nuestro exterior. Por lo tanto, la oración se desplaza hacia afuera, hacia Dios o es elevada a Dios. Este tipo de oración hace exterior lo Divino.

Cada pensamiento y emoción es sinergia, luz o un estímulo eléctrico. La ciencia nos dice que con cada emoción y pensamiento producimos sustancias químicas en nuestro cuerpo. Si lo que estamos experimentando es ansiedad, el cerebro se pone en alerta y se desencadenan una serie de cambios en sus químicos y en las hormonas. El hipotálamo y la glándula pituitaria responden ante las señales de estrés y le indican a las glándulas de la adrenalina que liberen la hormona del estrés llamada cortisol.

Imagine que es un día hermoso y que usted está jugando con su perro en el parque, y que de repente aparece un amigo y le da un fuerte abrazo. Su cerebro se pone feliz y usted libera endorfinas y luego serotonina. A medida que ustedes ríen y se sienten apreciados, continúan produciendo estas hormonas nutritivas las cuales producen salud y bienestar en el cuerpo.

De modo que si la Ciencia está probando que esta secuencia de eventos ocurre con cada pensamiento, y que se produce una estimulación eléctrica, ¿qué ocurre cuando oramos? La respuesta es: no lo sabemos, y por ello es que existe tanta fascinación. Tenemos investigaciones que demuestran que funciona, pero el asunto es que no sabemos exactamente cómo lo hace. ¿Por qué funcionan algunas oraciones y otras no? ¿Cómo es posible que se pueda orar a favor de un niño que se encuentra en la habitación de al lado y también por una persona que se encuentra a 5.000 millas de distancia? ¿Hay diferencias si un grupo de personas ora o si lo hace tan sólo un individuo?

Literalmente existen muchas más preguntas sobre la oración de las que alguna vez serán contestadas, pero existe un médico brillante, el doctor, Larry Dossey, quien ha sido pionero en el campo de la investigación sobre la oración. El doctor Dossey ha escrito muchos libros sobre investigaciones que se han realizado sobre la oración desde una perspectiva científica. En su libro *Reinventing Medicine, Beyond Mind-Body to a New Era of Healing*, el doctor Dossey se refiere al trabajo de muchos investigadores sobre la oración. En este libro se habla de la "curación no local".[15]

El doctor Randolph Byrd, cardiólogo del Hospital General de San Francisco, enfocó su estudio sobre la oración en sus pacientes con enfermedades del corazón. De los 393 pacientes del estudio, 192 estaban asignados a grupos caseros de oración y los 201 pacientes restantes no pertenecían a estos grupos. A los grupos que iban a orar se les daba únicamente el primer nombre de los pacientes y una descripción breve de su diagnóstico y condición. Cada paciente tenía entre cinco y siete personas que iban a orar a su favor y cada persona oraba por varios pacientes. Los pacientes por los cuales se ofrecieron oraciones presentaron los siguientes resultados:

⊕ Se presentaron menos muertes en el grupo de pacientes por los cuales se oró (13 comparado con 17).

⊕ Los pacientes en el grupo bajo oración fueron cinco veces menos propensos a requerir antibióticos (3 *vs.*16)

⊕ Ninguno de los pacientes en el grupo bajo oración requirió intubaciones endotraqueales —por las vías aéreas insertadas por la garganta y conectadas a un ventilador. Doce de los pacientes en el grupo no incluido bajo oración requirió de intubaciones endotraqueales y ventilación.

⊕ Los pacientes por los que se hizo oración fueron tres veces menos propensos a desarrollar edema pulmonar (6 comparados con 18 en el grupo no incluido en las oraciones).[16]

El doctor Erlendur Haraldsson, profesor de Psicología, y el doctor Thorstein Thorsteinsson, profesor de Química, ambos vinculados a University of Iceland, condujeron otro estudio interesante en el que participaron siete personas. La configuración de los participantes fue del siguiente modo: dos eran sanadores espirituales, uno era médico que creía en la oración y la practicaba, y cuatro eran estudiantes sin ninguna experiencia ni interés en la oración o las sanaciones. Se dispusieron diez tubos de ensayo que contenían, en algunos un cultivo de levadura y otros eran de un grupo de control. Los siete participantes intentaron estimular el crecimiento de la levadura en los tubos. Todos ellos podían acercarse a máximo un pie de distancia y no se les permitía tocar los tubos de prueba. A continuación se almacenaron los tubos de ensayo en el mismo lugar durante 24 horas, tiempo después del cual se midió el crecimiento de la levadura con un método sofisticado utilizado por microbiólogos. Los técnicos no supieron por cuáles tubos se había orado y por cuáles no.

Los tubos de ensayo por los que se hizo oración demostraron un crecimiento mayor que los tubos de control. La mayor influencia que se evidenció en los tubos de levadura se debió a los tres participantes que estuvieron activamente involucrados en actividades de curación a lo largo de su vida. Las posibilidades de que eso hubiera ocurrido simplemente por casualidad eran de menos de dos en 10.000. Este estudio hizo que surgieran más preguntas: ¿Hace la práctica de la oración que uno esté más conectado a alguna fuente de energía puesto que los tres practicantes de la oración tuvieron mayores resultados? ¿Hay personas que nacen con el don de la curación? Si así es, ¿cómo podemos identificar a estas personas?[17]

El doctor Mitchell Krucoff, cardiólogo y profesor asociado de Medicina y Cardiología en Duke University Medical Center, y la enfermera en ejercicio Suzanne Crater, presentaron un estudio en una reunión de Harvard, el cual se convirtió en punto focal de un artículo para la revista *Time*. Ellos condujeron un proyecto llamado "Programa cardio espiritual" en el que combinaron Cardiología de alta tecnología, oraciones de intercesión, música, imaginación guiada y contacto físico. Los efectos de este estudio se presentaron no sólo en Harvard sino en la Reunión Anual de la Asociación Americana del Corazón. Los resultados del grupo por el cual se condujo oración eran entre el 50% y el 100% mejor que aquellos del grupo por el cual no se condujo oración. Este fue un resultado especialmente interesante debido a la forma como se escogió a los que oraron por el grupo. Los "oradores" habían sido tomados de diferentes grupos religiosos: las Hermanas Carmelitas de Baltimore, del monasterio Nalanda en Francia, monjes budistas de Nepal de la comunidad en silencio, un grupo de oradores de varias confesiones cristianas, así como representantes de los moravianos, de los bautistas y otros grupos.[18]

En un estudio conducido en Duke, en el que incluyó a 4.000 personas en edades por encima de los 64 años, se encontró que los que oraban con regularidad tenían una presión sanguínea significativamente más baja que aquellos que oraban de forma intermitente. En el Centro Médico de Dartmouth, uno de los mejores predictores de supervivencia entre los 232 pacientes de cirugía del corazón tenía que ver con el grado con el cual cada paciente había hallado consuelo de parte de la oración.[19] En estudios conducidos en varios centros médicos se ha demostrado que la oración acelera la recuperación de la depresión, la apoplejía, la cirugía de cadera, la artritis reumatoidea, los ataques al corazón, la cirugía de bypass y el alcoholismo.

Al trabajar durante varios años con mis clientes, me he quedado asombrada de las muchas rutas que utilizan las personas para orar o para hacer conexión con lo Divino. Lo que yo sugiero es explorar diferentes métodos de oración para descubrir cuál es el que mejor resuena en cada persona. Algunas personas utilizan oraciones aprendidas de memoria, otros eligen sentarse en silencio con la Divinidad, algunos cantan o salmodian, algunos se sientan en la naturaleza, otros usan rosarios. La oración es la práctica más íntima y personal de todas las prácticas espirituales.

LAS AFIRMACIONES

Las afirmaciones son declaraciones positivas que nos hacemos a nosotros mismos. Nuestra mente cree todo lo que le decimos. Cuando uno le da al cerebro información positiva, está sustentándolo con alimento extremadamente valioso que sana tanto la mente como el cuerpo.

Muchos de los investigadores en el campo de la Medicina mentecuerpo utilizan afirmaciones con los pacientes. Cuando usted se dice a sí mismo algo una y otra vez, esto se le graba en el cerebro; a continuación su mente y su cuerpo lo creen y usted llega a convertirse en aquello que se ha repetido. Una afirmación positiva es una profecía cumplida por usted mismo.

Cómo crear las propias afirmaciones positivas

1. Decida qué área de su vida desea transformar mediante crear una afirmación positiva: el trabajo, la salud, el éxito, la felicidad, la familia, el amor o el dinero.

2. Haga sus afirmaciones en tiempo presente: "Yo soy" o "Yo tengo". Su mente subconsciente escuchará que está en el presente, no en el futuro.

3. Si usted siente temor de no ser amado cuando usted es usted mismo en su ser auténtico, haga una afirmación como "La gente me ama cuando yo soy yo mismo". Si usted siente que no gana suficiente dinero, puede hacer una afirmación como "mis ingresos se están aumentando".

LLEVE UN DIARIO

El poner por escrito nuestros pensamientos y experiencias es una práctica de serenidad antigua que se remonta a los principios de la humanidad. Podemos observar las cavernas y ver las historias de nuestros ancestros grabadas en las paredes en forma de petroglifos. Estos diarios primitivos nos revelan la forma en que vivían las personas en la Antigüedad, lo que era importante para ellos y la clase de deidades que adoraban. Cuando no registramos lo que sucede en nuestra vida, la mayor parte de lo que nos sucede se va tras la puesta del sol y nunca más se recupera o se recapitula ni tampoco se derivan lecciones de lo vivido.

Buena parte de la Historia Antigua que enriquece nuestra vida proviene de parte de personas que pusieron por escrito lo que sucedía. En la mayoría de las religiones y espiritualidades el poner por escrito lo que sucede se considera parte de la práctica espiritual. Cuando de forma regular uno se conecta y reflexiona sobre su ser y sobre el mundo a su alrededor entonces empieza una vida intencional.

Las investigaciones muestran que escribir los pensamientos, las emociones y las experiencias, reporta beneficios para la salud. Los científicos están demostrando que los individuos con enfermedades se benefician de escribir sus relatos. Joshua M. Smyth, PhD. profesor de Psicología de North Dakota State University, informó en un estudio reciente que el 47% de los pacientes con asma y artritis reumatoidea mejoró después de escribir sobre la experiencia más traumática de su vida. En el grupo de control que escribió sobre los eventos del día a día, mejoró el 24%.[20] El doctor James Pennebaker, psicólogo de la Universidad de Texas, demostró que cuando las personas escriben regularmente sobre aquello que les afecta, su sistema inmunológico se fortalece y requieren de menos cuidados médicos.[21]

Escribir acerca de sí mismo involucra todo el cuerpo y hace que la persona se relaje. Cuando uno escribe sobre sus experiencias conecta sus pensamientos con el cuerpo y procesa la experiencia en un nivel profundo. Yo considero que hacerlo traslada las emociones y los pensamientos desde la mente hasta el papel. Escribir integra la mente, el cuerpo y el alma.

Empiece a escribir

1. Escoja el mejor momento del día para escribir. Aparte cinco minutos en el uso del auto compartido, cuando termine de almorzar o en la noche, antes de irse a dormir. Si dispone de más tiempo, escriba más. Pero si no dispone de mucho tiempo, de todos modos haga de ello una rutina de unos pocos minutos al día.

2. Escoja una agenda o un diario que le guste. Es probable que quiera tener uno en el trabajo, otro en el auto y otro en el cajón de la mesa de noche, así le será más fácil disponer de un momento para escribir en medio de las ocupaciones diarias. Yo mantengo un diario al lado de mi cama y otro pequeño que cargo en mi bolso. También puede utilizar su computador portátil para registrar sus pensamientos a lo largo del día.

3. Registre sus sentimientos íntimos respecto a las experiencias de su vida. Ponerlo por escrito ayuda a llevar fuera del cuerpo el dolor, el sufrimiento y la ira.

4. Escriba de corrido y no se preocupe por la gramática, la ortografía o la puntuación.

5. Tal vez quiera expresar sus sentimientos a través de dibujos en vez de utilizar palabras.

GRATITUD

"Cuando manifiesto gratitud hacia la vida, me acerco a la luz, a la plenitud, a la energía universal y al amor. Logro ir más allá de los límites de mi propia existencia y descubro que soy una expresión de la forma universal de la vida, de la energía Divina".

—Arnaud Desjardins

La gratitud es en realidad una forma de energía física. Las investigaciones muestran que las personas agradecidas manifiestan tener más energías y menos padecimientos físicos que las personas no tan agradecidas. Los estudios revelan que el ejercicio diario de la gratitud tiene como resultado mayores niveles en los estados de alerta, entusiasmo, determinación, optimismo y energía. La ciencia moderna ha comprobado lo que las grandes religiones y culturas nos habían enseñado por siglos: la gratitud es una energía física, palpable y poderosa que puede ser medida y documentada. Los estudios indican que la disposición abierta del corazón mejora el bienestar físico y mental, comprobando así lo que hace siglos observó William Blake: "La gratitud es el mismísimo cielo".

Deténgase ahora, concéntrese en su corazón, y piense en algo por lo cual está agradecido en este mismo momento. Respire lenta y profundamente. Muéstrese completamente agradecido. Ahora observe la transformación inmediata que ocurre en su mente, cuerpo y alma. Usted ha entrado en un estado de gracia. La gratitud es una corriente de energía curativa y dadora de vida disponible para todas las personas en cualquier momento.

Si usted examina de cerca la vida de los grandes líderes espirituales, observará que estos practican la sencilla pero profunda energía de la gratitud todos los días. Los ganadores del Premio Nobel de la Paz han establecido su vida sobre el fundamento sólido de la práctica diaria de la gratitud y como resultado, se han convertido en dones para el mundo. Su Santidad, el Dalai Lama, el Obispo Desmond Tutu, el Presidente Jimmy Carter y la Madre Teresa, todos ellos derivaron su fortaleza interior, en medio de grandes desafíos, a partir de lo que aprendieron sobre el perdón y la gratitud.

Aquí hay unas formas sencillas de incluir la gratitud en nuestra vida diaria:

⊕ **Dé gracias por su aliento**: su aliento es su fuente de vida, el punto de conexión entre su cuerpo y su alma. Al nacer usted pasó del estado acuoso de la matriz de su madre a su primer aliento. De la misma manera, lo último que hacemos cuando dejamos esta tierra es exhalar un último aliento. Tal como tomamos alimento y bebemos agua para nutrir el cuerpo y el alma, el aliento es también un ingrediente esencial para la vida. Cada respiro alimenta las células del cuerpo y sus órganos vitales. Cuando una persona no respira de forma profunda y plenamente, le resta a su cuerpo oxígeno vital. La forma como respiramos y la cantidad de oxígeno que tomamos, son cruciales para la salud, para el cerebro y para el cuerpo. Tres inhalaciones de oxígeno de forma profunda aportan al cuerpo concentración, limpieza y energía renovada; esto es especialmente cierto cuando se hace con reverencia y gratitud por el don de la fuente de vida: su aliento.

⊕ **Demuestre aprecio por su cuerpo físico**: muchos de nosotros trabajamos, comemos, dormimos y vivimos sin agradecer a nuestro cuerpo por el maravilloso trabajo que hace. Debemos estar muy agradecidos con él porque trabaja muy duro a nuestro favor. El corazón late unos 3.3 billones de veces durante la vida, cada minuto respiramos unos 12 litros de aire y expulsamos unas mil libras de excremento al año. Investigaciones recientes han demostrado la naturaleza crítica de la conexión mente-cuerpo, que indican que cada célula tiene un tipo de inteligencia que se halla en comunicación constante con la inteligencia maestra del cerebro. Deténgase por un momento, tome un tour interno por su cuerpo y exprésele lo agradecido que usted se siente por todo el apoyo.

Su corazón y su tronco cerebral fueron los primeros órganos que se formaron en la matriz de su madre. Su corazón y su cerebro han estado trabajando día tras día y año tras año desde el momento de la concepción. Agradézcales a sus órganos corporales por el don de la vida que hacen posible, especialmente cuando su cuerpo ha sido atacado por drogas, alcohol, exceso de alimentos, falta de sueño, dietas, depresión, estrés, ansiedad y por el entorno. Comience por su cabeza y continúe hacia abajo, órgano por órgano. Continúe este proceso, reconociendo y demostrando gratitud por cada órgano y sistema de su cuerpo.

✤ **Honre el pasado**: muchas culturas, especialmente las asiáticas y las nativas americanas, demuestran reverencia por sus ancestros. Ellas son particularmente conscientes de que únicamente a través del sacrificio, de las decisiones y de las experiencias de miles de años ancestrales, es que hoy estamos aquí. Nosotros somos la mejor expresión de nuestro banco de genes por el mismísimo hecho de que hemos sobrevivido. Todos los genes dominantes de nuestro pasado están expresados en nuestra presencia, gracias a los ancestros que vivieron antes de nosotros.

Tristemente, nuestra nación fragmentada se ha desconectado del papel fundamental que desempeñaron nuestros ancestros. En nuestra cultura se aclama cuando alguien se ha "hecho a pulso". Pero de hecho, ninguno de nosotros es "hecho a pulso". Ninguno de nosotros estaría aquí si no hubiera sido por la existencia de nuestros ancestros. Dedique tiempo a agradecer a sus abuelos y abuelas, y a los que vivieron antes de ellos por haberle transmitido la vida. Es posible que usted quiera desplegar las fotos familiares antiguas de modo que sus ancestros estén cerca de su corazón.

✤ **Haga de cada día una celebración festiva**: en todas las culturas, hay celebraciones festivas sobre el tema del alimento y los frutos abundantes de la tierra. Mantenga esto presente en su vida diaria y haga una práctica regular el dar gracias por los alimentos. Con frecuencia nos apresuramos a consumirlos sin pensar en la asombrosa abundancia y red de apoyo que hace posible que ellos lleguen a nuestra mesa. Este año dé gracias por los alimentos que consume, no sólo en ocasiones especiales, sino en cada comida.

✤**Dé las gracias en los momentos difíciles**: muéstrese agradecido por la variedad de experiencias de su vida. Puede parecer difícil agradecer las pérdidas y los sufrimientos; no obstante, todos los textos sagrados y los maestros espirituales nos enseñan que para todo hay un propósito. De nuevo, cuando examinamos la vida de los grandes líderes espirituales, se puede ver que ellos han transformado su sufrimiento en un estado de gracia a través de la gratitud.

Si usted logra ver cada experiencia —hasta aquellas con las cuales sienta que no hay nada de qué estar agradecido— como parte de un plan divino en su viaje espiritual a través de la vida y como una senda para que usted pueda cumplir con su verdadero propósito, entonces logrará vivir una vida más significativa y llena de paz.

La gratitud es uno de los poderes transformadores del Universo y ejercerla puede iniciar una "cascada de eventos" de crecimiento espiritual. Es como lo expresó Cicerón: "La gratitud no es únicamente la virtud más grandiosa, sino la madre de todas las demás virtudes".

EL AGUA

Desde nuestra concepción estamos vinculados de forma natural al poder sanador y relajante del agua. La vida se nutre con el soporte del agua desde que somos formados en la matriz de nuestra madre. Durante todas las épocas se han hecho peregrinaciones a los lugares donde está el agua: a los océanos, lagos, ríos, corrientes y manantiales. Esto no ha cambiado a lo largo de la Historia.

Cuando nos encontramos con el agua ocurre una experiencia de liberación sensual y sexual. El agua nos calma y nos relaja, nos hace reír y fortalece el alma. Nuestros cuerpos no solamente fueron formados en el agua, sino que nosotros, es decir, nuestros cuerpos, estamos hechos principalmente de agua. El cuerpo humano contiene un 75% de agua, el cerebro es un 85% agua, la sangre un 94% de agua y nuestros dientes un 5% de agua.

El agua es una fuente de gran energía, poder y sanación. Todas las religiones y espiritualidades principales utilizan el agua en sus rituales sagrados para simbolizar purificación, nuevos comienzos o una promesa.

El baño es una de las prácticas más antiguas y reverenciadas que tenemos. Un estudio reciente en la Clínica Mayo descubrió que sumergirse en un baño caliente aporta muchos beneficios para la salud. Sumergirse en un baño caliente aumenta el flujo cardiaco a la vez que reduce la presión sanguínea. Después de pocos minutos en el agua tibia, los vasos sanguíneos se dilatan, lo que resta resistencia al fluido sanguíneo, reduciendo así la presión sanguínea.[22]

Un estudio que se realizó sobre los desórdenes del sueño observó que bañarse en agua caliente resultó muy útil en el tratamiento de este tipo de desórdenes. El agua tibia relaja los músculos y ello ayuda en la transición hacia un sueño reparador.

Dependiendo de la intensión, una ducha puede resultar relajante o vigorizadora. El poder del contacto con el agua puede refrescar un cuerpo agotado. Haga de cada baño una experiencia nueva y vital. La actitud que usted obtiene durante el baño de la mañana tiene la capacidad de afectar su día entero.

Mi sugerencia es que mantenga diferentes fragancias, jabones y esponjas en su ducha o baño. Algunas fragancias como lavanda y manzanilla, generan calma y alivian la ansiedad. Otras como la menta estimulan los sentidos y permiten que despertemos de un estado de tristeza. Las fragancias cítricas vigorizan e invitan a la calma y a la risa. El sentido de olfato de cada persona es bastante diferente. Visite una tienda, pruebe varias esencias y observe cómo le hacen sentir. Muchos de los pacientes con los que he trabajado han encontrado bastante útil la aromaterapia. Mantienen las fragancias que les gustan cerca de su baño o área de ducha y cada día eligen una fragancia que les ayude a controlar su estado de ánimo.

Nunca subestime lo poderosa que es la herramienta del agua para desarrollar sus rituales y ejercicios de serenidad. Muchas personas consideran el agua como un recurso común y corriente pero hay gran poder en ella aguardando a ser descubierto por usted.

Existen varias soluciones para reducir el estrés, y cada individuo responde a ellas de manera diferente. El apéndice "B" contiene algunas sugerencias sencillas y prácticas para ayudarle a reducirlo.

La serenidad es el fluido que alimenta la mente, el cuerpo y el alma. Cuando la cultivamos notamos abundancia, felicidad y balance. Experimente ese bálsamo curativo de la serenidad en su mente, cuerpo y alma. La paz, la autonomía y la salud son la esencia de la felicidad y esos son los frutos que produce la serenidad. Practicarla significa percibir paz y vivir con propósito. Abra las puertas de su mente, su cuerpo y su alma a la serenidad y experimente balance y armonía a diario.

~ INICIE HOY MISMO ~

Pregúntese ¿Qué me está impidiendo practicar la serenidad?

¿Estoy satisfecho con mis hábitos de meditación o de oración?

¿Necesito aprender más técnicas sobre manejo del estrés?

Dígase Yo experimento calma y balance en mi vida.

Haga Cree un espacio personal para practicar la serenidad en su hogar y en su trabajo.

Comprométase a ejercitarla entre cinco y diez minutos al día.

Rente o compre un video, CD o DVD sobre una práctica de serenidad nueva, como imaginación guiada, meditación, Yoga, Qigong o Tai Chi.

CAPÍTULO 7

El ejercicio:
Restaure su ritmo

CUANDO LOS PIES de Joan tocaron la trotadora, sus pensamientos se devolvieron a la experiencia que había tenido ese mismo día cuatro horas atrás. Recordó cuando se puso de pie con su cliente, el defendido, en medio del silencio que se sentía en la corte y cuando respiró profundamente para tranquilizarse. Había dedicado un año entero para encargarse de este caso difícil.

Por todos los medios Joan intentaba calmarse, tanto así que estuvo a punto de pasar por alto cuando el representante del jurado leyó el veredicto: "Culpable de todos los cargos". Sus pies andaban en la trotadora a medida que retumbaba en su cabeza la voz ronca del juez y sus palabras: "cul-pa-ble-de-to-dos-los-car-gos".

Joan había crecido en medio de los estrados judiciales, en la librería jurídica de la empresa de su padre y en el café al frente del edificio de los tribunales, los cuales todos quedaban en la misma manzana de su pequeño pueblo. Su madre murió cuando ella tenía tan sólo cinco años de edad, siendo arrollada por un conductor ebrio; Johan era conocida por todo el pueblo como la sombra de su padre. Todo el mundo, incluido él, asumió que ella heredaría la profesión de abogada, y como era de esperarse, así lo hizo al recibir su diploma.

Cuando terminó de correr las cinco millas, Joan se sintió exhausta de pensar, no solamente en ese veredicto, sino en la cascada de veredictos que había escuchado leer en 20 años de ejercer su carrera en esa misma corte mohosa. La trotadora se detuvo y Joan atravesó el gimnasio para ir a darse un duchazo. Se sentía abrumada, deprimida y desconectada.

A medida que se quitaba su ropa de ejercicios, escuchó la algarabía de las risas de las otras mujeres, pero de repente la risa se detuvo abruptamente, como cuando algo va a comenzar. Y puesto que la risa era el sonido que usualmente escuchaba, especialmente en ese gimnasio, sintió curiosidad y descendió por el pasillo. Entonces vio que en una sala de ejercicios se estaba llevando a cabo una sesión de yoga. Joan había leído sobre sus beneficios en revistas de salud para mujeres, pero nunca había visto a nadie practicándolo. Justo en ese momento, se abrió la puerta y el encargado de la sala salió y vio a Joan que estaba observando la clase. Le preguntó: "Joan, ¿por qué no entras y te nos unes? Estamos danzando".

Con vacilación, Joan siguió al encargado y entró a la clase guardando silencio ante el atlético instructor que estaba acostado en la colchoneta del piso. En pocos minutos, Joan estaba acostada en el suelo haciendo estiramientos y respirando, aliviando su cuerpo y su alma cansados. Su mente se tranquilizó y entonces empezó a experimentar un ritmo de pulsaciones que nunca antes había experimentado.

Poco imaginaba ella que el sentido extraño de conexión y de paz que había descubierto aquel día, le abriría la puerta a una nueva vida que jamás imaginó. Después de eso Joan empezó a asistir a todas las clases de yoga que podía. Cuando el instructor le preguntó si le gustaría asistir a un taller sobre enseñanza de yoga, se sintió tanto halagada como asustada.

Tres años después, Joan continúa ejerciendo como abogada, pero sólo medio tiempo. Su vida transcurre entre esa misma corte mohosa y el dulce olor a incienso en su estudio de yoga. El éxito, tal como se define en su práctica legal, ya no es su prioridad máxima. Ella descubrió una nueva definición radical de felicidad para su vida.

Joan había heredado una vida de monotonía en serie. Pero cierto día mágico el Universo le dio un codazo para que dejara su vida cotidiana de acostumbramiento y seguridad y empezara una nueva vida de conexión, ritmo y energía. Joan consiguió alinear su mente, su cuerpo y su alma; su vida cambió al descubrir que el ejercicio crea una fuerza de vida que resuena por todo su ser.

Para ella, el yoga le abrió la puerta a una vida nueva llena de risa, pasión y sentido de logro. Sin importar su situación actual o estado de salud, usted también puede encontrar una nueva práctica que le traiga renovación. Lo único que debe hacer es estar dispuesto a buscar en su interior —no en el exterior, fuera de usted— para hallar la respuesta.

Entendiendo el ejercicio como una forma de alineación

Cuando usted vive desde *el exterior*, el "ejercicio" es algo que usted teme y a lo que se siente forzado y sobre todo, apenas aguanta. Al intentar alcanzar la idea de la sociedad o de alguien sobre el "ejercicio", las personas pierden contacto con la sabiduría innata del cuerpo que puede guiarlas hacia los movimientos que se necesitan para restaurarlas en todos los niveles.

Cuando hablo o enseño en un seminario, la gente me dice con frecuencia que se siente cansada y que no parece encontrar una forma natural de aumentar los niveles de energía. Cada año se invierten billones de dólares en bebidas, alimentos y suplementos que prometen restaurar la energía diezmada por nuestra sociedad sobrecargada de trabajo. De acuerdo con las leyes que controlan el Universo, el ejercicio verdadero restaura el balance y la alineación de las personas. Un cuerpo balanceado y alineado permite que la energía fluya de forma eficiente a través de nuestro sistema; el ejercicio es la fuente primaria para lograr esa alineación. Tal como ocurre con una lámpara que emite su energía en forma de luz sólo cuando está conectada a una fuente superior de poder, así mismo, cuando nos conectamos a esta fuente de energía vital logramos la expresión completa de nuestro ser.

Alinearse significa encontrar su propio ritmo o flujo. Somos un cuerpo de energía que se haya en flujo constante. Esta energía fluye en frecuencias diferentes en cada uno de nuestros cuerpos. Las energías de todas las personas son similares, pero de alguna manera también son únicas. La clave para alinearse, o ejercitarse, es descubrir cuál es la energía o Chi que fluye a través de su cuerpo. Todos podemos obtener esta energía dadora de vida y transformadora a través del ejercicio.

En vez de percibir al ejercicio como algo que hacemos desde el exterior, considerémoslo como la forma de alinearnos nosotros mismos con la fuerza natural o energía Chi que es la fuerza de vida. En tiempos pasados, la gente tenía más actividad física. Nuestra cultura moderna es mucho más inmóvil y sedentaria. Nuestros sistemas de energía están detenidos como una tubería obstruida. Estamos perdiendo nuestra conexión o nuestro flujo, sin mencionar al mundo de tecnología y energía masiva que nos rodea y que no percibimos.

¿Cómo podemos alinearnos con esta energía y fuerza de vida? Cada uno de nosotros es diferente y todos tenemos sistemas eléctricos heterogéneos, diferentes tipos de cuerpos, diferentes formas de experimentar las cosas, diferente composición genética y composición psicológica también diferente. Por lo tanto, usted es el único que puede saber qué experiencia o ejercicio dador de vida es el que le permitirá conectarse a esta energía vital.

Cuando uno estudia con líderes espirituales, ellos rápidamente explican las disciplinas o rutas que conducen a una vida espiritual. Ellos no le preguntan si usted "quiere" esta disciplina o aquella. Si usted decide vivir de acuerdo a una senda espiritual específica, usted sigue su guía. Yo considero que ocurre lo mismo con el ejercicio. Si usted desea tener salud y bienestar físico y mental, el ejercicio no es sólo una opción; es una disciplina que uno debe acoger. He trabajado con pacientes y clientes durante muchos años y algo que debo aclarar es que el ejercicio es o una disciplina o una práctica espiritual. El peor error que comenten mis pacientes es el de preguntarse a sí mismos: "¿Tengo ganas de hacer ejercicio hoy? ¿Quiero hacerlo?". Estas preguntas generan ansiedad y frustración, como también un caudal de excusas. Sólo producen pérdida de tiempo, energías y por consiguiente, detrimento para la salud y la vida.

El verdadero ejercicio físico, sin importar la forma que tome, es la práctica de alinearse con la fuente de energía propia. Si usted teme, pospone y se queja de su rutina de ejercicio actual o si no tiene una rutina de ejercicio, es el momento de descubrir una nueva práctica y de emprender la acción.

Mediante el ejercicio y la alineación usted tiene la capacidad de crear una cantidad de energía abundante en su interior. El ejercicio es el movimiento que nos permite alinearnos con nuestro verdadero ser.

Escoja la vida

El ejercicio es un asunto crítico —y esto es literal respecto a la longitud y la calidad de su vida. Es tiempo que usted se eduque a sí mismo respecto a la importancia que reviste el ejercicio para la totalidad de la vida. Con las plagas que experimentamos en nuestro país como la obesidad, el cáncer, las enfermedades coronarias, la depresión, la hipertensión y la diabetes, sencillamente no podemos evadir este asunto esencial en nuestra vida. Ya no soportamos más el creciente costo del sistema de salud.

El lado oscuro de nuestro estilo de vida de esclavitud moderna es la falta de actividad de nuestros cuerpos. Muchos de nosotros hacemos largos viajes en automóvil, tren o avión. Pasamos buena parte del tiempo conectados a un computador tanto en la oficina como en el hogar. Y para añadir más a nuestro estilo de vida que ya es bastante sedentario y fuera de control, como promedio vemos más de cuatro horas de televisión todos los días. Para cuando una persona cumple 65 años de edad, ya ha visto 9 años de televisión.[1]

El CDC y el Gobierno de los Estados Unidos han establecido como prioridad la atención de la obesidad y el sedentarismo. Debido al estilo de vida sedentario, nuestros niños son la primera generación cuya expectativa de vida puede ser menor a la expectativa de vida de sus padres.

Ahora, considere los beneficios maravillosos que el ejercicio proporciona a nuestra salud y bienestar. El ejercicio reduce la presión sanguínea, reduce el colesterol y controla el azúcar en la sangre, también fortalece y tonifica los músculos y restituye la condición saludable de los huesos, incrementa los niveles de energía, reduce la grasa corporal y ayuda a fomentar la fortaleza del corazón, previene las enfermedades coronarias, el cáncer, la artritis y muchísimas otras condiciones serias de salud.

Haga lo que sea —desde caminar, usar una máquina trotadora o cualquier máquina de ejercicio, hasta practicar Yoga, Tai Chi o Qigong— cualquier actividad que se acople a su estilo de vida y que usted pueda disfrutar. A medida que se alinee con algo que le infunda pasión y energía, usted invitará a la salud para que entre tanto en su mente como en su cuerpo. El ejercicio es nutrición esencial para el cuerpo.

El ejercicio alivia el estrés, la ansiedad y la depresión, fortalece el sistema inmunológico y estimula las "células asesinas naturales", las cuales desempeñan una función vital en la lucha contra el cáncer, las bacterias y los virus.

El cuerpo humano fue hecho para tener actividad física. La falta de movimiento contribuye a un gran número de desordenes físicos y psicológicos. Robert M. Buttler, M.D. del Centro Médico del Monte Sinaí en Nueva York, dice: "Si el ejercicio pudiera condensarse en una píldora, sería la medicina más prescrita y beneficiosa que se recetaría en nuestra nación".[2]

EL EJERCICIO ES UN REGALO PARA MENTE, CUERPO Y ALMA

De modo que si el ejercicio es tan beneficioso para nosotros ¿por qué no nos gusta practicarlo? El ejercicio en América con frecuencia ha sido visto y experimentado como una penuria, un castigo y una experiencia horrorosa. Solemos verlo como una competencia y tememos sentirnos derrotados o no dar la talla. Un estudio publicado por la *Asociación Médica Americana* encontró que una de las principales razones por las cuales no hacen ejercicio los americanos es la concepción equivocada de que se tiene que hacer ejercicio vigoroso para obtener sus beneficios.[3] Cuanto más investigamos sobre el ejercicio, más comprobamos que eso simplemente no es cierto.

Ahora bien, si usted elige verse vigoroso y en forma, en vez de verse "derrotado o sin dar la talla", con el tiempo cada célula de su cuerpo reflejará como un espejo la imagen que usted ve en su mente. Y tal como los orientales practican cosas como las artes marciales, el Yoga, el Tai Chi o el Qigong, y son entendidas como disciplinas mente-cuerpo, usted puede rediseñar sus rutinas diarias y experimentar cualquier forma de ejercicio como un vehículo para refrescar y renovar su mente, su cuerpo y su alma. Hágase consciente de su cuerpo a medida que practica el ejercicio, levanta pesas o utiliza su máquina elíptica. Repita un mantra de afirmación en cada movimiento. Concentre su atención en su cuerpo y en su respiración, así conseguirá restaurarse a sí mismo en múltiples niveles.

El ejercicio es un elemento esencial del balance mente-cuerpo-alma ya que literalmente afecta a los tres. A través de las eras los textos sagrados se han referido al cuerpo como si fuera vaso o templo que necesita ser honrado y cuidado. Cuando hacemos ejercicio, demostramos reverencia por su maravilla.

EL EJERCICIO ES UNA TRADICIÓN ESPIRITUAL ANTIGUA

Caminar es una práctica reverenciada desde antaño. Cuando usted estudia con la mayoría de las tradiciones espirituales antiguas, se habla de una meditación caminante, de modo que uno se hace consciente de su conexión de la santidad dentro de su ser, con lo Divino, y con los elementos de la tierra. Todos fuimos creados para poner en actividad nuestro precioso cuerpo.

Los nativos americanos, los monjes monásticos, los sufíes islamistas, los monjes budistas, los sacerdotes hindúes y los monjes taoístas, hacen del caminar parte de su rutina espiritual firmemente arraigada.

Jesús caminó de aldea en aldea enseñando y sanando a los enfermos. Buda dedicó su vida entera a caminar de pueblo en pueblo con la misión de enseñar. Mahatma Gandhi caminó 150 millas en la impresionante Marcha de la sal, la cual cambió para siempre la Historia de India. El doctor Martin Luther King, Jr. caminó por los caminos de Alabama y Georgia. Susan B. Anthony, dedicó su vida entera, junto con una multitud de otras mujeres, a caminar por el derecho a votar.

Experimente caminar como peregrinaje. Los peregrinos hacen parte de todas las tradiciones espirituales. Los judíos van a Jerusalén, los cristianos van a la Tierra Santa y los musulmanes van a la Meca. Cada día, antes de partir en su peregrinaje, imagine algo que quiera aprender o concéntrese en algún pensamiento. Observe los pájaros en el camino, abra sus ojos al cielo, a las nubes, los árboles, escuche los sonidos, perciba los colores y los olores. Su camino estará lleno de abundantes posibilidades. Escoja una ruta diferente para así tener una experiencia diferente. Cree un grupo de personas para caminar en la mañana o en la tarde o camine sólo para crear introspección y disfrutar de la intimidad.

Haga ejercicio a su propio ritmo

Descubra qué tipo de ejercicio se ajusta a los ritmos de su día y a las necesidades de su cuerpo. Asegúrese de respirar profundamente a medida que mueve sus músculos. Extrañamente, muchos de nosotros desarrollamos el hábito de contener nuestra respiración cuando levantamos una pesa o damos un raquetazo, privando así a nuestros músculos del oxígeno necesario.

Involucre el ejercicio en su rutina diaria: establezca el compromiso de estirarse cuando se levante de su escritorio o elija la parte más lejana del estacionamiento, practique 10 minutos de yoga antes de irse a dormir. Encuentre un tipo de ejercicio que le resulte agradable: bailar, ir de caminata, o hacer uso del set deportivo en el parque de su vecindario.

No permita que las lesiones o las dolencias le hagan "darse por vencido" respecto al ejercicio. Todos podemos hacer algún tipo de movimiento aún si estamos confinados a una silla de ruedas o tenemos que guardar cama. El simple hecho de respirar profundamente y de tensionar y relajar los músculos, puede resultar inmensamente reparador. Ponga música y mueva su cuerpo de cualquier forma que le resulte cómoda. Inicie lentamente y aumente la cantidad de tiempo que dedique al ejercicio cada día.

Concéntrese en el placer, no en el dolor. El ejercicio debe hacerle sentir *bien*. Si usted no mira con anhelo su sesión de ejercicio, es tiempo de reexaminar sus elecciones. Deseche la idea de que el ejerció tiene que ser extremadamente vigoroso, que debe durar una hora o más o hacerlo sufrir. Los estudios demuestran que tres sesiones de diez minutos de ejercicio al día tienen el mismo efecto saludable que una sola sesión de 30 minutos.

Los videos de ejercicios son una buena forma de familiarizarse con cualquier rutina antes de empezar a tomar alguna clase. Ciertos videos están divididos en secciones de 10 ó 20 minutos, las cuales permiten hacer una pequeña pausa en caso que se sienta cansado. Si usted prueba algo y encuentra que no lo está disfrutando, intente con algo diferente. Pruebe con una variedad de rutinas agradables y descubra cuáles son las que lo renuevan y lo restauran. Existen videos que dan instrucciones sobre cómo hacer ejercicio o practicar yoga en la cama, en una silla o en la silla del avión.

Elija qué hacer: caminar, nadar, ir al gimnasio, practicar Pilates, Yoga, Tai Chi o Qigong. Mueva su cuerpo y llévelo a un nivel de balance más profundo y más satisfactorio de acuerdo al ritmo de sus días.

El ejercicio y la familia

El ejercicio puede tomar varios giros dependiendo de lo ocupada que esté su vida. Si tiene hijos pequeños, es posible que necesite incluirlos a ellos en un programa suave de ejercicios. Por ejemplo, cuando ellos estén viendo dibujos animados o jugando, usted podría hacer algunas flexiones o levantar pesas. O tal vez desee poner algo de la música favorita de ellos como *Cenicienta* o *La Bella y la Bestia* y bailar juntos. Sea creativo, lo importante es estar en movimiento.

Cuando se tienen niños pequeños puede resultar práctico organizar un grupo de caminatas en su vecindario en la mañana o en la tarde, se pueden aprovechar los momentos en que ellos estén durmiendo y su cónyuge los esté cuidando. A medida que sus hijos vayan creciendo expanda sus opciones.

Mis hijas todavía se ríen de mí cuando piensan en su niñez, me recuerdan vestida con medias calentadoras rojas, leotardos rojos y balacas rojas, saltando al paso con Richard Simmonds. Las tres fingíamos ser mujeres pesadas que le contábamos historias de desconsuelo sobre nuestra obesidad y el dolor que ésta nos causaba. Richard, imaginariamente, venía nos abrazaba y consolaba. Todavía nos gusta Richard Simmonds. Él todavía está entrelazado a los atesorados recuerdos de hace años en nuestra familia.

La obesidad en los niños y en los adultos está directamente relacionada con nuestro estilo de vida sedentario. Nuestra responsabilidad es crear nuevas maneras de mantener a nuestra familia en movimiento para lograr mantenernos saludables. Enseñe a sus hijos maneras divertidas de hacer ejercicio y practíquelo con ellos en sus actividades familiares; así ellos continuarán ejercitándose el resto de su vida. Cuando usted transmite a sus hijos el don del ejercicio está derramando sobre ellos una dádiva de vida.

Haga caminatas familiares un día de por medio después de la cena. No olvide llevar al perro. Su mascota también necesita ejercicio. Instale un aro de baloncesto en su casa y planee juegos de este deporte en su casa, o hagan tiros al aro desde diferentes ángulos de distancia. Esto hace que los miembros de la familia se mantengan en movimiento, que interactúen, que disfruten de la risa. Instalar una malla de bádminton en el patio de la casa es otra idea fantástica. Sólo se necesita que dos de ustedes golpeen la pluma de un lado a otro para hacer que los cuerpos se pongan en movimiento. Aquí tan sólo hemos considerado tres sugerencias que hagan viable el ejercicio para una familia. Los hijos siguen el liderazgo de sus padres. En el caso de mi familia, siempre hemos hecho ejercicio juntos y es algo que todavía disfrutamos hacer.

Es algo maravilloso cuando una pareja ocupada puede organizar su tiempo para hacer ejercicio junta. Cuando uno tiene un compañero o compañera para hacer ejercicio, ambos demuestran más compromiso para practicarlo. Mi esposo y yo siempre hemos caminado juntos desde el mismísimo día que nos casamos, hace mucho tiempo. Ambos hemos tenido vidas muy ocupadas, de modo que las caminatas se han convertido en una oportunidad de compartir, reír y ponernos al día con todo lo que ocurre. Esta práctica sencilla que tenemos siempre ha sido una prioridad en nuestra vida y también ha enriquecido nuestra larga y afectuosa relación. Cuando nuestras vidas estaban abrumadas con el cuidado de nuestras hijas y con nuestras carreras y las facturas por pagar, nuestras caminatas se convirtieron en la oportunidad para estar juntos y compartir nuestros temores, esperanzas y muchas veces, nuestras lágrimas. En los momentos en los que nuestro matrimonio tenía que atravesar algunas intersecciones difíciles, nuestra práctica de caminar nos ayudó a estar juntos y a conversar. Recuerde, cuando usted camina, su cuerpo libera hormonas curativas como las endorfinas y la serotonina, las cuales también ayudan a fortalecer la relación.

En la actualidad hemos adoptado algo nuevo que reemplaza nuestra caminata diaria. Ahora tenemos una trotadora y una escaladora en nuestro sótano. Casi todas las noches mi esposo usa la trotadora y yo la escaladora, después alzamos pesas y al final hacemos sentadillas. Alternamos estos ejercicios con yoga. Esta es una manera maravillosa de envejecer juntos y de sustentarnos mediante estas rutinas saludables. A medida que avance en edad, descubra nuevas maneras de hacer ejercicio.

El trabajo

Las corporaciones deben asumir mayor parte de responsabilidad en valorar a sus empleados y motivarlos a hacer más ejercicio. Entre los costos que se generan al sistema de salud están los días de incapacidad laboral y el costo de las recetas médicas, así como el costo de los seguros que terminan afectando de alguna manera a la compañía. El ejercicio es bueno para las compañías. Investigaciones hechas en

Indiana's Ball State University revelaron que los negocios cuyos dueños corrían al menos cuatro veces a la semana, tenían ventas de por lo menos dos y tres veces más que otras compañías cuyos propietarios no se ejercitaban con regularidad.[4] Los ejercicios de toda clase producen endorfinas, las cuales incrementan la creatividad, el optimismo y el bienestar. ¿No sería maravilloso que a la luz de los descubrimientos sobre los beneficios del ejercicio en la productividad, las empresas empezaran a darle prioridad al balance entre la vida personal y el trabajo de sus empleados? Si usted trabaja para una compañía que no apoya esta clase de balance, existe todo el soporte científico que usted puede utilizar para demostrar que el cuidado del personal afecta directamente la rentabilidad de la compañía. Ofrézcase como voluntario del comité para crear una iniciativa que promueva la salud.

El cáncer

La ciencia ha comprobado el efecto que tiene el ejercicio en el cáncer. Las mujeres que hacen ejercicio moderadamente durante 1.5 horas a la semana tienen una reducción del 50% de riesgo de padecer cáncer. Los individuos que hacen ejercicio con regularidad presentan menores tasas de incidencia de cáncer de colon en comparación con aquellos que no se ejercitan con regularidad.

Los investigadores examinaron a 74.000 mujeres que participaron en un estudio sobre la salud de la mujer y se encontró que el ejercicio reduce el riesgo de desarrollar cáncer de seno sin importar la edad de la mujer. Las mujeres que hacen ejercicio con regularidad, presentan tasas menores de cáncer de seno.[5]

Michelle Holmes, M.D., PhD., profesora asistente de la Escuela Médica de Harvard, acaba de reportar un estudio en el diario *Journal of the American Medical Association* sobre los beneficios del ejercicio respecto al cáncer de seno. Caminar tres horas a la semana a un paso promedio de entre 2 y 2.9 millas por hora reduce el riesgo de morir de cáncer de seno a la mitad. Hasta un poco de ejercicio —una a tres horas a la semana— también reduce el riesgo de morir por cáncer de seno en un 20%.[6]

Estos estudios son bastante reconfortantes, no sólo para las mujeres con cáncer de seno, sino también para todas las personas, tengan o no cáncer. Todos los estudios continúan reportando lo importante que es el ejercicio para llegar a disfrutar una vida larga y saludable.

Caminar puede salvarle literalmente la vida

La revista *Journal of the American Medical Association* encontró que caminar 30 minutos al día reduce las posibilidades de morir prematuramente tanto como correr de 30 a 40 millas a la semana. Los índices de muerte por todas las causas, lo que incluye a las enfermedades del corazón y el cáncer, son mucho más bajos en las personas que caminan 30 minutos al día comparado con aquellos que son inactivos. Las personas que caminan 30 minutos diarios presentan un índice de un tercio menor en muerte por todas las causas, lo que incluye enfermedades del corazón y apoplejía, comparado con quienes llevan una vida sedentaria. Caminar 30 minutos al día reduce el riesgo de presentar apoplejías, diabetes, artritis, presión sanguínea alta y osteoporosis.[7]

El envejecimiento saludable

El ejercicio es un elemento esencial para el envejecimiento saludable. Las investigaciones demuestran que el ejercicio no sólo nos ayuda a vivir más tiempo, sino que nos permite envejecer de forma más independiente y saludable. Todo se beneficia a través del ejercicio a medida que envejecemos: la memoria, el corazón, la presión sanguínea, el azúcar en la sangre, la función inmune, la salud de la piel y el funcionamiento saludable de los órganos y de los sistemas mayores del cuerpo.

Cuando usted hace ejercicio crea endorfinas. Usted ejercita los músculos y también envía sangre y oxígeno a sus órganos vitales, especialmente al cerebro. El ejercicio no sólo fortalece sus músculos; también desacelera el proceso de envejecimiento de todo el cuerpo.

Los investigadores de la Universidad de Illinois, el doctor Arthur Kramer y el doctor Stanley Caolcombe, hallaron que el ejercicio pospone los efectos del envejecimiento. Ellos demostraron que los adultos mayores más atléticos tienen cerebros más densos que sus contemporaneos inactivos, lo que sugiere que el ejercicio protege al cerebro. Colcombe y Kramer creen que el ejercicio logra más que simplemente preservar el tejido del cerebro, también puede ayudar a mejorar los procesos del pensamiento. En 18 estudios recientes se encontró que los adultos mayores inactivos que empezaron una rutina de ejercicios demostraron mejoras significativas en las pruebas cognitivas que medían habilidades como la planeación y el prestar atención.[8]

En la Universidad de Pittsburg, los investigadores hicieron seguimiento a 229 mujeres en edades entre los 50 y los 65 años, durante 17 años y descubrieron que las mujeres sedentarias durante el periodo de estudio fueron 1.5 veces más propensas que las mujeres activas, a tener momentos difíciles durante las actividades diarias, como por ejemplo, ir de compras, realizar las tareas domésticas y subir escaleras.[9] Mantenerse activo representa toda una inversión en los años postreros. Todos seguramente deseamos vivir más, pero también de forma independiente.

El ejercicio mejora la memoria a largo plazo y las funciones cerebrales. Ayuda a prevenir el envejecimiento arterial, que si de descuida, a su vez contribuye al envejecimiento y a la enfermedad de Alzheimer. Un estudio de más de 18.000 enfermeras de pacientes con una edad superior a los 70 años demostró que las mujeres que caminaban al menos 1.5 horas a la semana demostraron mayores puntajes en habilidad cognitiva, memoria verbal y concentración, en comparación con las mujeres que caminaban menos de 40 minutos a la semana.[10] Un estudio de más de 2.000 hombres con una edad superior a los 70 años demostró que caminar de forma regular reduce el desarrollo de la demencia, así como el desarrollo de la enfermedad de Alzheimer.[11]

El flujo de oxígeno aumentado durante el ejercicio alimenta al cerebro y produce un mejor funcionamiento de la memoria.

El estrés

Las investigaciones demuestran de forma consistente que las personas que hacen ejercicio presentan mayor resistencia al estrés que aquellas que no lo hacen. El ejercicio tiene un efecto relajante tanto en la mente como en el cuerpo; también reduce la actividad del sistema nervioso simpático, así como el pulso cardiaco y la presión sanguínea. Cuando las personas que hacen ejercicio regularmente se ven expuestas ante situaciones de estrés, su frecuencia cardiaca no se aumenta tanto como la de las personas que no hacen ejercicio, bajo las mismas circunstancias. Las personas que hacen ejercicio no sólo se enferman menos que las que no hacen ejercicio sino que la severidad de su enfermedad es menor que la de las personas que no se ejercitan.

El ejercicio regular puede compararse a un atleta que se prepara para los olímpicos. El atleta se ejercita para obtener fortaleza y vigor. La persona que se ejercita regularmente está creando fortaleza y vigor, lo que hace que se generen químicos curativos en el cuerpo, los cuales le permiten disminuir los efectos del estrés.

La depresión y los desórdenes de ansiedad

Los investigadores de Duke University demostraron que el ejercicio regular alivia la depresión severa con la misma efectividad que lo hacen los medicamentos antidepresivos.

Los estudios conducidos por el doctor James Blumenthal demostraron que 30 minutos de ejercicio tres veces a la semana son suficientes para reducir los síntomas de la depresión. En su estudio que duró 10 meses, el ejercicio fue un predictor significativo de los niveles de depresión. Las personas que participaron en 50 minutos de ejercicio a la semana tuvieron una disminución de un 50% en manifestar que se sentían deprimidas.[12]

El ejercicio libera en el cuerpo los "químicos de la felicidad", como por ejemplo, las endorfinas y la serotonina. El ejercicio también ayuda a regular la producción de la dopamina, el neurotransmisor que ayuda a que las células se comuniquen entre sí.

El insomnio

El ejercicio ayuda a crear mejores patrones de sueño en los pacientes, los cuales se duermen más rápido cuando hacen ejercicio. El doctor Gregg Jacobs de Harvard, sostiene que el beneficio del ejercicio sobre el sueño se debe a que el ejercicio es un factor de estrés en el cuerpo. El cerebro compensa el estrés físico extra incrementando la profundidad del sueño. El doctor Jacobs también dice que las personas que sufren de insomnio son muchas veces más sedentarias, lo que hace que se inhiban las subidas y caídas en el ritmo de la temperatura corporal.[13]

Los investigadores en Stanford hallaron que una cantidad moderada de ejercicio mejora la calidad del sueño de los adultos en edades entre los 50 y los 76 años. Este estudio es importante porque los adultos mayores componen el 12% de la población, la cual recibe entre el 35% y el 40% de todas las prescripciones médicas para mejorar el sueño.[14] Esto es especialmente importante porque los agentes del sueño en las personas mayores pueden ocasionar caídas, confusión, agitación y letargo.

La función inmunológica

El ejercicio hace que la función inmunológica se incremente a nivel celular. Cuando la función inmunológica está fortalecida de este modo, las personas se hacen menos propensas a desarrollar cáncer. El ejercicio estimula la producción de las células asesinas, las células guardianas que buscan y destruyen células invasoras y células cancerígenas. Las personas que hacen ejercicio sufren de menos resfriados en comparación con las personas sedentarias.

Nuestros hijos

En la actualidad, los jóvenes no tienen la actividad física que necesitan. Esta pudiera ser la primera generación en la Historia cuya expectativa de vida es menor a la de sus padres. La extendida plaga de la obesidad acorta la expectativa de vida de nuestros hijos entre dos y cinco años. Muchas escuelas han limitado o reducido sus programas de educación física y un estudio reciente revela que el 92% de las escuelas primarias no programan suficientes clases de educación física.[15] Tristemente, muchas de nuestras comunidades no cuentan con instalaciones recreativas para nuestros hijos. Muchos niños pasan su tiempo libre en actividades sedentarias como los videojuegos, usar el computador o ver televisión. Nuestros hijos no tienen horas programadas durante el día para hacer ejercicio o participar en una actividad física.

Nuestro mundo tecnológico es también responsable de seducir a nuestros hijos para que se sienten frente a una variedad de aparatos electrónicos cuyo número continúa aumentando cada día. Una encuesta de jóvenes en edades entre los 8 y los 18 años muestra que sus actividades son como se presenta a continuación:

- Ver televisión: 3 horas, 51 minutos

- Uso del computador: 1 hora, 2 minutos

- Videojuegos: 49 minutos

- Lectura: 43 minutos

Más de dos tercios de los niños (el 68%) tienen un televisor en su habitación. Estos niños ven una hora y media más de televisión comparados con los niños que no tienen un televisor en su alcoba. El 31% de los niños tiene un computador·en su alcoba y lo utiliza 45 minutos al día más que los niños que no tienen un computador en su habitación.[16]

Yo pertenezco a la vieja escuela cuando se trata de cualquier tipo de tecnología en la alcoba de un niño. Considero que cuando los niños tienen tecnología en sus alcobas se retraen a la privacidad de éstas para utilizarla. Así es como se abstraen del resto de la familia y del mundo entero. Ello imposibilita la interacción con sus padres, hermanos y otros miembros de la familia. Los padres comienzan fácilmente a perder intimidad con sus hijos cuando permiten que ellos se retiren y empiecen a desarrollar su propio mundo sin supervisión.

Estoy bastante preocupada por esta tendencia porque los índices de depresión entre nuestros jóvenes están aumentando dramáticamente. Esta clase de vida tecnológica y sedentaria conduce al aislamiento de nuestros hijos en un momento de sus vidas en que necesitan especialmente de la guía, la supervisión y el apoyo de sus padres, así como de participar en actividades que ejerciten su cuerpo. En todos los hogares debería haber una zona designada de computación o una sala de computación. Muchas familias con las que he trabajado han hecho un mueble para computación en su área de sistemas o han trasladado el computador a una alcoba o sótano donde haya supervisión.

La sección de ejercicio para la familia de este capítulo considera sugerencias útiles para hacer que los muchachos se ejerciten. Yo personalmente le animo a involucrar a sus hijos en programas deportivos. Esto no solamente les ayudará a ejercitarse sino también a desarrollar habilidades sociales y de liderazgo que les resultarán de valor incalculable para el resto de su vida.

Otras opciones de ejercicio

Adicionalmente a los ejercicios ya considerados, aquí hay tres ejercicios que reportan beneficios significativos.

YOGA

El yoga es una práctica antigua cuyo nombre se deriva de una palabra del sánscrito que significa "formar un yugo", unir la mente, el cuerpo y el alma o aliento. Existen 40 tipos de yoga. Yo personalmente he experimentado con varias clases y cada persona podrá determinar cuál es el indicado para su situación. Puede alquilar videos que enseñen diferentes clases de yoga y experimentar con varios para descubrir cuál es el que más se ajusta a su caso. Yo mantengo una práctica regular de yoga y realmente creo que no podría funcionar al nivel que lo hago sin esta práctica esencial. Es digno de destacar que cuando estudié en los centros de investigación pionera, todos los pacientes en sus programas estaban practicando yoga debido a sus beneficios para la salud.

En el Centro Anderson contra el Cáncer de la Universidad de Texas se realizó un estudio sobre los pacientes con linfomas que practicaron el yoga tibetano durante siete semanas. Se encontró que estos pacientes conseguían conciliar el sueño de forma más rápida, dormían por más tiempo y evidenciaban tener una mejor calidad de sueño comparados con un segundo grupo que no lo practicaba. También utilizaban menos medicación para incentivar el sueño comparado con el grupo sedentario.[17]

Satish Sivasankaran, M.D., condujo un estudio en Yale que demostró que practicar yoga y meditación por lo menos tres veces a la semana permite reducir la presión sanguínea, el pulso cardiaco y las enfermedades del corazón. Este estudio demostró que participar en un programa de seis semanas de un programa de meditación y yoga mejoró la función vascular de los pacientes en un 17%. Del mismo modo, los participantes del estudio que tenían enfermedades del corazón demostraron una mejoría del 70% en su función endotelial. [18]

EL TAI CHI Y EL QIGONG

El Tai Chi es un ejercicio tradicional chino que se basa en dos conceptos. El primero es la energía, llamado Qi o Chi. Esta energía fluye a través del cuerpo por rutas llamadas meridianos. El segundo concepto de la Medicina china es que cuando el flujo del Qi o Chi está bloqueado, el cuerpo y la mente pierden su balance. Cuando el cuerpo pierde su balance se puede enfermar. El Tai Chi y el Qigong se practican para hacer que el cuerpo recupere su balance y aumente su energía.

La doctora Lyvonne Carreiro, de la Universidad de Florida, informó que los pacientes con enfermedad de Parkinson que tomaron clases de Tai Chi durante 12 semanas demostraron una menor disminución en sus funciones motoras y hubo una reducción significativa en su caídas, las cuales demostraron mejoras en su equilibrio, fortaleza y el sentido de alerta.[19]

El Qigong es una práctica china antigua, la cual me encanta. El Qigong produce salud mediante equilibrar el Chi o la energía vital del cuerpo y descubrir el verdadero balance personal. Estudios realizados en Stanford en los que los pacientes de cáncer que hacen Qigong están más relajados, demuestran que esta práctica produce menos estrés y fatiga al igual que un mayor sentido de bienestar.[20] *Kaiser Permanente*, la HMO (Organización para la Conservación de la Salud) más grande del país, ofrece la alternativa de Qigong a sus pacientes. Ellos informan que empezaron a utilizarlo con sus pacientes crónicos y tuvieron resultados tan excelentes que ahora están suministrando clases para todas las personas que utilizan sus servicios de salud. El Qigong, al igual que la Acupuntura, utiliza un sistema de rutas internas llamadas meridianos, los cuales recorren el cuerpo. Su Chi, o energía vital, se queda bloqueada o estancada dentro de esas rutas y el Qigong se encarga de restablecer el flujo y balance del cuerpo. Cuando el Chi se bloquea o estanca, la persona se hace lenta y se muestra aturdida e inclusive experimenta enfermedad. El Qigong logra hacer sentir a las personas energizadas, balanceadas y muy felices.

NADAR

Nadar es un ejercicio sencillo que se inicia a cualquier edad. Nadar se recomienda de manera especial para quienes han tenido lesiones, enfermedades o condiciones que les impiden hacer ejercicios aeróbicos regulares.

Nadar reporta excelentes beneficios para la salud. Un estudio publicado en la revista *Journal Medicine and Science in Sports and Exercise* demostró que el ejercicio acuático mejoró la salud de las participantes. En esta investigación se estudió a mujeres en edades entre los 60 y los 75 años que participaron en ejercicios acuáticos durante doce semanas. El estudio demostró que ellas aumentaron su fortaleza muscular, incrementaron su flexibilidad, redujeron la grasa corporal y mejoraron su agilidad, comparadas con las mujeres que no participaron en el estudio.[21]

El tiempo de su lado

La pregunta más común que escucho respecto al ejercicio no es sobre sus beneficios, sino más bien está relacionada con cómo encontrar el tiempo suficiente para hacer ejercicio en medio del típico horario ocupado de la época actual. A continuación aparecen algunas soluciones que he encontrado a este problema:

⊕ Coloque su máquina trotadora o de hacer ejercicios en una alcoba con un televisor. Ponga su grabación o DVD favorito durante 30 minutos a la vez que hace ejercicio. Yo programo el *Show de Oprah* o mis programas preferidos de televisión en la noche y mientras los miro, hago ejercicio. A continuación hago algunas sentadillas o levanto pesas durante algún rato.

⊕ Haga ejercicio durante el día. Lleve a su mascota a paso rápido en la caminata de la mañana. Cuando llegue a casa en la tarde llévela de nuevo a una caminata enérgica. Mientras prepara o calienta su cena, haga ejercicios de estiramiento o practique yoga.

⊕ Durante su hora de almuerzo, camine durante los primeros treinta minutos y en el tiempo restante tome su almuerzo. La luz del sol de esta hora del día provee un beneficio adicional el cual la ciencia ha demostrado que contribuye al bienestar en general.

⊕ Siempre que sea posible, utilice las escaleras en el trabajo o en los centros comerciales. Cuando voy de compras trato de caminar durante algunos minutos antes o después de comprar lo que requiero.

⊕ En el caso de los pacientes con niños pequeños existen maneras creativas de descubrir cómo hacer ejercicio durante el día. Llévelos con usted mientras pasea al perro en la mañana. Ponga una grabación de Tae Bo u otros ejercicios divertidos y haga de ella una experiencia familiar en compañía de sus hijos. En cualquier momento durante el día o en la noche encienda su música rítmica favorita y empiece a bailar en compañía de los miembros de su familia. Esto hace que el ejercicio sea una actividad divertida y enseña a los hijos a una temprana edad lo importante de ejercitarse.

Las investigaciones son totalmente categóricas en cuanto a que si uno desea bienestar físico, mental y espiritual, entonces debe hacer ejercicio. Ahora bien, si usted teme practicarlo, cambie su forma de pensar. Piense en un diabético que debe tomar insulina todos los días o en una persona con una condición de salud que le exige seguir un régimen especial; lo que se debe hacer es habituar el cuerpo para beneficiarse de la energía de vida curativa que se deriva de hacer ejercicio.

Ya hemos considerado algunas opciones para involucrar el ejercicio en la rutina diaria. En realidad existe todo un abanico de posibilidades a nuestro alcance. Por ejemplo, está el método Pilates y muchas combinaciones de varios tipos de ejercicio. Si usted no tiene tiempo de asistir a una clase, haga lo que yo hago: rente un DVD de algún tipo de ejercicio que le interese e inténtelo. Si le gusta, practíquelo en casa, adaptándolo a su horario y establézcalo como rutina.

El proceso natural de envejecimiento va reduciendo paulatinamente la marcha de todos los sistemas del cuerpo, no obstante el ejercicio, hace que esa reducción paulatina se haga más lenta. Literalmente yo he visto a muchas personas que anteriormente no se ejercitaban, que luego de emprender una rutina de ejercicios lograron transformar su vida completamente. Han experimentado que, no sólo tienen más energía, que son más optimistas y fuertes, se ven y se sienten mejor, sino que también tienen una vida nueva que antes ni habían imaginado.

Por favor, haga ejercicio de alguna clase, en cualquier momento en que pueda hacerlo. El ejercicio es en realidad aliento de vida. Nuestros cuerpos fueron creados para hacer ejercicio. Cuando lo haga recuerde que está alineando su energía con la energía magnífica de la naturaleza y que se produce un efecto de sinergia que sana su mente, su cuerpo y su alma. Corra alrededor de su vecindario o un parque, ¡ponga su cuerpo en movimiento!

~ INICIE HOY MISMO ~

Pregúntese   ¿Qué me impide hacer ejercicio regularmente?

¿Qué hace que me resista a practicar yoga?

¿Cómo puedo incluir el ejercicio en mis actividades diarias?

Dígase   Cuando hago ejercicio experimento una gran fuerza dentro de mí.

Haga   Alquile o compre un DVD sobre nuevos tipos de ejercicio, como por ejemplo, Pilates, Yoga, Tai Chi o aeróbicos.

Coloque su trotadora en el cuarto de televisión y ejercítese durante 20 minutos mientras ve su programa de televisión favorito.

CAPÍTULO 8

El amor:
Desarrolle su intimidad

JERRY TOMÓ SU TELÉFONO celular para llamar a su esposa Nancy y decirle que su vuelo se retrasó porque una fuerte tormenta estaba azotando la zona del aeropuerto donde él esperaba. La señal de "batería baja" titilaba visiblemente y Jerry dejó de nuevo el celular en su maletín al mismo tiempo que regresó a su silla plástica en la sala de espera. Sentía que su corazón se aceleraba y se llenaba de frustración; la furia invadía su cuerpo.

Cuando vio en el monitor que su vuelo Delta 303 estaba retrasado, sacó su chaqueta deportiva de su maleta y se abrigó con ella, rindiéndose ante una situación que no podía controlar. Una parte de él quería regresar a casa pero otra parte quería volver a disfrutar la soledad del hotel donde había estado. Él y Nancy tenían "el nido vacío" hacía un año desde que su hijo Bill se marchó a la universidad. No obstante, Jerry se había sentido vacío mucho antes de eso. No era que no amara a su esposa y a su hijo; simplemente no se sentía conectado.

Sus veinte años de matrimonio habían estado llenos de los encuentros deportivos de Bill y de sus fiestas después de esos encuentros. Ellos habían construido su vida, siendo Bill el centro de ésta y el matrimonio había girado en torno a su hijo. Jerry no podía recordar hacía cuánto lo había atrapado esa dolorosa soledad. Si él era honesto, probablemente duró la mayor parte de su matrimonio pero el remolino de la vida ocupada de su hijo les había distraído de esa escalofriante realidad.

Jerry siempre había viajado extensamente en su trabajo como consultor, pero desde el año en que su hijo se fue a la universidad, mes tras mes estuvo acumulando más y más millas de vuelo y puntos para redimir. Estando allí en la terminal, arropado con su chaqueta, sintió un dolor agudo bajo su brazo en el lugar donde había tenido una cirugía dos meses atrás. Un examen de su corazón reveló que tenía cuatro arterias bloqueadas, lo que significaba que necesitaría una operación de corazón para instalar un bypass. Le dijeron que experimentaría dolores muy fuertes por un tiempo, lo cual se conjugó con la tristeza que traía en su corazón. El médico que estaba viéndolo le sugirió unirse a un grupo de apoyo después de la cirugía pero él no conciliaba la idea de exponer su dolor y sus temores ante otras personas. Del consultorio del doctor le llamaron varias veces para pedirle que se uniera al grupo, pero siempre contestaba que estaba "bien", a la vez que muy ocupado para apartar tiempo para el grupo.

De repente escuchó un sonido que interrumpió sus reflexiones y vio que una pareja joven vino y se sentó frente a él. Observó el par de anillos brillantes en sus manos izquierdas y alcanzaba a escuchar los murmullos de los susurros y las sonrisas de la pareja. Pronto se dio cuenta que eran recién casados que regresaban de su luna de miel. Jerry estaba sentado allí, intentando escuchar lo que se decían uno al otro cariñosamente, a la vez que observaba con anhelo y tristeza los largos besos húmedos que se daba la pareja.

Entonces los ojos de Jerry se hicieron lágrimas mientras contenía sus emociones al observar a esta pareja amándose libre y abiertamente, expresando su amor el uno por el otro. Como un río que irrumpe en una represa se apoderaron de él sentimientos incontenibles como dolor, temor, soledad, terror y desilusión.

Jerry no podía recordar si alguna vez había sentido la pasión e intimidad que la joven pareja evidentemente compartía. ¿Se habían evaporado esos preciosos sentimientos con el paso del tiempo, o todavía estaban allí? Su cabeza estaba llena de preguntas, pensamientos y emociones.

Y mientras experimentaba ese desespero extremo, de un momento a otro, Jerry se detuvo. Las lágrimas cesaron, dejó de pensar y de temblar: hasta parecía que el mundo había dejado de girar. En un momento, empezó a tener una claridad de pensamiento que nunca antes había sentido en su vida, y emergió en una sola palabra: ¡*Suficiente!*

Ya he tenido suficiente. Ya no puedo vivir aletargado, evadiendo mis emociones, mi dolor y mi aislamiento ni un minuto más. Jerry se dio cuenta que la vida que había creado para sí mismo en aeropuertos, aviones, hoteles y salas de juntas no podía continuar más. Estaba cansado hasta la médula. Sobre su cabeza se escuchó el anuncio de que su vuelo se retrasaría unas dos horas más. La expresión "retardarse" retumbaba en sus oídos, mientras reconocía, que durante mucho tiempo él se había retardado en atender su necesidad de atender su verdadera intimidad.

¿Cuántos de nosotros hemos "retardado" la intimidad en nuestra propia vida? ¿Cuántos de nosotros nos hemos excusado o creado una vida tan acelerada que intentamos ignorar el dolor, la soledad y el aislamiento?

¿Qué es la intimidad?

La intimidad nos invita a "mirarnos hacia adentro". ¿Será esa una de las razones por las que tememos experimentarla? ¿Cuántos de nosotros estamos dispuestos a ser lo suficientemente vulnerables para permitir que otros vean lo que hay dentro de nuestro verdadero ser interior? Y por la misma razón, ¿cuántos de nosotros estamos dispuestos a ser lo suficientemente vulnerables para mirar en solitario dentro de nosotros mismos? Se requiere de mucho valor y de mucha compasión entrar en este lugar sagrado y a la vez doloroso para muchos. El terreno de la intimidad está lleno de incertidumbres y de preguntas. Pero también está lleno de amor, esperanza, compañerismo, comunión y posibilidades de transformaciones infinitas para lograr una vida nueva. La intimidad es un elemento esencial para que cada persona pueda experimentar una vida de verdadera felicidad.

La verdadera intimidad con uno mismo, con otra persona y con la comunidad presenta innumerables oportunidades para el crecimiento y el desarrollo físico, mental y espiritual. Nuestro mito cultural de individualismo pleno nos está destruyendo en todos los niveles, pero la realidad es que "el aislamiento mata y la comunidad sana".

El amor como una forma de intimidad reconforta y sustenta mente, cuerpo y alma. Este tipo de amor es creado y fomentado en la comunidad. Constituye una necesidad primaria de los seres humanos como seres sociales que necesitamos pertenecer a algo mayor que a nuestro ser individual.

Las relaciones nos sanan y sustentan en una plenitud de formas, lo que incluye a los miembros de la familia, los clubes, las organizaciones, los vecinos, las ciudades, los estados y los países. Los estudios demuestran que el aislamiento conduce al estrés crónico y a las enfermedades. El relacionarnos con otros es la ruta que conduce a la verdadera intimidad y a los sentimientos de conexión que curan. Nos lleva a estar juntos con otros y a hacernos uno solo con ellos.

A medida que expandimos nuestra definición de amor, intimidad y comunidad empezamos a descubrir el apoyo fortalecedor que ello constituye como senda hacia la verdadera felicidad en la vida.

La intimidad y el ser interior

La intimidad es cercanía, familiaridad, afecto, entendimiento y conexión —esencialmente con su propio ser interior y con otros. La intimidad como conexión, comunicación y vulnerabilidad con el ser interior, es un asunto crítico. Con demasiada frecuencia se nos lleva a creer que únicamente se puede experimentar intimidad si se tiene a "otra persona" en la vida. Pero el asunto es que es muy difícil conocer la verdadera intimidad con otra persona si en primer lugar no hemos experimentado la intimidad dentro de nosotros mismos. Fuimos creados para fundamentar nuestro ser interior primero en una relación íntima con nuestra Fuente, el Divino, el Santo; y luego construir otras relaciones después de haber desarrollado primero este fundamento.

Es difícil en una familia concentrar o poner en primer lugar el bienestar mental, físico y espiritual propio, pero esta es la clave para experimentar verdadera felicidad. Hace muchos años mi esposo y yo visitamos a un consejero matrimonial y él nos dijo algo que nunca olvidaré. De hecho, yo he utilizado esta sabiduría en mi trabajo de consejería por más de 15 años desde entonces. Nuestro matrimonio ha pasado por enormes cantidades de estrés por muchas razones diferentes y sin notarlo, empezamos a poner a nuestras hijas adolescentes en primer lugar en nuestra vida. Sus actividades deportivas, académicas y sociales, llegaron a estar en la cumbre de nuestras prioridades. No es algo que hubiéramos planeado hacer. Fue algo que se fue dando con el tiempo. Resultó fácil durante esas épocas difíciles de nuestro matrimonio poner a nuestras hijas en el primer lugar de nuestras vidas, y dejar que nuestra relación se quedara en la parte de atrás del escenario.

Lo que aprendí ese día en esa sesión resultó ser muy valioso y nos ha ayudado a transformar nuestra vida en el matrimonio. Existe un orden natural en el universo y si no lo respetamos y vivimos en armonía con ese orden, nunca experimentaremos verdadero balance y felicidad. El orden natural de las relaciones es sencillo: en primer lugar debe estar su relación o conexión con su Fuente, el Divino, el Santo; en segundo lugar debe estar la relación con su cónyuge; en tercer lugar debe aparecer su relación con sus hijos; y en cuarto lugar debe estar su relación con su trabajo y con la comunidad. Si usted pone a sus hijos, a su esposo o a su trabajo en primer lugar, simplemente no funciona. Es esencial que cada uno de nosotros fundamentemos nuestro ser en la Fuente, en la Energía Divina o en la identidad que utilicemos como Creador o Dios. Este es el orden para descubrir la verdadera felicidad, el verdadero balance y también lograr bienestar mental, físico y espiritual. Este orden suministra una fuente de energía abundante, amor e intimidad.

Aquello resultó difícil de aceptar para mi esposo y para mí pero era la verdad. Teníamos tanto dolor e ira en nuestra relación, de modo que resultaba fácil poner a nuestras hijas y a nuestro trabajo antes que a nuestra relación. Muchísimas personas no tienen una vida espiritual íntima de conexión con alguna fuerza superior que les suministre alivio, poder y amor. Por doloroso que resultó aquella situación, ahora tenemos una serie de prioridades que escogimos respetar y atender, lo cual, a su vez ha cambiado nuestra vida. Aprendimos a descubrir una nueva dimensión en nuestra relación que anteriormente no habíamos experimentado. Esto implica que usted establezca un enfoque intencional y que cree límites que instituyan este orden en su vida.

La intimidad es la habilidad de experimentar amor, aceptación y un sentido de admiración dentro de uno mismo. Es un acto de gran coraje querer verse, de forma intencional, como uno realmente es. La intimidad reclama vulnerabilidad, rendición, perdón y aceptación por la esencia de lo que uno realmente es. Cuando uno se da a uno mismo permiso para mirar dentro de sí, desciende a un estado de conexión más profunda con su propio ser interior, con lo Divino y con otras personas. Las expectativas y las exigencias hacia los demás son menos, porque uno descubre la forma de cuidar de su ser íntimo en primer lugar.

La intimidad es una necesidad humana básica, como el alimento y el abrigo. Es muy triste que la mayoría de nosotros permanecemos en su búsqueda eterna y vivimos bajo la ilusión de que experimentarla implica a una segunda persona.

Es importante desarrollar un sentido de sí mismo como el fundamento de la intimidad. Muchos nos apresuramos a iniciar relaciones sólo para descubrir aquello que buscábamos, oculto dentro de nosotros. Luego resulta fácil culpar a la otra persona por "hacer" que estas partes negativas nuestras afecten la relación. Muy pocos nos hemos tomado el tiempo y le hemos dedicado las energías necesarias a experimentar intimidad con nosotros mismos.

El suicidio del ser interior

En su libro *The Windows of Experience*, un amigo mío, el doctor Patrick Malone, utiliza la expresión "el suicidio del ser interior".[1] El doctor Malone describe el suicidio del ser interior como "el yacer del ser humano. Es como una muerte en vida", asegura. *El suicidio del ser interior* es la exterminación del ser interno verdadero que fue creado con un propósito y decidir negarse a sí mismo de vivir una vida intencional de verdadera felicidad. Cuando uno se priva a sí mismo de conocer su ser interior, comete el suicidio de ese ser interior. Se comete ese acto cuando uno encierra su mente en una prisión porque teme descubrir quién es verdaderamente y lo que desea en la vida y su propio propósito.

Cuando uno comete el suicidio de su ser interior destruye el potencial Divino de su cuerpo, su mente y su alma. Uno llega a perjudicarse a sí mismo y a maltratarse aún sin darse cuenta. Es posible que usted se pregunte: ¿Cómo sé si estoy cometiendo el suicidio de mi ser interior? En ese caso yo le preguntaría si está experimentando pasión, curiosidad, energía, relaciones significativas y verdadera felicidad. ¿Está usted conectado al vasto universo que tiene dentro de sí y a todo el universo que existe fuera de usted? ¿Se siente vivo? ¿Vive usted con la confianza de que el propósito de su vida se está cumpliendo? Si su respuesta a todas las preguntas fue afirmativa, ¡felicitaciones!, es evidente que usted está experimentando intimidad y felicidad. Pero si la respuesta fue negativa, usted está cometiendo el suicidio de su propio ser interior. Si ese es el caso, no se sienta mal, no son pocos los que se sienten así —millones de personas cometen el suicidio de su propio ser interior todos los días de su vida.

El viaje de regreso a casa, a la intimidad

El viaje de regreso a nuestro ser interior no es un asunto que deba ser complicado. Más bien, es un proceso que implica elección, intención y compromiso. Si le ha estado haciendo falta intimidad durante un largo tiempo de su vida, esta no volverá de la noche a la mañana. La intimidad es como un músculo que necesita ser ejercitado y cuidado sobre una base regular, de lo contrario se atrofiará.

Es posible que usted se pregunte: ¿Cómo puedo descubrir la intimidad con mi ser interior? Comience por escucharse a sí mismo. Empiece explorando su ser íntimo a través de sus sentidos, olores, tacto, sonidos, sabores e imágenes. ¿Cuál es su planta o flor favorita? ¿Qué clase de música le hace vibrar y sentirse conectado? ¿Qué olores hacen que su corazón se agite o que de inmediato usted sienta una sensación de bienestar? ¿Cuál es su comida favorita? ¿Cuál es su color favorito y dónde aparece en su vida? ¿Está en sus paredes, en su ropa, en el auto que conduce o en sus zapatos? Empiece a descubrir quién es usted y el propósito de su vida mediante primero hacerse consciente de lo que le atrae y también de lo que repele.

La naturaleza es un gran lugar para explorar su ser íntimo. La próxima vez que llueva observe la forma como usted se relaciona con la lluvia. ¿Nota usted el sonido, el olor y lo que ve a través de la lluvia? ¿Hace que usted quiera correr y jugar bajo ella o estar bajo techo en un sitio cómodo donde pueda leer y lentamente disfrutar de una siesta? En la naturaleza existe un caudal de posibilidades innumerables donde se puede experimentar el sentido primario de la intimidad: a través del silencio de la nieve fresca, del eco de una noche de verano con el sonido de los grillos o el cielo tapizado de estrellas a la media noche. La naturaleza es un poderoso aliado para conocer la ruta de nuestra intimidad.

Un buen libro también produce gran placer y hace que usted se conecte con su ser íntimo. Ya sea que se trate de una historia romántica, flores, cocina o autoayuda con sugerencias importantes, un libro puede despertar curiosidad y nutrir nuestra intimidad.

Muchos de nosotros simplemente no sabemos cómo comenzar este viaje hacia la intimidad. Una de mis actividades favoritas es ver películas. Mantenga los clásicos o aquellos que le gusten en su colección de películas o alquílelos según resulte conveniente. Algunas de mis películas favoritas son como viejos amigos. Cuando me siento cansada o de algún modo sensible, me conecto de nuevo con mis viejos amigos, como *Out of Africa (África mía), Steel Magnolias (Magnolias de acero), Prince of Tides (El príncipe de las mareas)*, o *Gandhi*.

Una buena película puede llevarlo a casa, a su verdadero ser interior, donde residen sus emociones, sus valores y su amor.

Cree rituales que le hagan sentirse amado y fortalecido. Mantenga su té favorito a mano y cree su propia ceremonia para tomar el té. Utilice sus esencias favoritas, velas y música para tomar un baño sensual. Asegúrese de que su alcoba sea un lugar tranquilo que pueda quedar oscuro y silencioso en cualquier momento para tomar una siesta restauradora. Existen innumerables rutas que lo conducirán a casa, hacia su ser íntimo. Son muchas las ventanas del alma. La naturaleza, el agua, la música, el arte, una mascota —todas estas opciones tienen el potencial de vincular sus sentidos y crear una mayor intimidad con su ser y con otras personas.

Aunque no es exclusivo a la intimidad, si usted siente que la depresión, la ansiedad o el insomnio le están impidiendo experimentar su intimidad o de alguna manera le impiden vivir plenamente, es probable que quiera explorar la meditación, la oración, el yoga u otras actividades especiales. Si estas prácticas no le ayudan a vencer su depresión, ansiedad o insomnio, es probable que quiera consultar con un médico. En la actualidad existen disponibles medicinas sobresalientes en el mercado, que están ayudando a la gente a tener vidas más saludables y productivas. Intente diferentes métodos que le sean útiles y busque ayuda profesional, pero no hay razón alguna por la cual usted deba sufrir.

La intimidad no es un lujo en la vida; la ciencia nos está informando que es esencial para el bienestar mental, físico y espiritual. Muchas de las personas con las que trabajo consideran que la intimidad con uno mismo es un lujo, algo que se debe hacer "cuando haya tiempo". La intimidad no es un lujo, es necesaria para descubrir la verdadera felicidad y el balance en usted y en su familia. Aprenda la manera de experimentar el poder de la intimidad en las actividades diarias de su vida.

La intimidad con otras personas

¿Qué le está impidiendo experimentar intimidad con otras personas? Puede tratarse de dificultades en las relaciones del pasado y sus consecuentes vestigios de temor, ira o depresión. ¿Están sus relaciones actuales definidas por las heridas del pasado? Una vez que hemos resultado heridos en una relación con otra persona o grupo tendemos a retraernos y a construir paredes de modo que nuestra intimidad no sea lastimada de nuevo. También es probable que el cuerpo o el alma se vuelvan sensibles como resultado de una experiencia de intimidad negativa pasada.

Muchos en nuestra cultura llevamos una vida privada de sueño. La privación del sueño o el insomnio mata la intimidad. Cuando nos sentimos exhaustos es casi imposible tener energías para compartir intimidad. El sueño es una necesidad básica esencial de nuestro cuerpo el cual establece prioridades sobre lo que debe hacer y evitar si tiene una cantidad mínima de energía. La intimidad pasa a ser última en la lista cuando el cuerpo ha sido privado del sueño.

El estrés —la epidemia moderna— crea un estado de preocupación constante, de cansancio y de actitud defensiva. ¿Se encuentra usted preocupado pensando constantemente sobre lo que hizo o no hizo el día de hoy, en lo que sucedió el día de ayer o lo que ocurrirá mañana? El estrés nos roba la intimidad y la felicidad. Cuando usted está estresado y preocupado su mente está en otro sitio, usted no está presente en el momento y seguramente no está presente en la relación. Su mente, su cuerpo y su alma deben estar completamente presentes, de lo contrario no hay posibilidad de compartir la intimidad con otras personas.

La masificación tecnológica se ha convertido en uno de los grandes impedimentos para desarrollar la intimidad. Los teléfonos celulares, el correo electrónico y los dispositivos de búsqueda sirven para aislarnos y alejarnos de nosotros mismos y de las personas que amamos. Tal vez cuando hablamos con alguien a través de nuestro celular tenemos la ilusión de crear intimidad con esa persona, pero debemos recordar que existe una necesidad real de experimentar la presencia física de la persona que es la que crea energía, la fibra de la intimidad.

El mundo en el que vivimos dictamina que cada vez necesitamos movernos más rápido y pensamos que la intimidad es algo que "debe ocurrir" sólo cuando tengamos tiempo. La verdadera intimidad no puede experimentarse si estamos yendo de afán por la vida. La intimidad exige que aminoremos el paso, que en primer lugar, avancemos hacia nuestro interior, desde donde de forma natural nos podemos mover para conectarnos con otras personas.

El deseo de experimentar intimidad con alguien es un sentimiento humano universal que es generado por unos químicos y redes específicas del cerebro. La ciencia está empezando a establecer que tener una vida sexual activa puede conducir a tener una vida más larga, un excelente estado general de salud, un mejor sistema inmunológico y menores índices de depresión. Además de todo lo anterior, en el acto sexual se queman unas 200 calorías, lo que equivale a correr durante 30 minutos. El cuerpo, conducido por el cerebro, llega a estar inmerso en un baño químico de dopamina y otros químicos que producen placer.

Existen algunos estudios interesantes sobre la actividad sexual y la salud. Un estudio en Gales demostró que en los hombres que tenían sexo dos o más veces a la semana se redujo a la mitad la cifra de ataques cardiacos comparado con aquellos que tenían relaciones sexuales menos de una vez al mes.[2] Un estudio de 3.500 hombres en Escocia encontró que existe un vínculo entre la frecuencia de la actividad sexual y la longevidad.[3]

Existe una relación directa entre el amor y la salud. El amor enriquece la vida de las personas.

⊕ De acuerdo a un estudio de La Escuela de Salud Pública de Harvard, realizado con 30.000 hombres estadounidenses que eran viudos, separados o divorciados, se determinó que estos hombres habían experimentado un deterioro serio en su salud. El matrimonio es excelente para la salud de los hombres. Los hombres divorciados son más propensos que sus compañeros casados a consumir bebidas alcohólicas, a sufrir de Alzheimer y a suicidarse.[4]

⊕ De acuerdo a un estudio de Duke University, las personas casadas presentan menor incidencia de cáncer, enfermedades del corazón, apoplejías y muchas otras enfermedades que las personas que nunca se han casado o que enviudan o se divorcian. Quienes tienen un cónyuge quien les apoye, en promedio se recuperan mucho más rápido de enfermedades mayores.[5]

⊕ Un estudio de la Universidad de Pittsburgh encontró que las personas casadas presentaban niveles más bajos de factores de riesgos cardiovasculares y biológicos, como por ejemplo, niveles de presión sanguínea, niveles de colesterol e índice de masa corporal, así como niveles más bajos en factores de riesgo cardiovasculares psicosociales como depresión, ansiedad e ira.[6]

⊕ El Centro Nacional para Estadísticas de la Salud y el CDC indicaron que las personas casadas son menos propensas a consumir alcohol, fumar o permanecer inactivas físicamente.[7]

⊕ La profesora Linda Waite, de la Universidad de Chicago, estableció que existe una relación directa entre estar casado o tener un compañero, y una disminución en el número de muertes.[8]

El amor produce una serie de químicos de optimismo y euforia que generan efectos curativos cuando se liberan en el cuerpo. Dichos químicos fortalecen el sistema inmunológico y combaten las enfermedades, entre éstas el cáncer. Tales químicos curativos también ayudan a combatir enfermedades asociadas con estados inflamatorios como la artritis y el lupus; además son beneficiosos para el sistema cardiovascular y ayudan a prevenir apoplejías, hipertensión y enfermedades coronarias.

Todos tenemos una inclinación natural a experimentar intimidad y amor. El cerebro humano está dotado con circuitos cerebrales increíblemente poderosos para el amor romántico. Existe una inclinación innata por el sexo y el deseo natural de tener un compañero o compañera con quien podamos compartir nuestra mente, cuerpo y alma. Estos deseos se cuentan entre las necesidades más primordiales de nuestra existencia. El deseo de compartir con otra persona es la esencia de la mayoría de las canciones, los poemas y las películas que se producen. La forma más segura de alcanzar esta gloriosa meta natural de compartir una vida de intimidad con otra persona es mediante primero descubrir y alimentar la propia intimidad consigo mismo.

La ciencia de la atracción

Ya sabemos que cada pensamiento, acción y alimento genera una respuesta química en el cuerpo. Existe una frase común en nuestra cultura que la mayoría de nosotros hemos escuchado a través de los años que dice que cierta pareja tiene química entre sí.

Los investigadores hablan de ciertas moléculas inodoras llamadas feromonas, las cuales flotan por el aire y envían señales de supervivencia entre los animales. Las señales de respuesta entre ellos indican que están buscando alimento o un compañero. Sin embargo, los científicos han estado interesados en saber si los humanos utilizamos las feromonas para comunicarnos químicamente entre nosotros. Los neurogenetistas de la Universidad Rockefeller y de Yale han logrado aislar un gen humano el cual se cree que es el receptor de las feromonas las cuales se apegan a este receptor cuando son inhaladas en el forro mucoso de la nariz.[9]

Recientemente, un grupo de investigadores en Utah encontró una feromona que ayuda a reducir la tensión, la ansiedad, y otros factores de estrés en las mujeres, según lo informó el diario *Journal of Psychoneuroendocrinology*. El coautor del estudio, el doctor David L. Berliner, M.D. dijo que ellos definitivamente establecieron que los seres humanos nos comunicamos a través de las feromonas de la misma manera como lo hacen los animales.[10] Un estudio en la Universidad de Chicago reveló que las feromonas en el sudor de las axilas sincronizan los ciclos menstruales de las mujeres que viven en proximidad unas de otras.[11]

Simplemente observe a su mascota; su perro o su gato. Cuando usted se encuentra malhumorado su mascota se aleja de usted y cuando usted se siente feliz y amoroso éstas se acercan cariñosamente. Esta forma de supervivencia animal siempre ha dependido de su agudo sentido del olfato.

Los investigadores también están estudiando los efectos de la forma como se ve nuestro cuerpo cuando liberamos ciertos químicos al experimentar ira, tristeza o felicidad. Los músculos corporales inmediatamente responden ante la liberación de estos químicos asociados con nuestros pensamientos, lo que los hace retraer, expandirse o hacerse flexibles; por lo tanto, el cuerpo se ve de forma diferente de acuerdo a nuestros pensamientos y emociones.

De modo que tiene sentido que cuando tenemos pensamientos amables, compasivos y de agradecimiento, estamos produciendo una gama completamente diferente de respuestas químicas en el cuerpo comparado a si nos dejamos llevar por los pensamientos que inspiran ira, odio o temor. Cada pensamiento fortalece y cura el cuerpo o por el contrario lo agota o lo destruye. Ahora tenemos la ciencia y la tecnología que prueba que esto es cierto. De modo que es tiempo de que asumamos la responsabilidad de las consecuencias que nuestro estilo de vida tiene para la salud; lo que pensamos, lo que decimos y lo que comemos, produce salud o enfermedad en nuestra vida.

La intimidad y la amistad

Es importante cultivar el arte de la amistad y entender su naturaleza crítica en nuestra vida. Es imperativo que dediquemos tiempo a cultivar amistades. Muchos de nosotros que tenemos familia, una carrera y responsabilidades dentro de una comunidad, podemos experimentar aislamiento. Tenemos horarios apretados llenos de actividades para atender a nuestros hijos, a nuestros esposos, reuniones escolares, deportes, trabajo, viajes, reuniones. Dichos horarios terminan por conducir al aislamiento. Muchos profesionales con los que trabajo tienen la fortuna de disfrutar del trabajo de sus sueños, trabajando desde su casa. Sin embargo, el lado sombrío de ello es el asunto del aislamiento de la comunidad. Tener amigos es un elemento esencial para el balance en la vida y el trabajo. Uno de los desafíos más grandes de nuestra vida ocupada tiene que ver con conservar las relaciones con nuestros amigos, sin mencionar el hecho de hacer nuevos amigos. Nuestros horarios exigentes con frecuencia dejan poco espacio para momentos "improductivos" que se puedan pasar en la compañía de un amigo.

Los buenos amigos nos sustentan cuando experimentamos fallecimientos, graduaciones, matrimonios, vacaciones, suicidios y divorcios. Nos levantan cuando caemos y celebran con nosotros cuando pasamos buenos momentos. De modo que debemos buscar formas creativas de nutrir esos poderosos vínculos.

Los estudios demuestran que el aislamiento disminuye la función inmunológica e incrementa el riesgo de mortalidad. La tasa de supervivencia de los sobrevivientes de procesos con cáncer es del doble en el caso de aquellos que cuentan con amigos cercanos que sirven de apoyo comparado con quienes no los tienen. Tener amigos cercanos constituye un indicador fuerte de salud mental, física y espiritual. Así es que cultivar el arte de la amistad no es un lujo sino un elemento esencial para la salud y para el balance entre la vida personal y el trabajo.

Soluciones al aislamiento

- Asigne prioridad a pasar tiempo con sus amigos. Deles a ello la misma importancia que a una reunión de negocios o a una cita médica.

- Aparte tiempo en su calendario, por lo menos dos veces a la semana, para enviar correos electrónicos o enviar una nota escrita a alguien que usted aprecia.

- Comparta una comida con un amigo mínimo dos veces al mes.

- Haga ejercicio, estudie o medite con sus amigos.

- Coordine una llamada de conferencia de varias vías con varios viejos amigos al menos una vez al mes.

✤ Expanda su concepto de amistad e incluya mujeres y hombres de todas las edades y antecedentes de vida —cada persona tiene dones únicos.

Comprométase hoy a explorar el poder restaurador de la amistad.

El poder curativo de la comunidad

Otro tipo de intimidad es nuestra necesidad de comunidad. Cuando vivimos en comunidad nuestra vida se engrandece. Encontramos un nuevo significado, propósito y posibilidades a través de ella. Nos hacemos parte de un organismo superior, dinámico y transformador.

El cardiólogo y pionero, el doctor Dean Ornish en su libro *Love and Survival* declara:

"La creciente evidencia científica que se deriva de mi propia investigación y de los estudios que otros han conducido me lleva a creer que el amor y la intimidad están entre los factores más poderosos que determinan la salud y la enfermedad, a pesar de que estos planteamientos sean ampliamente ignorados por la profesión médica. No creo que exista otro factor médico —como la dieta, el uso del tabaco, el ejercicio, el estrés, la genética, los medicamentos o los procedimientos quirúrgicos— que tenga un mayor impacto que el amor y la intimidad, en la calidad de nuestra vida, en la incidencia sobre la enfermedad y sobre las muertes prematuras por todas las causas".[12]

Esta es una declaración bastante profunda y tiene repercusiones considerables si consideramos que la mayoría de los individuos tiene una vida apresurada y de aislamiento.

Aquí hay unos estudios que demuestran el poder curativo de la comunidad:

✤ El doctor L. F. Berkman y sus colegas del Departamento de Servicios de Salud de California, estudió a 7.000 hombres y mujeres que viven en el Condado de Alameda cerca a San Francisco. Se encontró que quienes no tenían vínculos sociales o comunitarios, contacto con amigos ni parientes, al igual que aquellos que no estaban casados y que no iban a la iglesia o pertenecían a algún grupo con vínculos comunitarios, eran entre 1.9 y 3.1 más veces propensos a morir durante el periodo de los nueve años del estudio. Los investigadores continuaron observándolos durante otros ocho años, es decir, un total de 17 años, y encontraron los mismos resultados. Quienes tenían vínculos sociales fuertes demostraron tener índices significativamente más bajos de enfermedades y muerte prematura que aquellos que permanecían aislados y solitarios.[13]

✤ El doctor David Spiegel de la Escuela Médica de Stanford, estudió a un grupo de mujeres con cáncer metastásico de seno, e investigó si las mujeres de un grupo de apoyo tenían una expectativa de vida prolongada comparada con las que no estaban incluidas en el grupo en observación. Las mujeres que contaron con el apoyo semanal del grupo vivieron como promedio el doble en comparación con el grupo de mujeres que no lo tuvieron.[14]

✤ El doctor F.I. Fawzy de la Escuela de Medicina de UCLA, estudió a un grupo de pacientes con melanoma maligno que habían participado en grupos de apoyo durante seis semanas, seis años atrás. Los pacientes que habían participado en los grupos de apoyo demostraron una tasa de supervivencia significativamente superior comparada con el grupo de comparación. Tres de los que estuvieron en los grupos de apoyo murieron después de seis años, comparados con diez de los treinta y cuatro pacientes que murieron y que pertenecían al grupo que no recibió apoyo: más de tres veces el número de muertes. En cuanto a recurrencia, siete del grupo de los pacientes con apoyo experimentaron recurrencia, comparado con trece del grupo que no recibió apoyo, casi el doble de la cifra.[15]

No quedan dudas de que participar en algún tipo de grupo es bueno para la salud y la longevidad. Eso no debería sorprendernos.

Todos los grandes maestros religiosos y espirituales y todas las escrituras sagradas de todas las religiones, nos dicen que la ruta hacia lo santo se descubre en una relación de intimidad con el Divino y a través de la comunidad. La ciencia ahora nos está demostrando que los químicos que nos hacen sentir bien en el cuerpo se liberan cuando participamos en relaciones de comunidad con otros. El sistema inmunológico se fortalece a través de estos químicos curativos que el cuerpo libera cuando participamos en actividades grupales.

Todas las instituciones de investigación donde estudié la Medicina mente-cuerpo hacían que sus pacientes tuvieran algún tipo de grupo de apoyo. Sin importar si se trataba de enfermedades coronarias, cáncer, obesidad, insomnio, sida o cualquier otra enfermedad, la prescripción era asistir a un grupo. Y puesto que sabemos que es una herramienta eficaz para tratar las enfermedades, tiene sentido que sea útil para prevenir problemas de salud y promover el bienestar.

Durante muchos años he sido testigo de la transformación dramática de las personas que han asistido al grupo de rehabilitación cardiaca en mi trabajo como facilitadora. La instrucción y las herramientas que los participantes recibieron en el grupo les dieron la confianza, el conocimiento y la facultad de hacer elecciones más saludables en su vida. La vulnerabilidad, los temores y el dolor que compartieron con el grupo les ayudaron a curar sus heridas y les produjeron una esperanza inmensa para el futuro. El amor presente en cada grupo les dio el valor y el apoyo para empezar una nueva vida de bienestar mental, físico y espiritual. El grupo sacó a cada persona, incluyéndome a mí, del aislamiento que había hecho que se desarrollaran malestares físicos, dolor emocional y los sucesos penosos de nuestra vida. Si usted le preguntara a alguien en nuestro grupo cardiaco, su opinión acerca la experiencia de participar en el grupo, ellos indudablemente contestarían: "Somos una familia".

Usted puede descubrir una comunidad en los lugares menos esperados. Yo me mudé a esta pequeña comunidad rural hace años y empecé a visitar el salón de belleza local para mi corte de pelo. Estos ángeles que permanecen de pie todo el día cuidando de las diferentes formas, colores, texturas y estilos de cabello, encapsulan todo lo que tiene que ver con el amor y la comunidad. Cada vez que voy al salón me siento y observo a las personas que hacen parte de este lugar. Está la mujer de edad avanzada y de cuerpo pequeño que entra arrastrando sus pies con su caminador; la colegiala que está ansiosa de ver su nuevo look para la fiesta de grado; y la mujer que se sienta con su desgastado anillo de bodas aún en su mano izquierda, sobreviviendo un día a la vez, después de un amargo divorcio. Este es el lugar donde se comparten los divorcios, las pérdidas de niños y de seres amados, matrimonios, funerales, graduaciones, aventuras amorosas y enfermedades. Cada pena y dolor de la vida se descargan en este santuario de arreglos permanentes, geles y rulos, sólo para ser redimidos por cabezas que asienten, por abrazos, codazos, lágrimas o risas. Este es un templo sagrado de aceptación radical, consejos, y amor incondicional, donde antes de salir, cada individuo sale ungido con laca para el cabello y un beso. Salen con su bendición final y con la voz de confirmación que dice: "Te quiero, hasta la próxima cariño". Cuando regreso a mi auto y aseguro mi cinturón de seguridad, cierro mis ojos por un momento, sonrío y me sorprendo con gratitud por estas sacerdotisas de las trenzas cuya existencia diaria exuda las cualidades de los santos: compasión, generosidad y amor. Esta es una comunidad verdadera.

La comunidad es una de las raíces de la felicidad verdadera. Cuando usted se vincula con la comunidad experimenta intimidad con su ser interior. Si usted todavía no hace parte de algún grupo en su vecindario, lugar de trabajo, su lugar de adoración o un grupo de personas que comparten una afición, le invito a examinar las muchas posibilidades que hay para formar parte de un grupo. Las bibliotecas organizan reuniones y clases sobre una variedad de temas e intereses. Si a usted le gusta la horticultura, los clubes de jardinería celebran reuniones regulares. Los grupos ambientalistas limpian ríos, calles y permanecen activos cuidando la tierra. Si a usted le gusta jugar a las cartas y no las ha jugado durante algún tiempo, contacte al centro comunitario en el lugar donde vive. En la actualidad también hay varios clubes de lectores de libros y grupos de estudio. A quienes les gustan los animales, se pueden ofrecer en los albergues locales para ayudar a cuidarlos, alimentarlos o promover la adopción de mascotas que desesperadamente necesitan de un hogar. Si a usted le gusta trabajar con niños, acuda a los programas de mentorías y tutorías en las escuelas locales. Acuda a donde esté su pasión, va a encontrar que su vida se impregna de intimidad.

Los animales producen salud

Los animales pueden ser una fuente de intimidad para usted. Muchas de las personas con las que he trabajado a través de los años han transformado sus vidas simplemente a través de una mascota. Los animales les enseñan a las personas que tienen heridas en su intimidad a confiar de nuevo y a experimentar conexión con un ser vivo. Una mascota nos permite tocar, olfatear y escuchar algo diferente a nosotros, lo que estimula al ser sensorial. La mayoría de las mascotas permite desarrollar la intimidad a través de la interacción. Los animales nos enseñan a reír, a jugar, a tomar siestas, a estar en silencio; todas estas son excelentes condiciones para desarrollar intimidad.

Existe evidencia científica de peso que revela los beneficios de tener una mascota. Entre los beneficios se cuentan la reducción de la presión sanguínea y la inducción de respuesta a la relajación del cuerpo.

Tener una mascota es como tener un mejor amigo silencioso a su lado todo el tiempo. Las investigaciones indican que debido a que las mascotas proveen a la gente un sentido de compañerismo y fidelidad, dan a sus dueños una medida de estabilidad psicológica, y por lo tanto, una medida de protección contra las enfermedades del corazón. Las personas que tienen mascotas tienden a visitar al médico con menos frecuencia y demuestran niveles de estrés más bajos. Las mascotas ayudan a la gente a luchar contra la depresión y la soledad.

Hasta existen estudios que muestran evidencia sobre los efectos positivos de tener mascotas en el lugar de trabajo. Un estudio de State University of New York en Búfalo encontró que quienes están expuestos a situaciones estresantes tienen frecuencias cardiacas y presión sanguínea más bajas cuando tienen cerca a una mascota. Su frecuencia cardiaca y presión sanguínea resultaron ser más bajas comparadas con otro grupo en el estudio que tenían un cónyuge o un amigo cerca para recibir apoyo.[16] Durante más de 25 años las investigaciones científicas han demostrado los beneficios de tener una mascota, entre los que se cuentan combatir la depresión, fortalecer la inmunidad, y estimular la pérdida de peso. *La Asociación de Fabricantes de Productos para Mascotas* realizó una encuesta empresarial y encontró que el 73% de las compañías encuestadas informó que las mascotas crean un entorno de trabajo más productivo, el 27% informó una disminución en el absentismo laboral, en el 96% de las empresas dijo que las mascotas creaban relaciones de trabajo positivas, el 58% de los empleados se quedaban más tarde en la oficina con sus mascotas y en el 100% de las compañías encuestadas dijo que continuaría teniendo mascotas en el lugar de trabajo.[17] El estrés en el trabajo cuesta a nuestras compañías $300 billones de dólares anuales. Si reducimos el estrés mediante las mascotas en el lugar de trabajo, es posible reducir esta cifra. También se sabe que las personas que tienen menos estrés en su sitio de trabajo son más productivas y creativas.

Tener mascotas en el entorno laboral es bueno para los empleados. *Pet Sitters International* informa que llevar mascotas al lugar de trabajo hace más felices a los empleados y aumenta su productividad. Se sabe que las mascotas contribuyen a la buena salud de varias maneras; de modo que las mascotas en el sitio de trabajo se traducen en trabajadores más saludables.

Existen innumerables rutas para experimentar amor y espero que usted haya escogido varias de las que hemos considerado aquí. Cuando uno elige fundamentar su vida en el amor, empieza a fluir un caudal de oportunidades y se desata un potencial infinito en la vida. La felicidad se fundamenta en nuestra habilidad de acoger la intimidad en todas sus diversas formas.

~ INICIE HOY MISMO ~

Pregúntese   ¿De qué maneras demuestro intimidad conmigo mismo?

¿Tengo amigos? Si no es así, ¿por qué no?

¿Hago parte de algún grupo?

Dígase   Soy perfecto, pleno y completo.

Haga   Lleve un registro donde haga seguimiento al desarrollo de su intimidad.

Establezca el compromiso de dejar tiempo libre para compartir con sus seres amados.

Visite algún tipo de comunidad nueva: un club de lectores, un grupo de estudio, un grupo de meditación, una clase de yoga o un grupo en la red. Busque una organización de voluntarios donde usted pueda participar de sus actividades una vez al mes.

CAPÍTULO 9

El alimento:
Reabastezca su ser

YO PENSABA QUE había visto toda clase de pacientes que buscaban dirección espiritual, pero Susan fue mi primera insomne. Ella había buscado desesperadamente ayuda médica yendo de un doctor a otro en espacio de un año sin encontrar alivio, al mismo tiempo que gastando una pequeña fortuna en medicamentos y remedios caseros. Sin embargo, el bálsamo curativo del sueño continuaba siendo elusivo.

El sueño, como es de esperarse, es la primera fuente de nutrición humana. La ciencia ha explicado los efectos rápidos y severos que se producen en nuestro cuerpo y mente por la falta de sueño. Yo sabía que si Susan no conseguía ayuda, pronto tendría problemas más serios que ansiedad, falta de concentración y fatiga.

Susan me contó que su trabajo la obligaba a pasar la mayor parte del día frente a la pantalla del computador, lo cual le disgustaba muchísimo. Pasaba muchas horas aturdida, mirando al computador y cansada de su estado crónico de ausencia de sueño. Su rutina diaria en la oficina la ponía al límite. En un intento por hallar alivio tomaba varios vasos de vino en las noches. También tendía a comer a la carrera, mientras conducía su automóvil, mientras veía televisión o cuando caminaba de regreso a casa. Esa rutina le había hecho ganar 10 libras en los últimos seis meses.

Después de dar muchas vueltas en la cama Susan se refugiaba en la lectura. Pensaba que leer le ayudaría a conciliar el sueño. Su autor favorito es Stephen King pero el entusiasmo y el horror de sus novelas dejaban alerta su mente durante la noche. Las intenciones de Susan eran buenas, pero este tipo de lectura la estimulaba aún más. Algunas noches veía películas en la televisión, pero con frecuencia eran violentas o trágicas y luego de apagar el televisor, ella no podía desconectar la mente.

Susan no era consciente de que a través de ese "consumo involuntario" estaba generando ansiedad dentro de su cuerpo y su alma. Con la expresión "consumo involuntario" me refiero a comer de forma desordenada, leer temas que le dejaban su ánimo exaltado, mirar películas estimulantes y consumir una variedad de toxinas, todo lo cual estaba perturbando su bienestar mental, físico y espiritual.

Ella y yo dedicamos bastante tiempo a examinar su estilo de vida. Hasta ese momento no había sido consciente de sus hábitos y de las consecuencias en su diario vivir. Se sintió sorprendida cuando se dio cuenta de la existencia destructiva que estaba llevando y del estado de acostumbramiento y de irreflexión que había adoptado. Susan se hizo consciente de que sus decisiones estaban acabando con su bienestar y llevándola a perder el balance, de modo que empezó a tomar mejores decisiones que pudieran nutrirla de forma saludable. En poco tiempo, su insomnio había desaparecido y estaba experimentando un nuevo sentido de balance y energía.

Nutra su boca

En nuestra cultura se entiende por alimento el material orgánico que ingresa a través de la boca y que sustenta nuestro cuerpo. Durante mi formación he aprendido que otras culturas y que la Medicina mente-cuerpo han expandido la definición de alimento como nutrición. La nutrición va mucho más allá del contexto limitado de la dieta e incluye cualquier cosa que el cuerpo, la mente y el alma consumen.

La nutrición es el sustento que tomamos para nuestro cuerpo a través de todos nuestros sentidos —la boca, los oídos, los ojos, la nariz y el tacto— y que por consiguiente incide en nuestra felicidad física y mental.

Hace años, cuando trabajaba en el contexto financiero, a algo que tuviera valor se le denominaba un bien. El *Diccionario Webster* define un bien como un recurso, algo valioso, riqueza, medios o una fortuna. El mejor bien con el que contamos es nuestro cuerpo, el cual nace y se llena de valor hasta cuando estamos plenamente desarrollados al final de la adolescencia o recién hemos cumplido los veinte años y luego alcanza un punto de viraje y lentamente empieza a depreciarse después de ello. Dado que nuestras tablas de longevidad nos indican que vivimos en promedio hasta los 80 años, transcurre un tiempo largo en la tabla de tiempo de depreciación. Las decisiones que tomamos para construir nuestro estilo de vida, incluyen lo que le damos al cuerpo, lo cual puede acelerar o demorar ese horario de depreciación. Cada persona toma individualmente las decisiones necesarias para sustentar este maravilloso recurso de modo que pueda experimentar una vida de felicidad, salud y prosperidad.

En los años anteriores hemos estado a la carrera en nuestras cocinas, sin embargo, recientemente ha habido toda una revolución al respecto, junto con un cambio radical de volver a la cocina. Hemos estado remodelando las cocinas guardando la esperanza de que éstas se conviertan en el corazón y en el alma de espacio familiar. La cocina se ha convertido en una nueva sala de la casa, con electrodomésticos innovadores, rincones atractivos y sillas cómodas que invitan a la familia y a los amigos a reunirse alrededor de la mesa. Los rituales a la hora de comer pueden ser el pegante que une a nuestras familias y a la sociedad. Nuestra vida se ha estructurado históricamente alrededor de los tres banquetes del día.

NUESTROS HIJOS

La mayoría de los padres nunca pensaría en participar en un comportamiento que amenazara la vida de sus hijos, como por ejemplo, dejarlos solos en la casa o dejarlos encerrados en el auto mientras van de compras. Sin embargo, la realidad es que estamos poniendo en peligro sus vidas con el tema creciente de la obesidad infantil, creando condiciones amenazantes que plagan sus costumbres y los ponen bajo riesgos. Debemos empezar a prestarle atención a esta epidemia. Gerald S. Berenson, M.D. de Tulane University, estudió a 14.000 niños y adultos jóvenes, siendo este el estudio más grande y detallado sobre niños en el mundo. El doctor Berenson dijo que la mitad de estos niños van a morir de enfermedades del corazón si continúan con el estilo de vida actual. Las autopsias que se han hecho en niños que han muerto en accidentes han hallado que se han empezado a desarrollar vetas de grasa en la vena aorta a la edad de tres años y se ha encontrado daño en las arterias coronarias a la edad de 10.[1]

Los factores determinantes de la salud a largo plazo, las preferencias en los alimentos y hábitos alimenticios se definen durante la infancia. Establecemos nuestros patrones alimenticios en la niñez, los cuales resultan difíciles de cambiar en la vida adulta. Richard Strauss, M.D. Director del Programa para el control de peso en la niñez, en la Escuela Médica Robert Wood Johnson de New Brunswick, Nueva Jersey, está preocupado por las estadísticas más recientes que muestran que uno de cada cinco niños presenta sobrepeso y uno de cada ocho es obeso. Nuestros niños con sobrepeso se han convertido en un problema nacional de salud que necesita atención urgente. El doctor Strauss considera que el no reunirse juntos como familia a la hora de la cena es un factor que ha contribuido a generar esta epidemia.[2]

La buena noticia es que ahora existe una campaña nacional que lucha contra la obesidad infantil y que viene ayuda en camino. Hay muchas cosas que todos podemos hacer:

- **Compartamos una comida juntos como familia.** En el diario *Journal of Adolescent Health* se reportan varios estudios grandes que destacan el hecho de que los niños que se sientan a cenar con sus padres, consumen más frutas, vegetales y productos lácteos, así como que son menos propensos a dejar de desayunar.[3]

- **Apaguemos el computador, el televisor y el teléfono.** De acuerdo a un estudio publicado en *Journal of Nutrition Education and Behavior*, las familias que ven televisión durante la cena consumen menos frutas y vegetales y prefieren un número mayor de alimentos altos en grasa.[4] Un estudio de la Universidad de Boston mostró que los niños que ven tres o más horas de televisión al día tienen un 30% más de grasa corporal que otros niños que ven menos de 1.75 horas de televisión diarias.[5]

⊕ **Controlemos los alimentos disponibles en casa.** Controle el alimento pero no al niño. De acuerdo a un estudio publicado en *American Journal of Clinical Nutrition*, los niños de cinco años cuyas madres controlaban su ingesta de alimentos, demostraron aumentos significativos en comer más de la cuenta a la edad de 7 años, lo mismo que a los nueve años.[6] Permita que los niños monitoreen su nivel de consumo mientras usted monitorea lo que ellos consumen.

⊕ **Los niños siguen el ejemplo de quienes les rodean.** La mayor influencia en los hábitos alimenticios de un niño es el ejemplo de los padres. Sus hijos son los espejos de su comportamiento, de modo que aliméntese de forma intencional y escoja sus alimentos con prudencia. Usted literalmente está creando el futuro de sus hijos.

¿QUÉ LE SUCEDIÓ A NUESTRA CENA?

La mayoría de nosotros hemos vivido conduciendo por las carreteras, deteniéndonos en los restaurantes para recoger cajas de comida, al mismo tiempo que vamos llevando a nuestros hijos a sus partidos de fútbol y a las lecciones de música. Muchos comemos a la carrera y lo hacemos tan rápido que ni siquiera recordamos lo que comimos en la comida anterior. Todo esto ha aumentado la plaga de la obesidad para nosotros y para nuestros hijos. El costo de la obesidad en este país es de unos $75 billones de dólares anuales.[7] Este fenómeno tiene un efecto directo en casi todas las enfermedades, especialmente las del corazón, la hipertensión, la diabetes tipo 2, el cáncer y la artritis. De acuerdo a un estudio reciente sobre hábitos alimenticios, sólo el 49% de las familias estudiadas compartía la cena todos los días de la semana y el 74% lo hacía cinco noches a la semana.[8]

Muchos expertos tienen opiniones diferentes sobre las razones por las cuales hemos dejado de comer juntos. La doctora Beth Ann Sheldon, de la Universidad de Texas, considera que el número creciente de mujeres que trabaja fuera de casa hace que tener una cena en familia sea un asunto difícil. La doctora Sheldon también considera que los niños de la actualidad participan en más actividades extracurriculares después de clases, lo que hace difícil coordinar el que la familia cene junta. El profesor de Sociología Allan Schnaiberg de Northwestern University, también opina que la tecnología en nuestras cocinas perturba las relaciones interpersonales a la hora de la cena. Sus estudios demuestran que mientras una persona está utilizando el horno microondas, otra está cargando la lavadora y alguien más está buscando algo en el congelador para descongelarlo.[9]

Es importante que comprendamos que tener una cena juntos como familia se compone de dos partes esenciales. Una parte es el alimento y la segunda parte crucial de la cena está relacionada con el apoyo sociológico y psicológico que tanto necesitamos.

ALIMENTOS NECESARIOS PARA EL CUERPO

Yo pudiera escribir todo un tratado sobre dietas, pero sólo voy a tocar algunas cosas que considero que son importantes que todos sepan. Primero que todo, entre el 90% y el 95% de las personas que pierden peso en una dieta, lo recuperan de nuevo en los siguientes tres o cinco años. La mayoría de las veces la grasa corporal se recupera debido a las dietas que funcionan como un yo-yo. Las siguientes son algunas de las razones más frecuentes por las cuales las dietas fracasan, aunque por supuesto existen más razones:[10]

⊕ La mayoría de las dietas restringen la ingestión calórica tanto que el metabolismo va más despacio, dificultando así el proceso de la pérdida de peso.

⊕ Hacer dieta puede resultar en depresión, lo que es contraproducente para la pérdida de peso.

⊕ La mayoría de las dietas no estimula a hacer cambios en el estilo de vida. Perder peso de forma permanente implica hacer cambios permanentes en la selección de comida, en los hábitos alimenticios y en la actividad física.

⊕ Con las dietas que son muy bajas en calorías, usualmente se pierde peso de masa corporal en vez de perder grasa corporal.

⊕ El ejercicio no hace parte del programa.

Yo le apuesto bastante al concepto "todo con moderación". La verdadera pérdida de peso únicamente puede ocurrir mediante comer de forma balanceada y a través de un programa sensible de ejercicios.

Gústenos o no, la pauta del balance se marca por la relación entre la grasa que consumimos y las enfermedades que desarrollamos tales como afecciones coronarias, las apoplejías o ciertos tipos de cáncer. Las investigaciones arrojan evidencia de que tener una dieta baja en grasa ayuda a prevenir el envejecimiento arterial, las apoplejías y el taponamiento de las arterias. Estudios recientes demuestran que las dietas bajas en grasa tienen un efecto directo en la prevención de la recurrencia de ciertos tipos de cáncer. Todas estas nuevas investigaciones sobre las implicaciones asombrosas de la cantidad de grasa que consumimos en la dieta son muy importantes. La recomendación sobre cuánta grasa debería incluirse en la dieta puede variar de acuerdo con la dieta misma. Mi consejo es que cada persona debe consultar con su médico y obtener más información respecto a su dieta y el consumo de grasa de fuentes confiables.

Realizar cambios sencillos en el estilo de vida puede reducir el riesgo de recurrencia de tumor en los sobrevivientes de cáncer. En un estudio que incluyó a más de 2.400 mujeres con cáncer de seno inicial y cuya dieta era baja en grasa, se demostró que estas mujeres eran un 25% menos propensas a volver a desarrollar cáncer en comparación con las mujeres que continuaron sus dietas típicas habituales. La meta era reducir la ingesta dietaria de grasa a un 20% o menos del total de las calorías diarias. Este estudio fue presentado recientemente en la reunión anual de la Sociedad Americana de Oncología Clínica. Las grasas en nuestra dieta se asocian con los tipos de cáncer más comunes, entre los que se incluyen el cáncer de seno, el cáncer de colon y el cáncer de próstata.[11]

La Asociación Americana del Corazón declaró que los hábitos no saludables son responsables del 82% de las enfermedades del corazón en las mujeres.[12] Lo que hagamos respecto al estilo de vida es esencial para la salud y bienestar físico y mental. Los médicos creen que hasta el 70% de todas las enfermedades crónicas en este país —como la hipertensión, las enfermedades del corazón, la diabetes y el cáncer— pueden evitarse mediante realizar cambios en la dieta y en el estilo de vida.[13]

Concentrémonos en los alimentos que pueden prevenir la enfermedad, retardar el envejecimiento y promover la buena salud. La ciencia indica que hay ciertos alimentos que deben incluirse regularmente en la dieta. El alimento es nuestro combustible. Somos lo que comemos. Los siguientes alimentos promueven la salud, ayudan a curar enfermedades y a retrasar el proceso de envejecimiento:

⊕ Consuma pescado. Un estudio publicado en *Journal of the American Medical Association* demostró que las mujeres que consumen 8 onzas de pescado a la semana reducen a la mitad el riesgo de sufrir de apoplejías.[14]

⊕ Consuma pescado rico en ácidos grasos Omega-3, como la macarela, la trucha de lago, el arenque, las sardinas, el atún albacora y el salmón. Hacerlo puede ayudar a proteger las células cerebrales de enfermedades propias del envejecimiento como el Alzheimer; también puede bloquear la producción de sustancias inflamatorias vinculadas a enfermedades autoinmunes como la artritis reumatoidea. Los aceites Omega-3 hacen que las plaquetas de la sangre sean menos adherentes, lo cual disminuye el riesgo de que se formen coágulos sanguíneos.[15]

⊕ El brócoli es una gran fuente de betacarotenos, fibra y vitamina C. Un buen número de estudios asocian el consumo regular de vegetales crucíferos como el brócoli a un riesgo reducido de cáncer de seno, de estómago y de colon.[16]

⊕ El arándano o mora azul contiene más antioxidantes que cualquier otra fruta y vegetal. El arándano pertenece a la familia de los flavonoides. Combate los radicales libres, los cuales han sido asociados a enfermedades del corazón y al cáncer. De la misma manera, los estudios muestran que el arándano fortalece las funciones cerebrales. Los arándanos como el rojo, también combaten las infecciones del tracto urinario.

✢ De acuerdo al doctor Gene Spiller, PhD. de Sphera Foundation, en Los Altos California, las fresas promueven la salud del corazón y del sistema circulatorio y ayudan a reducir la inflamación arterial.[17]

✢ El té verde está cargado de polifenoles, un fitoquímico con un poder antioxidante 100 veces más poderoso que la vitamina C. El doctor Stephen Hsu, un investigador de Medical College de Georgia, descubrió que los polifenoles del té verde ayudan a eliminar los radicales libres, los cuales pueden afectar el ADN y conducir al cáncer. El doctor Hsu probó adicionalmente que el té verde induce la p57, una proteína que ayuda a regular el crecimiento celular.[18]

✢ De acuerdo con el doctor Jack Bukowski y otros investigadores de Brigham and Women´s Hospital de Boston, el té negro puede ayudar a protegernos contra varios tipos de cáncer, enfermedades cardiovasculares, la enfermedad de Alzheimer, la enfermedad de Parkinson y la artritis reumatoidea. Se estableció que tomar 20 onzas de té al día durante dos semanas duplica o triplica la acción inmunológica de una sustancia llamada interferón gamma, la cual ayuda a luchar contra las infecciones.[19]

✢ El tomate cocinado en sopas o salsas puede ayudar a reducir el riesgo de desarrollar cáncer de próstata y otros tipos de cáncer del tracto digestivo. El tomate contiene un antioxidante poderoso llamado licopene. Un estudio de la Universidad de Harvard determinó que las mujeres de mediana edad, que consumieron altos niveles de licopene durante cinco años, fue un 30% menos propenso a desarrollar enfermedades del corazón, comparado con las mujeres que consumieron pocas cantidades del antioxidante.[20]

✣ En un estudio conducido por Richard Anderson, PhD. del Departamento de Agricultura de los Estados Unidos, la canela, cuando se consume a diario reduce el colesterol total, el colesterol perjudicial y los triglicéridos entre un 13% y un 30%. Esto es comparable con las drogas estatinas. La canela parece ayudar a que el cuerpo utilice la insulina de forma más eficiente. La canela también reduce los niveles de azúcar en la sangre entre un 20% y un 30%.[21]

✣ Los fríjoles están cerca a lograr la sangre perfecta. Están llenos de proteína, vitaminas, calcio, fibra y mucho más. Los fríjoles rojos contienen más antioxidantes por porción que cualquier otra fruta o vegetal.

✣ De acuerdo a un estudio en *Journal of Agriculture and Food Chemistry*, la col fermentada parece desatar fuertes elementos anticancerígenos. La doctora Eeva-Liisa Ryhanen de *MTT Agrifood Research Finland*, demostró que el repollo fermentado —conocido como col fermentada o sauerkraut— puede ser mucho más saludable que el repollo crudo o cocido, y es especialmente útil en la lucha contra el cáncer.[22]

✣ La vitamina B6 se encuentra en los siguientes alimentos: batatas, bananas, mangos, atún, semillas de girasol, salmón, pavo, pollo, arroz y cebada. Los investigadores establecieron que la vitamina B6 ayuda al cuerpo a producir químicos como la serotonina, hormona curativa esencial para luchar contra la ansiedad.

Vivir en este tiempo es muy emocionante. Ahora contamos con los adelantos de la ciencia que nos informan sobre los beneficios de toda una variedad de alimentos. Así podemos tomar decisiones informadas que nos ayudan a mejorar la calidad de vida.

En la mayoría de los casos los niños se adaptan a una dieta saludable cuando les suministramos suficientes razones para consumir alimentos que les son beneficiosos. La mayoría de nosotros no tenemos tiempo para comprar los libros más recientes sobre dieta para aprender a cocinar nuevas recetas. De modo que la regla general funciona: consuma frutas y vegetales coloridos, así como granos y fuentes de proteína. Agregue otras cosas que le gusten pero asegúrese que su familia obtenga una alimentación sana, adecuada y suficiente.

Tal vez una vez a la semana usted quiera practicar alguna clase de juego para monitorear el conocimiento que los miembros de su familia tienen sobre los valores nutricionales. Esto le ayudará a usted y a su familia a concientizarse sobre el valor de la nutrición y de elegir bien a la hora de alimentarse.

Nutra su nariz

Las esencias son el alimento para el sentido del olfato. Si desea convencerse de la enorme influencia del olfato en su bienestar, permítame hacerle unas preguntas: ¿Recuerda usted haber ido caminando un día de fiestas decembrinas y sentir que su boca se le hizo agua cuando captó el olor de un delicioso banquete? ¿Recuerda el olor de las galletas recién horneadas? ¿Recuerda haber sentido que su boca se hizo agua, su corazón se aceleró y su estado de ánimo cambió casi al instante? Bien, a esto se le conoce como la aromaterapia.

La aromaterapia ha existido por más de 6.000 años. En la actualidad es un gran negocio. Todos los días vemos comerciales por la televisión que anuncian una variedad de olores que se pueden conectar a los tomacorrientes eléctricos del hogar o de la oficina.

Hoy en día está al alcance de nuestra mano adquirir fragancias que nos reconfortan, nos calman y nos hacen sentir felices. Existen varias esencias que han sido utilizadas por cientos de años en diferentes contextos.

EL SIGNIFICADO HISTÓRICO Y CULTURAL DE LA AROMATERAPIA

Se sabe que la aromaterapia ha sido utilizada desde el mismísimo inicio de la humanidad. Las culturas antiguas la utilizaron con fines curativos, para rituales de adoración y para disfrute personal. En el pasado ya se sabía que los aromas tienen un efecto poderoso en el cuerpo, la mente y el alma. En el plano de la adoración, la aromaterapia evolucionó en inciensos y aceites sagrados, los cuales fueron utilizados desde el inicio de la adoración al Divino. La realeza de las culturas antiguas siempre consideró que algunos aromas atribuían poder y autoridad.

Yo he utilizado la aromaterapia con mis clientes y pacientes durante muchos años. Utilizo combinaciones de lavanda para mis pacientes con cáncer y otras enfermedades críticas. También utilizo lavanda con las personas en estados de ansiedad, dolor y depresión. La lavanda es una planta antigua con propiedades calmantes que funciona de forma increíble para tratar el estrés, la ansiedad y la depresión. Las semillas de lavanda eran utilizadas en salones de clase del siglo XIX en Francia para calmar a los niños bulliciosos. Las farmacias francesas vendieron durante generaciones lavanda como una ayuda para conciliar el sueño. En *Nagano College of Nursing* de Japón se monitorearon los electrocardiogramas, el flujo sanguíneo y las frecuencias respiratorias de los estudiantes de Enfermería después de disfrutar de un baño de pies con aceite de lavanda y se evidenciaron cambios significativos en las actividades autonómicas, generando así relajación. Yo utilizo aromas cítricos —como naranja, mandarina o limón— con mis pacientes que sufren de depresión, síndrome de fatiga crónica y ansiedad. La vainilla es otro aroma con el cual he tenido experiencias maravillosas. El toronjil de menta produce estimulación mental, incrementa la circulación y revitaliza la mente, haciéndola sentir energizada. La lima y los cítricos son revitalizantes. He comprobado que la aromaterapia es un procedimiento perfecto para acompañar condiciones físicas, psicológicas y espirituales.

En el mercado se consiguen varios libros sobre aromaterapia, sin embargo, yo prefiero el enfoque del olfato. Lo que yo le sugiero es que vaya a su tienda favorita o también a almacenes y farmacias donde se consiguen productos de aromaterapia. Inicie olfateando literalmente los productos, cierre sus ojos y perciba el efecto de los aromas en su mente, cuerpo y alma. Pregúntese cómo le hace sentir cierto aroma en particular. Compre una cantidad pequeña de cada esencia de modo que pueda experimentar con varias fragancias. Tal vez desee comenzar con alguna crema corporal, una vela, un incienso o aceite fragante. Personalmente sugiero que escoja un aroma que le calme y le centre, y otra aroma que despierte sus sentidos y le haga sentir vivo. La aromaterapia es un asunto muy personal. La nariz de cada persona le indicará qué es lo que mejor funciona en su caso.

Nutra sus oídos

En nuestro mundo convulsionado somos bombardeados con ruido. Varios estudios de investigación demuestran que ciertos niveles de ruido en las ciudades generan estrés en la población.

Sin embargo, también se ha demostrado que el sonido es beneficioso para la salud. Varios estudios indican que la nutrición auditiva, mediante diferentes formas de música, reduce la ansiedad, alivia los síntomas de la depresión y ayuda a controlar la presión arterial. La doctora Rosalia Staricoff, de London´s Chelsea and Westminster Hospital, también encontró que los pacientes que reciben quimioterapia mientras escuchan música demuestran un 32% menos de niveles de ansiedad y un 31% de niveles más bajos de depresión que aquellos que no escucharon música.[23]

De modo que es tiempo de nutrir nuestros oídos con música. Ésta reduce el estrés produciendo serotonina en el cuerpo. Escuchar música tranquila reduce las respuestas físicas como la presión arterial y la respiración. La música estimulante incrementa el pulso cardiaco y la respiración haciendo que uno se sienta más energizado. La música puede hacer que nos cambie el estado de ánimo casi de inmediato. La música suave de fondo aumenta la productividad de las compañías.[24] Nutra sus oídos mediante coleccionar música que le produzca un efecto calmante y vigorizante.

Nutra sus ojos

Los colores cambian nuestro estado de ánimo casi de inmediato. Dedique tiempo a rodearse de sus colores favoritos. Los colores pueden estimularlo o calmarlo. Decida qué es lo que usted necesita según el contexto: ¿Estar calmado en su lugar de trabajo? ¿O tiene la tendencia de disminuir su ritmo y necesita ser estimulado?

En mi experiencia con una variedad de personas a través de los años, he llegado a la conclusión de que el color influye en el bienestar. Piense en lo bien que se siente cuando lleva puesto su color favorito y lo incómodo que le resulta llevar puesto un color que no le guste. El gusto que alguien puede tener por un color o lo contrario, es un asunto bastante individual. Cuando hago la historia de un paciente siempre le pregunto por los colores que le gustan y los que no le gustan, así como los diferentes ámbitos en que usa los colores en la oficina, el guardarropa, el automóvil, la alcoba o el hogar. Si hay un color que no le guste, le pregunto por qué no le gusta.

* * *

Yo estuve viendo a una mujer de 25 años con cáncer metastásico de seno. Ella tuvo su primera lesión cuando tenía 21 años. No le estaba yendo muy bien y el pronóstico no era muy bueno para ese momento. Nunca olvidaré la apariencia de su rostro pálido cuando le pregunté por su color favorito. Yo estaba frente a su cuerpo frágil y le pregunté: "Jenny, ¿cuál es tu color favorito?". De inmediato sus mejillas se pusieron rojas y esbozó una gran sonrisa al responder: "Púrpura, adoro el púrpura. Cuando era niña tenía un osito Cariñosito color púrpura y simplemente lo adoraba. Siempre me ha encantado el púrpura".

Yo estaba sorprendida porque durante la consulta esta mujer apenas había musitado sus respuestas en los 30 minutos que llevábamos juntas. Cuando escuchó mi pregunta sobre el color se llenó de pasión y ánimo por primera vez. "Bien, Jenny, veo que adoras el color púrpura. Tu cuerpo se anima con simplemente hablar del color. Así que, ¿dónde en tu vida; tu casa, tu auto, tu ropa, o tu alcoba tienes este increíble color?". Jenny miró hacia el piso, se quedó en silencio y luego musitó algo que no pude escuchar, de modo que le pedí que lo repitiera. Ella susurró: "No tengo nada color púrpura. No he tenido nada de ese color desde que estuve en la secundaria". Entonces le pregunté: "¿De qué color es tu alcoba?". "Blanca", contestó. "¿De qué color es tu automóvil?". Ella contestó en voz baja, "Blanco". "¿De qué color predominante es la ropa que usas?". "Utilizo el blanco y el negro", dijo algo avergonzada.

Yo me sentí intrigada y confusa: "¿En qué piensas cuando viene a tu mente el color púrpura Jenny?". Ella sonrió y dijo: "Pienso en la vida, en la felicidad y en la espiritualidad". Entonces me di cuenta que tenía que irme y que nuestra sesión tenía que terminar. La condición de Jenny era tan precaria que sus padres se habían mudado a vivir con ella para cuidarla. Le pregunté a Jenny si podía llamar a su madre y hablar con ella. Con su permiso la llamé y supe que tenían muy poco dinero y que vivían al día. La madre de Jenny sabía coser de modo que le pedí que fuera a una tienda y que comprara varios metros de tela de color púrpura. Le solicité que pusiera tela de ese color en las ventanas y en su cama. También quería que Jenny comiera en manteles de color púrpura y que tuviera un vestido del mismo color. Fuera que sobreviviera o no, quería que esta mujer joven disfrutara del color púrpura antes de morir.

Vi a Jenny en un par de ocasiones más y después de eso nunca más la volví a ver. Dos meses después vi en los obituarios del periódico que Jenny había muerto. Me sentí impulsada a llamar a la madre de Jenny para preguntarle cómo estaba y cómo había estado Jenny en esos últimos meses. Después de una pequeña conversación, le pregunté a su madre: "Bien, ¿cómo le fue a Jenny con su mundo de color púrpura antes de morir?". Hubo una pequeña pausa y luego su madre contestó de inmediato: "No hubo púrpura. Cuando Jenny llegó a casa su padre y yo le dijimos lo estúpido que nos parecía este asunto del color púrpura. Yo le dije que a mí nunca me había gustado el color púrpura, y que el blanco era bueno para ella". Aquello me conmocionó, de modo que respondí: "¿Quiere usted decir que ella no tuvo nada de color púrpura en sus últimos días?". "No señora". Yo terminé cortésmente la conversación, colgué el teléfono y rompí en llanto en mi consultorio. Oh, cuánto me hubiera gustado cubrir su vida de tonos de color púrpura. Me preguntaba si aquello hubiera hecho la diferencia. Quedé con una pregunta sin respuesta durante meses. ¿Qué diferencia pudo haber hecho el color púrpura en la vida frágil y corta de esta mujer? ¿Pudo ese simple deseo haber sido la ventana a la curación que ella estaba buscando? Nunca lo sabré, pero desde entonces nunca he visto al color púrpura del mismo modo.

* * *

Rodéese de los colores que a usted le gustan. La vida es muy corta y maravillosa. El color es un verdadero regalo para cada uno de nosotros. Rodearnos de los colores que nos hacen felices, nos llena de energía y poder, nos da una perspectiva totalmente nueva en la vida.

Usted puede empezar a coleccionar arte y rodearse de objetos de colores significativos. En el mercado se consiguen copias de impresiones famosas a precios muy razonables. Yo tengo varias réplicas de Picasso, Degas y Mattise que adoro y que no son para nada costosas.

Nutra su sentido del tacto

Yo considero que nutrir el sentido del tacto es más importante que nunca. Muchos de nosotros trabajamos con el computador todo el día y ya no usamos el tacto para sentir las diferentes texturas y superficies. Mantenga en su oficina una tela suave y en diferentes momentos del día toquela para tener un efecto relajador. Cuando consuma su alimento —por ejemplo si consume pan, una manzana o una chocolatina— dedique tiempo a sentir su textura.

Varias escuelas convencionales de Enfermería enseñan el tacto terapéutico y animan a sus estudiantes a utilizar esta técnica para aliviar a sus pacientes. El poder del tacto es inmensamente curativo y las investigaciones demuestran lo esencial que es para nuestro bienestar físico, mental y espiritual. La Medicina y la Psicología nos están confirmando lo que muchos de nosotros hemos creído: que el tacto ejerce un gran poder curativo. Muchos estudios y experimentos revelan que el simple acto de tocar a otra persona produce beneficios físicos como una disminución en la presión sanguínea, menores índices en la frecuencia cardiaca y un aumento en el tiempo de recuperación de los pacientes en estados de enfermedad.

El doctor James Lynch, profesor de la Escuela de Medicina de la Universidad de Baltimore en Maryland, ha conducido varias investigaciones extensas sobre el impacto del contacto físico en la salud.

El doctor Lynch dice: "El contacto físico tiene efectos absolutamente dramáticos en la salud psicológica de las personas. Ayuda a reducir la presión sanguínea y permite que los pacientes estén relajados".[25] Otros expertos concuerdan con este concepto. Investigaciones conducidas por el doctor Stephen Thayer, profesor de Psicología en City University of New York, indican que los pacientes que tienen contacto físico tienden a tener menos ansiedad y tensión en su vida cotidiana.[26]

La Ciencia y la Psicología nos están indicando lo que ya sabemos de forma innata. El contacto físico es bueno para la salud. Me encanta abrazar y ser abrazada. Algunas personas tienen reparos en cuanto al contacto físico y lo que yo les sugiero es que al menos se consigan una mascota de modo que la puedan tocar. El contacto físico nos reconforta y nos tranquiliza.

Mi hija es médica y parte de su entrenamiento fue rotando en clínicas con pacientes con sida. En esa época ella tan sólo era una estudiante de Medicina, de modo que la experiencia de entrevistar pacientes para conseguir su historia clínica y hacer chequeos físicos le generaba ansiedad y sensibilidad. En una ocasión, ella había acabado de terminar su trabajo con un paciente con sida y sintió que había hecho un buen trabajo. Contenta con lo realizado se devolvió a la sala de enfermeras para escribir los registros cuando una de las enfermeras corrió hacia ella y le preguntó si era ella quien había acabado de ver al paciente de la habitación 11. Ella contestó afirmativamente a lo que la enfermera dijo que había escuchado llorar y sollozar al paciente a través del pasillo. La enfermera le pidió que regresara para ver qué era lo que estaba ocurriendo.

Mi hija regresó a la habitación y allí estaba sentado este hombre joven al filo de la mesa de exámenes con lágrimas que rodaban por su rostro. Invadida de pánico mi hija preguntó: "¿Qué sucedió? ¿Le hice daño? ¿Dije algo mal? ¿Qué está pasando?". Hubo un momento de silencio al mismo tiempo que mi hija le alcanzaba un pañuelo para que secara sus lagrimas cuando el hombre dijo: "Gracias doctora. Estoy muy agradecido. Todo el mundo ve las ampollas en mi adolorido cuerpo y se aleja de mí. Nadie me había tocado en un año. Se me había olvidado lo que se siente cuando otro ser humano lo toca a uno.

Usted fue tan amable y gentil y su forma de tocarme demostró tanta compasión. Ahora puedo morir con dignidad recordando lo que se siente al ser tocado y respetado. Todo el tiempo usted me miró a los ojos con profundo respeto. Usted me tocó con tanto cuidado y reverencia. Gracias por este regalo doctora. Nunca la olvidaré".

Cuando mi hija me contó esta historia yo estallé en lágrimas y la amé más de lo que alguna vez pudiera contar. El poder del contacto es milagroso y puede ser un regalo muy grandioso más de lo que probablemente podamos imaginar.

El consumo cuidadoso es esencial si deseamos una vida de salud, felicidad y balance. Los alimentos que escogemos para nutrir nuestro cuerpo afectan nuestro bienestar mental, físico y espiritual. Muchas de las cosas que elegimos para alimentarnos a través de los sentidos crean toxinas que impiden el crecimiento y la salud. Es vital que usted se haga consciente de cómo está nutriendo su cuerpo de modo que sepa escoger alimentos dadores y sustentadores de vida.

~ INICIE HOY MISMO ~

Pregúntese   ¿De qué maneras estoy alimentando mi mente?

¿Qué clase de elecciones estoy haciendo en cuanto a alimento saludable?

La televisión que veo, ¿cómo me está nutriendo?

Dígase   Yo me nutro de formas saludables.

Haga   Vea una vez a la semana un programa de televisión, un DVD o escuche una grabación que contenga un componente educativo que le interese.

Establezca el compromiso de leer un libro al menos 10 minutos al día.

Programe comidas que contengan más frutas y vegetales que beneficien su salud y le ayuden a retardar el proceso de envejecimiento.

PARTE 3:

CELEBRE SU NUEVO CRECIMIENTO

Descubra la energía

LA LUZ TENUE DEL SOL que centelleaba por las olas del océano lo llevaron a estar en un estado hipnótico. No lograba recordar qué día de la semana era ni cuánto tiempo había estado sentado en la playa. Tenía que haber estado sentado allí toda la noche porque el sol ahora estaba saliendo y él había estado caminando y se había sentado en la arena después de las noticias de las 11 de la noche. Así había estado ocurriendo últimamente para David. Días de perplejidad, confusión y desorientación. Desde entonces iba a visitar a su médico los lunes y escuchaba las palabras: "Te pondremos en la lista para un trasplante de corazón, pero la lista es larga y tus oportunidades de tener un corazón son pocas".

Todo el mundo decía que David tenía más energía que cualquier otra persona. Después de celebrar su cumpleaños número 55, parecía ser la salud en pasta. Siendo un autoproclamado adicto al trabajo, David se levantaba todos los días a las 4:30 de la mañana y estaba en el gimnasio a las 5 a.m., después de ducharse llegaba en su oficina a la 6:30 a.m. Aquella fue su rutina ininterrumpida durante 30 años. Siempre era el primero en llegar a la oficina y el último en salir. David ponía el ejemplo para sus empleados y disfrutaba aún del halago de sus competidores quienes decían que él era un hombre "hecho a pulso", y que admiraban lo duro que trabajaba. Su estricta rutina le trajo sus recompensas: riqueza, poder y estatus.

David no podía entender cómo alguien tan energético como él pudiera tener un corazón que se estaba muriendo. Siempre había sido un entusiasta del ejercicio. Había planeado que disminuiría el paso cuando tuviera "suficiente" dinero, pero nunca parecía lograr lo suficiente. También había planeado aminorar su paso para dedicar tiempo a sus hijos cuando fueran creciendo pero cuando se dio cuenta estos ya habían crecido. Había planeado dedicar más tiempo a su amada esposa cuando creyera que había ahorrado suficiente dinero para su pensión, pero nunca fue posible. Se habían alejado el uno del otro y se habían acostumbrado al silencio entre ellos. Por ello fue que David quedó tan conmocionado, el año anterior, cuando recibió los documentos de divorcio en su oficina.

David siempre sintió que tenía energía abundante y que era muy saludable. Había permanecido activo, trabajando todos los días de su vida, jugaba golf, tenis y baloncesto dos veces a la semana. David tenía todas las cosas que el éxito promete, excepto que no viviría lo suficiente para experimentar felicidad y balance. Cierto día recibí una llamada de David diciéndome que le habían diagnosticado cáncer.

Quisiera decir que David ha sido la única persona que pasó por las puertas de mi oficina con una situación como esa, pero a través de los años he visto a muchísimas personas experimentar la misma situación. La verdadera energía no se produce mediante agotar nuestra mente, cuerpo y alma, haciendo que nuestros preciosos recursos rebasen el límite. Resulta triste decirlo, pero el más grande bien que David poseía fue depreciado. Él no era consciente de que lo que él pensaba que era energía en realidad era comportamiento maniático disfrazado de trabajo dinámico. Y muchos de nosotros confundimos la energía que guía nuestra vida como la ansiedad, el temor y la depresión como si se tratara de la energía auténtica y real. Cuando hacemos eso, alimentamos la energía "falsa".

¿Qué es la energía?

Varias culturas se refieren a la energía con una variedad de descripciones. En la cultura occidental se describe la energía como vigor, vida, espíritu, pasión, poder y electromagnetismo. Los hindúes llaman a la energía vital *prana*. El término hebreo para "energía vital" es *ruah*. Los chinos la definen como fuerza de vida o *chi*.

Prana, es energía física, mental y espiritual en el hinduismo. Se cree que su *prana* es su energía fundamental y la fuente de todo el conocimiento. Al practicar yoga su *prana* fluye constantemente en su interior, creando vitalidad en su cuerpo. Cuando se tiene poca *prana* en el cuerpo se puede decir que la persona está obstruida. Sufre de falta de motivación y experimenta depresión. Cuando a usted le falta *prana* o energía vital, usted se enferma. Esta filosofía considera que el estado mental está directamente relacionado con la cantidad de *prana* que hay dentro de nosotros. Cuánto más balanceada y pacífica sea una persona, mayor cantidad de *prana* residirá en su cuerpo. Lo contrario también es cierto, cuánto más inestable o estresada esté la persona, más elusiva será su *prana* o energía vital en su interior. *Prana* es poder, y cuanto más se desarrollen los hábitos de respiración, mayor poder se experimentará.

El *Chi*, en la Medicina oriental, es la energía vital que fluye a través de cada órgano y sistema del cuerpo. Todos los órganos y sistemas están conectados a esta energía vital, de modo que si un órgano se enferma, se debe examinar al cuerpo entero para determinar la causa de la enfermedad. Este *Chi*, o energía, se halla a nivel molecular. La Medicina occidental llama a esta energía vital "electromagnetismo", la cual mantiene los átomos en órbita dando vueltas entre sí a través del cuerpo. La Medicina china trabaja sobre la base de que si su cuerpo se enferma, su *Chi*, o energía, ha perdido el balance y entonces el flujo de su energía vital debe ser restituido a un estado saludable. La forma como yo describo esto a mis clientes y pacientes es mediante imaginar que el cuerpo está cableado con un sistema eléctrico. El sistema eléctrico del cuerpo es como una casa: a veces se presenta un corto en el circuito de un cable. Entonces se debe llamar al electricista para restaurar el flujo de energía. Para lograr un efecto similar en la salud del cuerpo, en la Medicina china usted puede ir a un acupunturista o practicar Tai Chi o Qigong.

La energía

La energía es uno de los elementos fundamentales del Universo. La energía que proviene del sol nos suministra luz. La energía es almacenada en las plantas y cuando nos alimentamos de ellas, estamos consumiendo esa energía. Cuando comemos, la energía que se ha almacenado en nuestro cuerpo a través del alimento nos da las fuerzas que necesitamos para trabajar, dormir y vivir. Los seres humanos estamos conectados a la energía de muchas maneras. En occidente subdividimos la energía en diferentes entidades o procesos. Nosotros no concebimos la visión de nuestros cuerpos, de la naturaleza y de nuestra vida como un área de energía interconectada que fluye constantemente desde una fuente hacia otra. Muchos de nosotros no consideramos nuestros cuerpos como un sistema eléctrico intrincado y maravilloso en el que cada célula, órgano y sistema, están en un flujo constante de energía.

El flujo de energía permite a nuestras células la habilidad de conectarse entre sí y comunicar lo que cada célula necesita. Cuando nuestros niveles de energía son fuertes y saludables, las células se ayudan entre sí a curarse, a restablecerse y a trabajar en armonía. Cuando los niveles de energía de nuestro cuerpo disminuyen, las células, órganos y sistemas no se comunican con la misma eficiencia y vitalidad dado que cada uno de estos está cansado, intentando conservar su propia energía.

La energía falsa

Muchos de nosotros confundimos la energía falsa con la energía real que debe fluir en nuestra vida. La energía falsa nace del temor, la vergüenza, la culpa o la ira. Muchos de nosotros hemos construido nuestras vidas para ser exitosos o trabajamos con tenacidad para mantener nuestra energía moviéndose hacia adelante y hacia arriba de tal modo que no tengamos que experimentar esos sentimientos dolorosos de nuevo. Esos sentimientos probablemente nos abrumaron en algún momento de la vida, de modo que nos resolvimos a nunca permitir que esas emociones se asomaran de nuevo, sin importar lo que tuviéramos que hacer. Muchos de nosotros hemos creído la mentira que dice que cuando tengamos dinero, poder, estatus o "éxito", nunca tendremos que enfrentar temor, vergüenza, ira o culpa de nuevo, o que la situación de nuestra vida nos permitirá eludir esta clase de sufrimientos. Mi esposo creció con un dicho en su familia que creo que es apropiado: "Te atraparé sin importar si vas subiendo o bajando".

La energía falsa surge cuando uno vive una vida "ocupada" debido a que quiere ser aceptado, reconocido, amado o recompensado. Esa es una forma de vivir bastante penosa y desgastante. Créanme, yo lo sé muy bien ya que pasé muchos años huyendo de los fantasmas de mi niñez. Casi toda persona que me hubiera conocido en ese entonces hubiera dicho que yo tenía mucha más energía que cualquier otra persona que ellos conocieran. Yo no entendí el asunto sino hasta que tiempo después estaba invadida de temor, furia, vergüenza, y dolor, condiciones que se manifestaban en una persona energética, siempre en movimiento, siempre planeando y siendo exitosa. Mi psiquis era la fuerza que me conducía huyendo de esos demonios intentando evitar que me atraparan de nuevo.

No fue sino hasta cuando ingresé al mundo de la Medicina mente-cuerpo que empecé a examinar mi vida y mis relaciones y descubrí la verdadera diferencia. Lo que descubrí en cada disciplina —fuera Psicología, Medicina, o Espiritualidad— es que cuando lo que guía nuestra vida es una falsa energía, uno se está haciendo daño al nivel de sus células, su mente y su alma.

Esto lo pude descubrir cuando empecé a rodearme de personas que experimentaban la verdadera energía en vez de energía falsa con la cual yo había estado bastante familiarizada. Ellas estaban construyendo vidas intencionales, las cuales estaban forjando con base en las decisiones poderosas que tomaban día tras día debido a que se detuvieron en algún momento de su vida y examinaron cuál era su propósito y establecieron prioridades en relación con el cuidado de sí mismos.

La manera de conocer el verdadero propósito de su vida es mediante desarrollar un estado de *consciencia* el cual se inicia cuando nos concentramos en la vida que proviene desde nuestro interior. A continuación aparecen algunas claves que permiten descubrir la clase de energía que reside en nosotros.

La energía falsa se genera cuando uno se siente impulsado a mantenerse trabajando, pensando y haciendo. Ello conlleva a tener una sensación de haber perdido el control porque esa energía se convierte en la fuerza guiadora. Uno en realidad se puede convertir, como ocurrió en el caso de David, en víctima de su propia vida. Con el tiempo, la energía falsa toma el control de uno de forma implacable. Es probable que un día que estemos almorzando con otra persona nos diga: "Oye, ¿pudieras dejar de usar uno de esos teléfonos celulares para que podamos hablar?" O "¿Desde cuándo estás llevando un celular, un BlackBerry y un buscapersonas?" Es probable que en el momento usted pase por alto estos comentarios, pero tal vez más tarde cuando tenga la oportunidad de reflexionar se dé cuenta que no puede siquiera recordar cuándo fue que comenzó toda esa locura. ¿Alguno de sus amigos o familiares insinúa que usted parece distraído y ausente de la conversación?

La adicción más aceptada de nuestro tiempo es la adicción al trabajo. Es el método aceptado socialmente para evadirse de uno mismo, de su familia y de su vida. Adoptamos una forma de vida maniática en la que posponemos la felicidad hasta cuando tengamos tiempo de ser verdaderamente felices y podamos experimentar balance, pero ese no es el comportamiento de una persona exitosa. Esta energía falsa acelera el desgaste y consume nuestra mente, cuerpo y alma.

¿Está haciendo tantas cosas a la vez que llega un momento en que su memoria se nubla y usted empieza a preguntarse qué es lo que le está sucediendo? Esta forma de energía falsa nos desgasta, nos consume. De algún modo resulta seductora porque usted siente que está vivo y logrando muchas cosas con su vida. Pero la triste verdad de la energía falsa es que su vida le está literalmente pasando de lado y usted no está allí presente para vivirla. La vida de muchas personas se convierte simplemente en una costumbre vacía, en una existencia que se siente abrumada y sin propósito. Sin embargo, esa es la mentira que muchos eligen vivir. Gran cantidad de gente con la que he trabajado ha decidido vivir de esta manera.

Esto no es una formulación de cargos ni un juicio. Nadie puede entender algo sino hasta cuando se hace consciente de ello. El hecho es, sin embargo, que una vez que uno se hace consciente de que está viviendo motivado por energía falsa, tiene la opción de elegir. La gran bendición es que al vivir movido por energía real, encuentra auténtica felicidad y balance justo a la vuelta de la esquina.

La energía positiva proviene desde el interior de nuestra alma. Tiene un ritmo y un flujo que emana de nuestro ser genuino. La energía verdadera no es constante, maniática, ni controladora, sino que fluye y vuelve a fluir al enfrentar los desafíos diarios en las diferentes situaciones de la vida y se manifiesta en la salud, en la familia, en la comunidad y en el trabajo. Las estaciones del año afectan nuestra energía verdadera, así como a las estaciones de nuestra propia vida. Esta clase de energía nace de nuestra propia concientización, se nutre en la reflexión y se magnifica cuando elegimos una vida intencional. A medida que nuestra vida cambia y emergen nuevas prioridades y metas, la energía verdadera crece de forma exponencial y evoluciona como una fuente sorprendente de poder y de estabilidad.

Quiero ser clara y reconocer que mediante la energía falsa se pueden lograr muchas cosas grandiosas. Muchas empresas crecen, muchos países prosperan y muchas familias surgen a través de la energía falsa. Lo triste del asunto es que quien así lo hace, se pierde la oportunidad de experimentar una conexión profunda y una experiencia real con la energía verdadera. La energía falsa crea un remolino en vez de ser una fuente de tranquilidad, de felicidad y de balance. Uno puede determinar la clase de energía que lo guía mediante examinar lo que ocurre con sus familiares, amigos y compañeros de trabajo. ¿Se evidencian en ellos transformaciones positivas? ¿O se ve que se van quedando atrás?

Comience mediante hacerse consciente de su propia vida. ¿Tiene usted relaciones saludables con otras personas? ¿Está usted produciendo trabajo como una expresión de su auténtico ser? ¿Está haciendo lo que efectivamente le gusta? Examine a su alrededor, observe a su cónyuge, a sus hijos, analice su trabajo y a su compañía. Pero sobre todo, pregúntese si está experimentando la felicidad, y si de algún modo, está logrando tener un sentido de balance.

La búsqueda de energía en los lugares equivocados

Si se le preguntara a la gente que en realidad vive con energía falsa acerca de cómo se siente, la mayoría probablemente respondería: "Estoy exhausto" y "No tengo tiempo". Vivimos en un mundo de personas abrumadas, con exceso de trabajo y cuyo mayor deseo es encontrar la fórmula secreta para tener energía.

¿Quién hubiera creído que la industria de la "energía" se convertiría en un negocio multibillonario? Invertimos billones de dólares para obtener energía. Tenemos la industria de las bebidas energizantes, alimentos que producen energía, con alto contenido de energía, ejercicios energizantes y máquinas para hacer ejercicios que nos garantizan desarrollar más energía. Recientemente en PetSmart se lanzaron las barras energizantes para mascotas. Nos hemos convertido en una cultura obsesionada con el deseo de obtener más energía.

Ladrones de energía—estimuladores de energía

Mi trabajo me ha permitido atender las preocupaciones de muchas personas por todo el planeta y la queja número uno que escucho todos los días es "Me gustaría tener más energía". ¿Por qué vivimos todos los días cargando con el mismo mantra y pregonando a toda voz que necesitamos más energía?

EL ALIMENTO

¿Está usted consumiendo alimentos con un valor nutricional menor pero con más calorías vacías? Cuando consumimos alimento con grandes cantidades de azúcar o comemos carbohidratos, obtenemos una subida de energía la cual es de corta duración y puesto que el cuerpo se siente cansado después de haber sido estimulado, caemos en un estado de cansancio después de haber agotado el azúcar o los carbohidratos.

ESTRÉS

El estrés crónico libera químicos en nuestro cuerpo que aceleran los procesos corporales y estimulan a los órganos a trabajar a un ritmo rápido. Eventualmente el cuerpo queda exhausto. El estrés extingue cualquier tipo de energía que tengamos.

DEPRESIÓN Y ANSIEDAD

Como lo sabe cualquier persona que esté experimentando un estado de depresión o ansiedad, estos estados nos roban la poca energía que tenemos. Los estados permanentes de agitación mantienen al cuerpo en estado constante de lucha para poder sobrevivir. Las personas en estos estados extralimitan sus capacidades a través de la energía falsa. En la actualidad se han producido muchas medicinas que pueden ayudar a aliviar buena parte de este sufrimiento. Estos medicamentos ayudan a tratar la ansiedad y la depresión de modo que la energía natural fluya. Muchas de estas medicinas tienen efectos secundarios muy leves y personalmente he visto cómo a través de éstas la vida de muchas personas ha mejorado dramáticamente. La depresión y la ansiedad son condiciones serias de salud que literalmente cobran muchas vidas. Quiero que mis lectores sepan que yo abogo por utilizar medicamentos en combinación con aplicar los consejos que contiene este libro. No deseo que nadie interrumpa sus medicaciones o que se sienta culpable porque no tiene energía positiva sin importar lo que pase. Si lo hacen, lo único que se puede generar es vergüenza y una depresión más profunda. Quiero que mis lectores sepan que para mucha gente la medicación es esencial para poder experimentar "energía verdadera".

LAS EMOCIONES

La ira, el temor, la vergüenza, los celos y el dolor, nos roban nuestra energía vital. Estas emociones son bastante poderosas y pueden forzarnos a actuar bajo una energía falsa.

LA TECNOLOGÍA

Nos hemos convertido en víctimas de la tecnología. Muchos estamos tan condicionados a contestar el teléfono celular cuando timbra que ni siquiera consideramos que no contestarlo sea una opción. Respondemos como lo hicieron los perros de Ivan Pavlov en sus experimentos sobre los reflejos condicionados. Este investigador ruso fijó un metrónomo y a continuación les daba comida a los perros. Con el tiempo los perros llegaron a estar condicionados a que el alimento iba acompañado de un sonido, de modo que llegaron a salivar cuando el científico hacía sonar su metrónomo sin siquiera dar alimento. Los perros llegaron a estar condicionados a emitir una respuesta física ante el sonido del metrónomo.

Cada vez que el teléfono celular timbra se produce un estimulo, el cual activa inmediatamente una respuesta para contestarlo. El timbre activa una serie de estímulos neurológicos que se refuerzan cada vez más. Me preocupa que se cree un patrón adictivo ya que hay quienes no hacen esfuerzo consciente alguno cuando contestan el teléfono. No existe pensamiento entre el timbre y la reacción inmediata de contestar.

LA HABITUACIÓN

Los hábitos son los patrones del comportamiento. Los hábitos son peligrosos porque pueden hacer que la vida se convierta en una serie de acciones impensadas. Muchas personas viven toda una vida entera de habituación. Se levantan a la misma hora, se duchan con prisa, consumen el mismo desayuno día tras día, conducen por las mismas carreteras y hacen las mismas tareas en la oficina una y otra vez. Las neurorrutas del cerebro se fortalecen vez tras vez, día tras día, año tras año y década tras década. Entonces la mente se convierte en una colección de hábitos impensados.

Espero que hayan visto la película *Groundhog Day (El día de la marmota)*, donde el actor Bill Murray interpreta a Phil, un arrogante meteorólogo que se queda atrapado en una deformación del tiempo que repite el mismo día una y otra vez. Se levanta todos los días con la misma rutina y obteniendo los mismos resultados. Se siente muy frustrado hasta que cierto día cambia su comportamiento y entonces la vida de Phil cambia cuando él cambia. Para nosotros es difícil descubrir la verdadera felicidad cuando vivimos cada día como si estuviéramos "atrapados en el tiempo". Para muchos es como si viviéramos lo mismo día tras día, estando programados para hacer lo mismo y a la misma velocidad y por consiguiente, terminamos obteniendo los mismos resultados. Albert Einstein lo dijo de forma muy concluyente: "La locura se representa en hacer las cosas vez tras vez de la misma manera y esperar resultados diferentes". El principio de causa y efecto está muy vinculado al problema de la habituación. Muchas de las personas que han acudido a mí para solicitar consejería, a través de los años han vivido arraigadas en la habituación y sus maravillosas vidas han pasado frente a ellos, sin que ellos hayan vivido en realidad.

La habituación opaca el don innato de la concientización. Uno se hace sordo a la voz de su GPS interno y termina ignorando su chispa interior. La habituación puede convertirse en un anestésico que obstruye el poder de nuestras elecciones y nos lleva a convertirnos en víctimas de nuestra propia vida.

Uno puede habituarse y quedar paralizado en medio del caos de la carencia de su propia vida. A medida que nos convertimos en víctimas de nosotros mismos, empezamos a vivir a la expectativa de que una fuerza exterior venga y nos produzca felicidad. Pero lo cierto es que ninguna otra persona nos la puede producir, ni un gobierno, ni una iglesia, ni un cónyuge o compañero, ni los hijos. Cuando elegimos construir una vida intencionalmente feliz, ninguna persona o suceso se interpone en nuestro camino.

Los diferentes tipos de energía

Los pensamientos, los sentimientos y las emociones son energía que genera ondas energéticas. Todas tienen su espacio. Nadie ha visto jamás a un pensamiento, a un sentimiento o a una emoción; sin embargo nadie puede negar su poder y su realidad.

EL TIEMPO ES ENERGÍA

El tiempo es energía. Deténgase por un momento y respire profundo. Esté atento y presente en este momento. ¿Siente usted el poder de estar presente en este momento del tiempo? El tiempo es una energía en movimiento que impulsa la vida y la creación hacia adelante. Cuando uno practica vivir en el presente y se mantiene atento, su energía vital personal se conecta con la energía del tiempo y se produce la sinergia.

El tiempo es un elemento muy interesante que estamos redefiniendo y explorando en todos sus niveles. En el presente hablamos del tiempo en nanosegundos. (Un nanosegundo es una billonésima de un segundo.) Este es un concepto que resulta un poco difícil de asimilar.

Para quienes vivimos en esta era verdaderamente es posible decir que el tiempo es nuestro recurso más valioso. Cada momento que pasa se va para nunca regresar.

Al trabajar con personas que luchan contra el cáncer, las enfermedades cardiacas y el sida, al igual que con muchos otros pacientes hospitalarios, he sido bendecida con un respeto profundo por lo sagrado que es cada momento en el tiempo. Estoy muy agradecida por haberlo aprendido.

Cuando me dediqué a mis estudios en Emory aprendí dos nombres diferentes así como dos formas de concebir el tiempo. Uno de estos es cronos y el otro es *kairos*. *Cronos* se refiere a la experiencia y a la forma humana de medir el tiempo. *Cronos* es el tiempo cronológico común y corriente. Es el tiempo que conocemos a través de nuestros relojes. Es el tiempo lineal que mide el tiempo que le dedicamos a alimentarnos, a ir al trabajo y también el tiempo de nacer y de morir. *Kairos* es una palabra griega antigua que transmite un concepto diferente del tiempo. *Kairos* significa la plenitud del tiempo. Es el tiempo lleno de significado y de posibilidades de elección. Kairos quiere decir un tiempo "Santo" o "Divino", cargado de posibilidades de renovación y de acción decisiva.

Este concepto fue transformador. Lo que *kairos* significa para mí es que el tiempo se contrae o expande en relación directa con mi propia contracción o expansión en conexión con mi ser interior.

Cuando vivimos días apresurados nos perdemos la oportunidad de aprovechar la energía vital disponible porque dedicamos el tiempo a los videojuegos, a navegar por la red, a transportarnos viendo televisión irreflexivamente. También están el trabajo duro, los familiares (padres o hijos) que ocupan nuestra vida como un tren sin control cuesta abajo y sin frenos. Sabemos que el tren llamado vida no es sostenible, pero aún así bajamos la cortina en la ventana para no ver lo rápido que vamos en nuestra carrera hacia la muerte. Tal vez eso suene bastante aterrador, pero esa es la forma como muchos se encuentran.

Muchas personas actúan como si el tiempo fuera su enemigo y no un compañero guiador. A medida que usted desarrolle reverencia por el tiempo aprenderá a valorarlo y amarlo. El tiempo es precioso y fugaz y cada momento está lleno de potencial hasta el mismísimo momento en que expiremos.

LA INTENCIÓN ES ENERGÍA

Cada pensamiento y cada emoción es energía. Cada uno de los pensamientos que tenemos dirige nuestra mente, nuestro cuerpo y nuestra alma en una dirección. Cada intención es energía. Imagine por un momento que usted siempre quiso tomar una clase de gastronomía y dice: "Voy a tomar una clase de cocina". Usted ha declarado su intención de tomar esa clase de cocina. Y en el momento en que lo declaró, hizo de esto una prioridad en su vida, le puso palabras a su intención y luego lo anunció a sus familiares y compañeros de trabajo.

Entonces tiene una semana ocupada y su esposa le pregunta sobre qué tipo de cocina va a estudiar y cuándo lo va a hacer. Usted admite que ha estado ocupado y que lo ha pospuesto. Al día siguiente en el trabajo un colega le dice que vio un aviso de clases de cocina en la universidad local y que lo recortó pensando en usted. Así que usted sonríe y se va para su escritorio y mira la fecha, el costo y la dirección de la clase. Entonces decide mover otras responsabilidades en su horario de modo que logre asistir a la clase que tanto ha deseado tomar durante años. Al reflexionar sobre este ejercicio que hemos hecho, ¿comprende lo poderosas que son las intenciones y la forma como afectan a otras personas?

Si uno vive sin intenciones, probablemente no esté avanzando hacia desarrollar su pleno potencial. Las intenciones son una energía poderosa que crea una vida intencional abundante y produce verdadera felicidad.

Usted es el regente y administrador de su tiempo y su vida es su tiempo sobre la Tierra.

1. **Cree las intenciones de su vida.** Viva de manera intencional. ¿Cuál es la intención de su vida? Dedique tiempo a reflexionar y pregúntese qué es aquello que usted anhela, aquello que le hace sentir pasión y cuáles son las intenciones de su vida. Ponga por escrito sus pensamientos.

2. **Establezca prioridades.** Una vez que usted haya escrito las intenciones de su vida, identifique y asigne prioridad a aquellas actividades que le lleven a materializar sus intenciones. Considere junto con su familia cómo pueden trabajar juntos para que todos mutuamente logren llevar una vida intencional y auténtica.

3. **No posponga.** No importa si usted invierte una pequeña cantidad de su energía en la vida intencional que desea; el mantener los pensamientos enfocados en lo que se quiere es suficiente para continuar avanzando en la dirección deseada.

4. **Aprenda a decir no.** Ahora es el tiempo para que usted se concentre en el propósito de su vida, de modo que debe tomar decisiones sobre aquello que desea desechar. El tiempo es la joya más preciosa que tiene, así que presérvelo y protéjalo. Establezca límites saludables para conservar la energía que le ayudará a vivir con verdadera felicidad.

5. **No se deje distraer por otras personas.** Aquí es donde son esenciales los cuatro pilares porque cuando usted se fundamenta en ellos, avanza hacia adquirir más energía, poder y coraje para alcanzar su estilo de vida planeado e intencional.

LA CREATIVIDAD ES ENERGÍA

¿Recuerda cuando restauró esa vieja armadura o cuando pintó esas rosas en su jarrón o lienzo? ¿O cuando cocinó esa receta nueva que encontró en esa revista o cuando sorprendió a aquella persona con un bonito regalo? Todos los proyectos implican energía creativa. Deténgase por un momento y piense en lo que se experimenta cuando uno genera energía creativa.

Una de las mejores fuentes de energía creativa es el amor. Todavía me asombra que nos enamoramos de alguien y en ese momento nuestra vida entera se transforma en una odisea sin fin, en un ejercicio continuo de energía creativa. La pareja inicia con esperanzas y sueños, establece un hogar, procrea hijos y produce una vida dinámica de asistencia mutua. El amor es una fuente inagotable de energía creadora.

Todo el mundo puede crear. La creatividad se define con palabras como originalidad, imaginación, expresividad, libertad, confianza, riesgo, buen humor, juego y apertura. Nuestra energía creativa se manifiesta en las finanzas, en la jardinería, en el mercadeo, en las relaciones públicas o en la cocina. Todas las personas tenemos dones exclusivos.

Es probable que existan obstáculos para nuestra energía creativa. El estrés crónico constituye un impedimento poderoso para la creatividad. El temor a la crítica paraliza la energía creativa. La autocrítica detiene la creatividad en sus estados de incubación. Los individuos que tienen una personalidad habitual dificultan la expresión de la energía creativa.

Existen varias prácticas que ayudan a mantener activo el flujo de energía. No se sobrecargue de trabajo. Intente mantenerse relajado. Sea positivo e imparta ánimo a otros y a sí mismo. Aprenda técnicas de reducción de estrés. Estas estrategias nos permiten mantenernos relajados y crean oportunidades valiosas para producir energía creativa. No existe una forma correcta o incorrecta de ser creativo. Manténgase abierto y no se critique a sí mismo.

Y tal como Mozart, Einstein, Jane Austen, Martha Stewart, Benjamin Franklin o Mary Cassat, desarrollaron su energía creativa a lo largo de la vida, usted también puede hacer lo mismo. Usted tiene el potencial de convertirse en un violín bien afinado que produce música y energía creativa para el deleite de todo el mundo.

EL DINERO ES ENERGÍA

El dinero es energía. Produce movimiento y hace que las cosas sucedan. Las personas trabajan y obtienen dinero. El trabajo duro cosechó el dinero que usted posee. El dinero es energía porque nos permite comprar bienes, nos permite ahorrarlo, o regalarlo a otras personas.

Imagine que usted va a la tienda de la esquina y toma una chocolatina y una bebida. A continuación se dirige a la caja y el cajero le indica el costo de los productos. Usted tiene la opción de pagar con la energía de su dinero o con la energía de trabajar en la tienda. La energía siempre está en movimiento, cambia de formas, crea nuevas formas de vida y produce muchas oportunidades.

El dinero produce energía en el mundo y cambia al mundo, dependiendo de la forma como decidamos utilizar esa energía. Si nosotros verdaderamente consideráramos el dinero como una fuente de energía, esto nos ayudaría a utilizarlo de manera mucho más consciente y respetuosa.

LAS PALABRAS SON ENERGÍA

Las palabras son fuentes poderosas de energía, son energía potencial cuando están plasmadas en las páginas de los libros, los periódicos, las revistas, los ensayos, los artículos de investigación y las disertaciones, esperando allí para ser descubiertas y aplicadas. ¿Recuerda usted haber escuchado un gran discurso o sermón y que las palabras lo motivaban a pensar de manera diferente o a tomar acción decisiva para transformar su vida? Una simple palabra ha transformado la vida de innumerables parejas alrededor del mundo: "Acepto". En mi caso esa palabra ha generado tres décadas de felicidad, dos hijas y una vida maravillosa.

Mire a los ojos de una persona que usted ama y dígale: "Te quiero". La energía poderosa de esas palabras posiblemente creará una respuesta de parte de su ser amado, ya sea una respuesta verbal, un beso o un abrazo. La habilidad de los humanos de expresar sus sentimientos en palabras es un gran don y una gran responsabilidad.

Una palabra nos hace sonreír, llorar, reír, o causa que nos sintamos felices, tristes, enojados o asustados. Las palabras nos inspiran y motivan a emprender acciones nobles o nos llevan a una condición destructiva y de oscuridad. Ellas sanan o hieren. Las palabras energéticas de Adolfo Hitler y de Sojourner Truth cambiaron el curso de la Historia.

Cuando pronunciamos las palabras, transformamos la energía de nuestros pensamientos y emociones en una poderosa realidad. Hablar y escribir palabras son actos de encarnación. Las palabras son pensamientos y emociones hechos carne.

Cómo crear y dar balance a la energía

Existen varias maneras de crear y dar balance real al cuerpo.

YOGA

El yoga nos da procedimientos de respiración que liberan el poder del *prana*, o energía vital. Usted enfoca su respiración en el yoga y moviliza esta fuerza vital por todo su cuerpo. Varias poses del yoga ayudan a facilitar el movimiento de esta energía vital a través de las células, los órganos y los sistemas del cuerpo, creando así balance y salud. Se considera que si esta energía vital se bloquea, se genera la enfermedad. Las investigaciones demuestran que el yoga ayuda a aliviar los dolores de cabeza, la artritis y un buen número de otras enfermedades y condiciones médicas.

Muchas de las personas con quienes trabajo insisten en que en sus vidas ocupadas no tienen tiempo para el yoga. Yo les pido intentar con la práctica durante dos semanas y así descubrirán un nuevo sentido de fuerza, energía, confianza, y balance. Entre mis hijas, mi esposo y mi trabajo, nunca hubo tiempo para una clase de yoga. Vi el show de un profesor de yoga una mañana y compré su grabación. Escuchaba la cinta cuando tenía 10 minutos después que las niñas se iban a dormir y con el tiempo memoricé las poses. Eso fue hace 18 años. Honestamente les digo que no habría logrado vivir tan intensamente ocupada sin la ayuda del yoga. Cada vez que tenía un momento desocupado en el día o en la noche, me acostaba en el piso, hacía algunas poses, respiraba de forma profunda, y entonces emergía una cantidad enorme de energía. Me levantaba concentrada, energética y balanceada. Mi recomendación es: vaya a una tienda de videos o entre en la red y busque a un profesor que le guste, adquiera su grabación y alístese para recibir energía dinámica centrada.

ACUPUNTURA

La Acupuntura es un sistema medicinal que trabaja con el Chi o energía vital. Una enfermedad implica una pérdida del balance o falta de Chi. El tratamiento con Acupuntura busca balancear el cuerpo enfermo y restaurarlo a un estado de salud. La energía de una persona fluye a través de su cuerpo por medio de rutas energéticas llamadas meridianos. Profesionales entrenados colocan agujas a lo largo de esas rutas para estimular el flujo y el balance. La Acupuntura ha sido utilizada eficazmente para tratar muchas condiciones médicas entre las que se encuentran la migraña, el dolor crónico, la infertilidad, la depresión y las alergias.

Yo acudo regularmente a una doctora en Medicina china y recibo tratamientos de Acupuntura porque ello me mantiene en balance. Mis visitas de Acupuntura regulares me permiten saber de inmediato si mis pulsaciones u otras medidas están fuera de balance. También he remitido a varios pacientes a este tipo de tratamientos con excelentes resultados en diversos tipos de condiciones y enfermedades. La Medicina china y la Acupuntura son opciones maravillosas para mejorar muchas condiciones médicas y sirven como tratamientos complementarios para varios tipos de enfermedades catastróficas.

EL QIGONG Y EL TAI CHI

El Qigong y el Tai Chi son ejercicios que han sido descritos como meditaciones en movimiento. Ambas técnicas se concentran en el movimiento de los flujos del cuerpo. Los diferentes movimientos mueven y equilibran el Chi o la energía vital a través del cuerpo y generan más energía. Un estudio que se realizó en Cousins Center of Psychoneuroimmunology en UCLA, entre pacientes con herpes en edades superiores a los 60 años, dividió al número de pacientes en dos grupos compuestos heterogéneamente de hombres y mujeres. Un grupo practicó el Tai Chi en un programa de 15 semanas, y el otro grupo no lo hizo. En el grupo de Tai Chi se evidenció un aumento del 59% de las funciones inmunológicas y un aumento en la inmunidad para prevenir el herpes.[1] Steven L. Wolf, Ph.D., profesor de rehabilitación en Emory University, informó que las personas mayores que practicaron Tai Chi tuvieron un 48% menos de probabilidades de sufrir caídas. También se informaron otros beneficios, como mejoras en la fortaleza física, aguante, equilibrio y salud cardiovascular.[2]

Las fuentes de la energía verdadera: los cuatro pilares

Los cuatro pilares crean energía real, felicidad y salud en la vida. Cuando ellos se nutren se crea una fuente constante de energía auténtica. Descubrir los cuatro pilares de la energía positiva nos conecta con nuestro ser interior y con nuestra propia fuente de energía.

LA SERENIDAD ES ENERGÍA

Las prácticas de la serenidad o los métodos de reducción de estrés hacen que la energía del cuerpo se mantenga en movimiento. La ciencia ha demostrado que estos métodos cambian, disminuyen la velocidad y transforman el flujo de energía en el cuerpo. Por eso es tan esencial incorporar las prácticas de la serenidad en la vida diaria ya que ésta reduce el voltaje del sistema eléctrico del cuerpo y nos permite disfrutar de una energía vital increíble logrando efectos curativos y rejuvenecedores. A medida que aplicamos los métodos de la serenidad, nuestra energía se vuelve más pausada, más poderosa e intencional.

EL EJERCICIO ES ENERGÍA

El ejercicio constituye una manera maravillosa de mover la energía en nuestro cuerpo. Esta estrategia es casi opuesta a la serenidad pero incrementa nuestra energía vital creando nutrientes y ejerciendo presión en los sistemas y en los órganos corporales.

Varios individuos que ingresaron al programa de rehabilitación y bienestar donde yo trabajo, tenían muy poca estamina, eran sedentarios y manifestaban altos niveles de depresión. En tan sólo pocas semanas de iniciar rutinas de ejercicio empezaron a desarrollar fortaleza, confianza, agudeza mental, optimismo y buen humor. Los pacientes que anteriormente no habían participado en rutinas de ejercicio descubrieron una nueva fuente de energía dinámica. Fue maravilloso observar esos cambios dramáticos en estos pacientes. Parecía como si se hubieran quitado años de encima casi que de inmediato. Estas personas también empezaron a tener compañeros de ejercicio y grupos de ejercicio, lo cual comenzó a resultar muy restaurador, a medida que disfrutaban de intimidad, amistad y sentido de comunidad.

EL AMOR ES ENERGÍA

Cada uno de los pensamientos que entra a nuestra mente contiene energía, la cual libera de inmediato químicos en el cerebro y en todo el cuerpo. De modo que cada pensamiento es energía y libera energía adicional que se distribuye por todo nuestro cuerpo.

Cuando usted experimenta amor existe un cambio inmediato en la energía y flujo del cuerpo. Las relaciones transforman la energía de la mente, el cuerpo y el alma.

EL ALIMENTO ES ENERGÍA

El alimento es energía. Cada bocado de brócoli o de salmón que introducimos en nuestra boca libera energía de inmediato en el cuerpo. Algunos alimentos contienen más energía que otros. El alimento es el combustible del cuerpo. Por eso es que es tan importante conocer cuáles alimentos son los que mejor energía vital aportan al cuerpo de modo que nos ayuden a conservar de una mejor manera nuestra vida.

USTED ES UNA INMENSA FUENTE DE ENERGÍA

Ninguno de nosotros fue creado para una vida de cansancio y de vacío. Sepa que dentro de usted reside una inmensa fuente de energía y que nuestro mundo natural está esperando que usted la libere. En todo aspecto y situación, nuestra energía vital está lista para respaldarnos y apoyarnos. Usted sólo necesita saber cómo conectarse con esa energía y ahora sabe cómo hacerlo.

~ INICIE HOY MISMO ~

Pregúntese   ¿Estoy experimentando energía real o energía falsa?

¿De qué maneras consigo hallar energía diariamente?

¿Qué nuevas formas he aprendido para crear energía?

Dígase   Dentro de mí fluye energía abundante de manera perfecta.

Haga   Visite a un doctor en Medicina china.

Lea un libro o utilice algún recurso de administración de tiempo.

Aprenda algunos ejercicios o movimientos de Qigong o Tai Chi.

CAPÍTULO 11

Conozca el poder

HABÍA SIDO UN DÍA de trabajo muy ocupado. Mis citas de cuidado pastoral fueron bastante apretadas y estuve viendo una persona tras otra todo el día de modo que estaba agotada física y mentalmente. Me sentí aliviada cuando miré el reloj de pared y vi las 5:00 en punto. Cuando ya estaba alistando mi maletín, Susan, mi asistente, me llamó y me dijo que Tom Jacobs estaba en la línea. Tom era un compañero de la iglesia con quien me había hecho amiga a lo largo de los años. Le pedí a Susan que tomara el mensaje y que le dijera que le devolvería la llamada al día siguiente. Pero ella me llamó de nuevo y me informó: "Tom dijo que era importante, que estaba saliendo de su oficina y que estaría aquí en 10 minutos, quiere que lo esperes".

Me senté de nuevo en mi silla, recordaba que mi hija tenía un juego de baloncesto que comenzaba a las 6:00 p.m., y no quería llegar tarde. Llamé a mi esposo y hablamos por unos minutos cuando la puerta se abrió y Tom entró.

Tom tenía unos 55 años de edad, había tenido inicios humildes y se había convertido en un hombre bastante acaudalado y exitoso. Se sentó con su traje perfectamente combinado con su corbata y mocasines Gucci. Le pregunté cómo se encontraba y no obtuve respuesta. Simplemente se sentó y permaneció así por unos instantes. Luego de unos cinco minutos, las lágrimas empezaron a rodar por su rostro. Entonces sacó su pañuelo y empezó a secárselas. "Kathleen, tengo cáncer. No le he dicho nada de esto a nadie. Me preocupa que mi esposa y mis hijos lo sepan. Tengo una empresa grande, muchos clientes y todos dependen de mí. No quiero decírselo a nadie, porque en el momento en que lo haga, mi vida va a cambiar y voy a perder el control. He mantenido este secreto durante una semana desde que lo supe y no sé qué hacer. Siempre he sido un buen proveedor y he cuidado de mi familia, no quiero llegar a tener que depender de ellos y que ahora sean ellos quienes tengan que cuidarme. El cáncer está muy avanzado y no quiero que nadie tenga que cuidarme y verme enfermo". Tom permaneció en silencio por un momento y entonces continuó: "Si mis clientes se enteran que estoy enfermo van a trasladar sus cuentas a otro administrador. Si mi personal lo sabe, van a empezar a buscar otro empleo. No quiero que la gente de la iglesia ni del club me mire con sentimiento de pesar por saber que me estoy muriendo, ¿me comprendes? No quiero dejar que otros se enteren que estoy enfermo".

Me gustaría decir que escuché esa historia sólo una vez, pero a lo largo de los años he escuchado historias similares de parte de muchos hombres y mujeres.

Aún cuando hubiera algo de verdad en los temores de Tom respecto a su vida, qué trampa tan horrible para vivir atado a ella. Eso ciertamente es vivir "desde afuera hacia adentro", no "desde adentro hacia afuera". Hay tanta soledad en esta historia, que muchas veces ha derretido mi corazón. La experiencia de Tom sobre el poder es ejemplo de una vida de controlador y de sustentador, pero principalmente corresponde a un estilo de vida de aislamiento, de falta de intimidad y de pérdida del balance. La buena noticia en el caso de Tom fue que aprendió a experimentar una nueva clase de poder, el "poder con" y el "poder en", en vez del "poder sobre", el cual le generó un sentido de control y de aislamiento. Al aprender un nuevo sentido de poder Tom se abrió a sí mismo ante una experiencia de amor, intimidad y felicidad antes de su muerte.

Todos utilizamos la palabra poder a diario en nuestro vocabulario, pero resulta interesante saber que existen varias definiciones para este término dependiendo de nuestras experiencias, las cuales llegan a diferir diametralmente. El asunto del poder es un asunto crítico en nuestra vida y constituye la esencia de la forma como experimentamos nuestras vivencias y las de los demás.

Mis experimentos con el poder

Hace años cuando hice mi disertación, dediqué una porción de ésta al tema del poder. En mi proyecto de disertación estuve llevando a estudiantes privilegiados de colegios privados en una inmersión de dos semanas al centro de la ciudad, donde tuvieron la posibilidad de interactuar con personas marginadas y con poder mínimo en los ámbitos económico, intelectual y político. Los grupos de personas del centro de la ciudad no tenían acceso a los privilegios que los jóvenes con mejores oportunidades en las instituciones privadas tienen. Yo quería saber cómo este grupo de adolescentes en edades entre los 16 y los 18 años experimentaba el poder y su mismísima definición de poder. Tenía a 12 muchachos y les hice la pregunta, "¿Quién es la persona que representa el poder en su vida y por qué?".

El grupo claramente definió el poder como control, como algo unilateral, jerárquico y patriarcal. Un tercio de estos jóvenes definió a la persona de poder en su vida como su padre, quien se encargaba de administrar la disciplina en la casa. Él representaba el poder para ellos. Obtuve respuestas como: "Mi padre es mi persona de poder, porque utiliza un cinturón para disciplinarnos y es él quien tiene el poder en la casa". "Mi padre es quien nos corrige, es él quien gana el dinero y trabaja duro, él representa el poder para mí". "Mi padre es el presidente de una compañía y es importante". Sólo uno de los 12 jóvenes dijo que su madre era la persona de poder porque era amorosa. Cuatro declararon que no tenían a alguien que representara el poder en su vida y dos respondieron que ambos padres representaban el poder para ellos.

Esta encuesta de mi disertación me conmocionó. Cuando yo tenía la edad de estos jóvenes mis personas de poder eran mis abuelas, Juana de Arco, la Virgen María, San Francisco de Asís, Jesús y la señorita Hostetler, una maestra de la escuela. Mi padre era un hombre muy agresivo y exitoso que imponía castigos en la casa y ponía el pan en la mesa, pero lo veía como un bravucón y no como una persona de poder. A mi corta edad, mi visión de poder estaba inseparablemente vinculada al bien. Como adolescente mi definición de poder real no era el "poder sobre", sino el "poder con". Fue sólo hasta después, a medida que me integré al mundo, que entendí que existen dos clases diferentes de poder: el "poder sobre", y el "poder con".

Entendiendo el poder

El doctor Bernard Loomer de la Escuela de Divinidad de la Universidad de Chicago, ha desarrollado dos conceptos de poder: el *poder unilateral* y el poder relacional. Su definición de poder unilateral consiste en la capacidad de influir, guiar, corregir, manipular, dar forma, controlar o formar al ser humano o al entorno natural a fin de avanzar con los propósitos personales y propios. Este tipo de poder se concentra en las metas personales del individuo o del grupo y no en las relaciones mutuas. El doctor Loomer hace una evaluación llamativa del poder unilateral cuando dice:

"Por tanto, como la capacidad y sentido de valía de uno se midan por la fuerza y la capacidad de influir en otros, y por tanto como el poder esté asociado a un sentido de iniciativa y agresividad, y la pasividad sea un indicador de debilidad y por consiguiente de falta de poder, entonces las inequidades inevitables entre los individuos y grupos se convierten en los medios donde la enajenación en la vida se hace más amplia y más profunda. Los ricos se hacen más ricos y los pobres más pobres. El fuerte se hace más fuerte y el débil más débil y más dependiente".[1]

Se observa que sigue ese juego de abuso de poder en los países que luchan unos con otros por todo el mundo. Muchos países se envuelven en revoluciones políticas dramáticas en el nombre de la democracia. Después de la lucha emerge un líder siniestro e inmediatamente se forman dos bandos. Un bando es el grupo poderoso que se apodera de los recursos naturales, de las fuerzas militares y del poder político del país; el otro bando es el grupo de los impotentes que caen en la pobreza desesperanzada, la inanición y eventualmente en la muerte. La meta inicial de la democracia era crear una nueva nación de poder relacional o poder con, pero lo que se experimentó al final fue un poder sobre y un poder unilateral de modo que se replicó el poder opresivo.

La meta del poder unilateral es la de moverse al máximo hacia la autosuficiencia. El doctor Loomer cree que en el poder unilateral, el ser interior se hace autodependiente tanto como le es posible. La dependencia de otros y la pasividad son vistas como debilidades.

El segundo concepto es el del *poder relacional*. Esta es su definición de acuerdo al doctor Loomer:

"La meta del poder relacional no es controlar al otro sea directa o indirectamente mediante intentar guiar o controlar la relación. El mejor bien posible no puede surgir bajo condiciones de control. El objetivo es suministrar condiciones de intercambio de influencias de modo que haya un ensanchamiento de la libertad de todos los miembros tanto para dar como para recibir".[2]

El poder relacional tiene la habilidad de influir en otros y de ser influenciado por otros. Existe un balance entre dar y recibir. Es verdaderamente una señal de poder recibir la influencia de otro así como poder influir en otros. El doctor Loomer tiene dos nociones interesantes de poder.

Yo defino al *poder* como fortaleza, energía o fuerza en un sistema que tiene la capacidad de fortalecer o disminuir a otro sistema. El poder es un fundamento esencial para entender al ser interior y al mundo. No puede subestimarse. Su definición y experiencia de poder definirá su vida y su viaje hacia la felicidad, así como su balance y bienestar.

Hablemos de los innumerables sistemas de poder que probablemente usted ha experimentado en su vida. Todo comenzó cuando usted estaba en el vientre de su madre, ella tenía literalmente el poder sobre su vida o su muerte. Como hijos experimentamos el poder de los miembros de nuestra familia: madre, padre, hermanos, abuelos, tíos y tías. Nuestros lugares de adoración y las religiones crean imágenes de poder en las sagradas escrituras, en los rituales, en los líderes de estas instituciones, y en los seres Divinos que adoramos o amamos. Nuestro sistema educativo crea intrincados sistemas de poder a través de profesores, rectores, escuelas y libros de texto. Nuestros trabajos nos enseñan sobre diversos tipos de poder, buenos y malos.

El mundo natural tiene increíbles lecciones sobre el poder. Observe lo que sucede con usted y con otras personas cuando se encuentran ante maravillas naturales como las cataratas del Niágara, el Gran Cañón, o al ver una puesta de sol junto al océano o las montañas. Observe a un cachorro alimentarse de su madre, a un gran halcón que remolinea sobre su cabeza o a un grupo de delfines saltar dentro y fuera del agua con gran elegancia y alegría. El poder de nuestra sexualidad es increíble y primordial. Todas estas son experiencias muy diferentes de poder. Pero todas implican poder.

El poder como control subordina a otros y los domina. El poder como control es inherentemente opresivo. Cuando una persona controla a otra, destruye parte de esa persona. Quien ejerce "poder sobre" aumenta su propio poder a la vez que disminuye el poder de la otra persona. El "poder sobre" incorpora un acto injusto de intentar dar forma y control a los otros seres humanos y al mundo natural de acuerdo a su propio parecer, necesidades y metas. Cuando una persona ejerce poder unilateral (poder sobre) es difícil que los demás puedan dar de sí mismos, que puedan abrirse ante los otros con la posibilidad de que todos los implicados puedan transformarse. El "poder sobre" o poder unilateral se concentra en los propios intereses del individuo o grupo. El poder como "control sobre" no puede crear un sistema de balance, porque el balance se define como las fuerzas que van en dos direcciones para hacerse iguales. Cuando un individuo tiene "poder sobre" otra persona, no existe un equilibrio de fuerzas.

La alternativa al enfoque unilateral del "poder sobre" es el poder relacional, o "poder con". Es el poder de la vida que consiste en dar y recibir. Este es un poder que se experimenta como balance porque las fuerzas en ambas direcciones son iguales. Todas las personas tienen el potencial de crecer proporcionalmente en esta experiencia de poder relacional o "poder con". En el poder relacional, la persona no crece en poder a expensas de la disminución del poder de la otra persona. A diferencia del poder como control, el poder relacional es productivo y genera felicidad y balance a todos los implicados. El "poder con" o poder relacional crea beneficios mutuos.

Entender el poder de la naturaleza es esencial en el viaje hacia una vida de balance y verdadera felicidad. Nuestras experiencias de poder dan forma a todas las facetas de nuestra vida y a la vida entera. Son la esencia de la forma como vivimos y nos comportamos en el mundo.

El poder de la elección

Cada decisión que tomamos nos *acerca* o nos aleja de la vida auténtica, del poder y de la verdadera felicidad. Cada elección que hacemos abre la puerta a muchísimas oportunidades. Cada elección crea algo nuevo y diferente en la vida. Cada elección nos invita a una infinidad de posibilidades. Cada elección es una fuente de energía. Cada elección es un paso más cerca a la vida intencional de bienestar mental, físico y espiritual. Cada elección puede transformar los obstáculos en oportunidades. Cada elección puede sentar un bloque de construcción para la vida. Cada elección es un reflejo de quién es usted. Cada elección implica una nueva dirección en la vida.

Cuando usted toma una decisión, su poder auténtico lo incita a la acción y lo lleva a apartarse de las preocupaciones, de la confusión y del caos. Si la vida es un salón de clase, entonces cada elección es una lección particular. Sus elecciones generan poder, paz, prosperidad, curación y felicidad. Usted puede elegir de qué se alimentará, a dónde conducirá, la información que leerá, y la música que escuchará. Usted también puede elegir las emociones y actitudes que adoptará: ira, temor y preocupación. Deténgase, respire profundo y tome una nueva decisión. Existe poder en saber que se tiene una decisión. Nelson Mandela no tuvo elección cuando lo encerraron en la prisión durante 27 años. Pero la prisión se convirtió en su salón de clases. Nelson Mandela eligió el poder del perdón, de la compasión y de la reconciliación. El regalo más grande que usted puede dar a sus hijos consiste en enseñarles sobre el poder de sus elecciones.

La mayoría de nosotros hemos tenido poco, si acaso algún tipo de entrenamiento sobre cómo tomar decisiones. Siempre se ha asumido que esta práctica esencial de la vida nace de forma natural. Para quienes encuentran difícil tomar decisiones pueden consultar el Apéndice C de este libro.

Las mujeres, los hombres y el poder

Esta sección habla del tema sensible de cómo las mujeres y los hombres experimentan el poder de forma diferente. Vivimos en un mundo donde las mujeres nacen con una experiencia bastante diferente de lo que es el poder, lo que crea en ellas su propia concepción de lo que es el poder. Seamos francos, vivimos en un mundo donde las mujeres todavía son forzadas a tener mutilación genital. A las bebés mujeres se les aborta, se les mata o se les deja morir porque se les considera menos dignas. A los y las feministas que hablan a favor de los Derechos de las mujeres y de los niños se les mata o se les amenaza de muerte en diferentes lugares del mundo.

Además de eso, ¿cuántas mujeres han sido Presidentas de los Estados Unidos? Cuando yo era niña, quería ser la primera mujer Presidenta de los Estados Unidos. Cuando mi profesora de inglés me preguntó por qué quería un trabajo como ese mi respuesta fue: "Señorita Hostetler, si yo fuera presidenta, ayudaría a todas las mujeres como mi mamá que lloran y se sienten tristes y asustadas. Les construiría casas y haría que sus hijos estuvieran a salvo y fueran felices con sus madres".

Cuando las mujeres se casan, las expectativas culturales dictan que ellas deben tomar el apellido del hombre y los papeles del censo todavía preguntan "¿Quién es el jefe de la casa?". Durante 30 años nunca me he registrado en un hotel sin que el recepcionista se detenga y me pregunte mi apellido. Hacen sus conclusiones habituales y me dicen: "Aquí está su llave, señora Hixon". Lo mismo ocurre cuando utilizo mi tarjeta American Express para registrarme, miran a mi esposo y dicen: "Aquí está su llave, señor Hall".

¿Qué sucedería si en las vacaciones tomáramos un tour en todas las casas del mundo y viéramos quiénes se sientan como cabeza de mesa? A mí personalmente me gustan las mesas redondas; estas se encargan del problema, sólo que no encajan bien en la mayoría de las salas como lo hacen las mesas que tienen forma rectangular.

Admitámoslo, las controversias relacionadas con el poder son extensas e implicaría mucho tiempo para que se dieran los cambios que me gustaría ver. Aunque es cierto que el cambio se está dando, sólo que de forma muy lenta. Por ejemplo, ver que las mujeres pueden votar en Irak y en Afganistán me hizo exclamar y decir: "Gracias Dios". También, cuando veo a las jovencitas que saben que pueden hacer cualquier cosa que deseen hacer, mi corazón salta de alegría y mi rostro se invade de una gran sonrisa de satisfacción.

Cuando observo que los padres crían a sus hijos demostrando respeto y reverencia por las mujeres, quisiera ir y besarlos en la mejilla y decirles "gracias" por contribuir con ese gran regalo para la humanidad y para nuestro planeta.

El poder y las razas

No toma mucho tiempo cuando estamos en contacto con la naturaleza entender completamente que el plan natural del Universo es la diversidad. La diversidad y la diferencia deben ser reverenciadas y respetadas. ¿No es curioso que los humanos exalten las virtudes de la naturaleza en su variedad de colores, especies de aves, caballos, perros, árboles y flores? Pero cuando se trata de la diversidad de la raza humana nos hacemos ciegos. Muchos nos amparamos bajo el juicio, el temor, la vergüenza y la ira cuando hablamos sobre la raza.

La raza tiene que ver con el poder en el mundo. Vivimos de tal forma que los blancos han sido sobrepasados en número por las personas, mestizas, amarillas, negras y todo el abanico de colores de los habitantes de nuestra Tierra. No hay manera de que alguna vez seamos de un sólo color y yo no desearía que ocurriera semejante cosa. Admiro la increíble diversidad de los seres humanos y desearía que todos compartieran mi punto de vista.

Yo pienso que toda institución educativa y todas las empresas deberían tener un curso que tratara el tema de la raza y el poder. Así cada ser humano tendría un mejor entendimiento del "otro". Pero este es un asunto sensible en el que fingimos que el elefante no está en la sala y lo evitamos a toda costa. Hemos crecido en un mundo donde asumimos qué se siente ser afroamericano, negro, hispano, nativo americano, caucásico, asiático o del Medio Oriente. Una de las grandes bendiciones de mi vida es haber trabajado con un grupo llamado Urban Training Organization of Atlanta. Yo era una "buena vida". Esto quiere decir que iba a los lugares de pobreza del centro de la ciudad y les mostraba a las personas cómo vivir una "buena vida". Al principio pensé que yo tenía el poder de ir a estas áreas históricas para decirles a estas personas lo que yo pensaba que era vivir mejor. Mi mente no consideraba la idea de lo que es la "autodeterminación" ni de escuchar la concepción de ellos de lo que es un vecindario. Estuve en la junta directiva de esta organización y aquello me enseñó varias lecciones humildes sobre el poder y la raza.

Y al igual que los demás "buena vida", muchos de nosotros somos buenas personas que queremos hacer el bien, pero cuando nos hacemos prescriptivos debido a que venimos de algún lugar de poder sin reconocer que la gente y los grupos en pobreza y marginación pueden tener poder real, estamos abusando de nuestro propio poder. Esto se convierte en "poder sobre" en vez de "poder con". Un buen amigo mío tiene una cita en sus tarjetas de presentación que dice: "Más curiosidad, menos juzgamientos". Yo pienso que ese debería ser nuestro mantra respecto al tema de la raza en este mundo frágil.

Los niños y el poder

Casi nunca pasa una semana en que no escuchemos o leamos que un niño en algún sistema de cuidado de menores se extravió, o que fue abusado o muerto. Esto no es una crítica a nuestro sobrecargado y abrumado sistema de protección de menores. Yo he trabajado con algunos de los más amorosos, compasivos y aguerridos trabajadores sociales que defienden y protegen los Derechos de los niños. Nuestra responsabilidad es protegerlos —y con ello me refiero a todos los niños que habitan este planeta. Este no es un problema de otras personas, es el problema de todos nosotros. A los niños se les vende como esclavos y se trafica con ellos en el mercado sexual del mundo. Tenemos más leyes internacionales para proteger a los animales que para proteger a nuestros niños. Mientras continuemos tratándolos como si fuesen una propiedad, estaremos destinados a abusar de ellos. Debemos tratar a cada niño con sumo respeto y reconocer el poder innato y consideración que cada niño merece. Ellos no son nuestra propiedad; vienen a través de nosotros.

El poder en la familia

La mayoría de nuestros niños emula la estructura de poder que experimenta en su familia primaria. Por lo tanto, es nuestra responsabilidad enseñarles sobre el uso del poder. Sus experiencias tempranas con el poder definen su vida. Muchas familias van por la vida y nunca se hacen conscientes de cómo se usa o se abusa del poder en el sistema familiar.

Cuando los padres abusan del poder, se priva a los niños de la posibilidad de desarrollar su propio poder y de aprender a tomar sus propias decisiones. Del otro lado, cuando los padres evitan ejercer su poder en la familia, esta se puede desmoronar.

Personalmente me gustaban las reuniones familiares semanales, donde se discutía sobre todos estos temas y donde las opiniones de todos eran escuchadas y respetadas. Apartar un tiempo para la familia con el fin de que cada miembro se exprese y donde los demás le escuchen con atención, es muy positivo. Esto le enseña a cada miembro de la casa que cada persona es valorada y que tiene poder. Asegúrese de que los niños tengan turnos asignados para participar. Así usted les estará dando el don de experimentar su poder y tener su lugar respetado dentro de la familia. Esto ayuda a cada niño a crear autoestima y poder y le prepara para enfrentar el mundo real. Establezca sus propios rituales dentro de la familia donde cada miembro pueda expresar abiertamente lo que le afecta, donde se puedan revelar secretos y donde todos compartan su medida de poder.

El poder personal

Experimentar el poder personal debe comenzar con cierto orden, el cual consideramos en el capítulo anterior. Voy a repetir el "orden natural" de las relaciones en la vida. Es esencial experimentar el poder real y comprender que una vida de felicidad es conocer que existe un orden natural del poder. La verdadera felicidad y el balance requieren que sus relaciones tengan un orden disciplinado. Ese orden genera bienestar y se sustenta en las tres disciplinas: Medicina, Psicología y Espiritualidad. En primer lugar, usted deberá establecer su relación o conexión con su Fuente, Poder Superior, Dios, Naturaleza o cualquier otra designación que usted utilice para nombrar lo Santo. No es casualidad que cuando nos conectamos con el Santo, nos sintamos "plenos". En segundo lugar está la relación con su cónyuge; en tercer lugar su relación con sus hijos; y en cuarto lugar su relación con el trabajo y la comunidad. Esta secuencia de vieja data es la clave para experimentar poder real.

El poder auténtico proviene desde el ser interior. Nuestro poder reside en las raíces. Por lo tanto, debemos nutrir y amar a ese ser interior primero. Es probable que nunca pongamos a nuestro ser interior primero porque nunca antes lo hemos experimentado o porque nunca se nos enseñó en nuestra familia original a hacerlo. Muchos de nuestros padres nunca practicaron el cuidado de sí mismos. La mayoría de los padres a quienes escucho, sin importar su edad, describen su vida como un martirio serial. Muchos sienten que sacrificaron su vida a favor de sus hijos, cónyuge, padres envejecidos, o por el trabajo que tenían para sostener la familia.

Recuerdo que en una ocasión estábamos tomando un café con un amigo mío que es psiquiatra y yo le estaba contando cómo mi madre y sus amigas fueron mártires a favor de sus hijos y de sus esposos. Mi amigo sonrió, se inclinó un poco hacia delante y dijo: "En todos mis años de práctica como psiquiatra no he conocido a un mártir que no haya estado tan loco como el infierno mismo". Nunca olvidaré lo que él dijo ese día. Aquello me sonó como un sacrilegio pero no pude evitar reírme hasta la saciedad. Le dije que habiendo sido criada como católica, para mí los mártires eran personajes santos que dieron su vida por la iglesia. Cuando era niña solía orar a Dios pidiendo que me escogiera para ser mártir de modo que pudiera probar lo valiente que era. Pero el comentario de mi amigo me hizo explorar el concepto de que la gente vive como si fueran mártires, relegándose a sí mismos al último lugar.

El poder personal significa cuidarse a sí mismo. Cuando usted cuida en primer lugar de su bienestar mental, físico y espiritual, entonces se convierte en una persona saludable que cuida de otros de forma más sana tanto en el hogar como en el lugar de trabajo. Cuando uno se cuida adquiere mayor confianza y exuda más poder real y felicidad. De esa manera se fundamenta un balance bien arraigado en vez de tener un fundamento inestable, débil, y tambaleante. A su vez, sus hijos imitarán ese sentido de querer cuiadarse y de poder y naturalmente se convertirán en personas mejor preparadas para la vida.

Viva de modo que todos los días logre nutrir los cuatro pilares de la felicidad, haga de ello su prioridad. Cuando tenga días muy ocupados, practique la serenidad por cinco minutos, luego busque un momento para hacer ejercicios de estiramiento por otros cinco minutos, después asegúrese de que consume suficiente proteína saludable, y asegúrese de decirle a alguien que usted le ama. Realmente no es tan difícil practicarlo en un día ocupado. Si usted se compromete a nutrir estos cuatro pilares constantemente, aún si dispone de tan sólo unos pocos minutos, entonces podrá experimentar poder real. En los días que esté demasiado ocupado entonces dedique unos pocos minutos a siquiera uno de los cuatro pilares.

Flexibilidad

La clave para el poder auténtico es la flexibilidad. No existe la manera de predecir cada evento o persona que entrará en su vida en un día determinado. Las personas que desarrollan la energía interna de la flexibilidad siempre permanecen en balance. La física nos dice que los materiales rígidos que no son flexibles se parten cuando se ejerce sobre ellos una cantidad de presión. Las sustancias flexibles se doblan, se mueven y hasta adquieren una nueva forma cuando están bajo presión pero no se rompen. Esa ley elemental de la física también aplica a los humanos. Recuerde lo que dijimos sobre los materiales flexibles que toman una nueva forma cuando están bajo presión. Muchas veces el estrés desata un tremendo poder que uno ni siquiera sabía que tenía. Cuando uno es flexible experimenta la confianza de saber que se puede doblar, y tal vez hasta transformar en algo nuevo, pero que de ninguna manera va a colapsar.

Los lugares del poder

Todos podemos expresar poder en una multitud de formas de acuerdo a situaciones específicas. Exploremos algunos de los lugares donde experimentamos nuestro propio poder y el poder de otros.

EL HOGAR

Este es el lugar donde experimentamos y aprendemos a experimentar poder por primera vez, y donde experimentamos poder del tipo que se contrae o se expande. El hogar es el sitio más esencial y más difícil donde se ejerce el poder. Muchas personas eligen expresar su poder de forma negativa, creando para sí consecuencias negativas. Pocos tienen la habilidad de saber cómo manejar las relaciones frágiles y duraderas de la familia. Lo que yo sugiero en esos casos es visitar a un consejero o terapista para encontrar ideas y apoyo que ayuden a lograr esa meta. Me refiero a un profesional, que no sea miembro de la familia, que sea fuente de sabiduría, consuelo, apoyo y que esté en capacidad de presentar diferentes alternativas.

EL LUGAR DE TRABAJO

El lugar de trabajo es el sitio por excelencia de las relaciones de poder: el bueno, el malo y el feo. Me sorprendí mucho cuando me llamaron para hacer una entrevista sobre la clase de estrés que se afronta al ser acosado por otro. No tenía ni idea de todo lo que sucedía en este ámbito. Yo pensaba que con todas las leyes que tenemos al respecto esto era cosa del pasado. Pues resulta que este es un problema terrible en el lugar de trabajo y también es un asunto difícil de probar y donde pocas veces otros pueden intervenir. El acoso es un problema creciente en nuestra sociedad, en nuestros hogares, escuelas y en el lugar de trabajo. El acoso ocurre cuando una persona con poder intimida, amenaza y afecta física o emocionalmente a otra persona. Esto es una forma de abuso del poder y debe ser erradicado en cualquier lugar donde se manifieste. Si usted se acobarda ante un acosador se está haciendo un daño profundo a nivel mental, corporal y espiritual. Algunas víctimas de acoso tienen colapsos nerviosos que pueden conducir hasta al suicidio. Esto es un asunto muy serio y debe ser tratado de forma decisiva.

EN LA COMUNIDAD

El poder fuera de la familia y del trabajo adopta muchas formas distintas. Todos los que hagamos parte de algún grupo que intervenga en la arena pública sabemos de primera mano sobre el uso y el abuso del poder. En este tipo de situaciones que usualmente están fuera de nuestro control uno debe al menos lograr mantener su poder personal e intentar influir en otros con su ejemplo de uso ético del poder. En la esfera pública de la comunidad exudamos la esencia de nuestro propio poder. Nunca subestime lo contagioso e inspirador que puede llegar a ser el poder relacional. Conviértase en un faro para su comunidad que muestre lo que puede llegar a ser el verdadero poder.

EN LA NATURALEZA

El asunto del poder y de la naturaleza llega a ser un asunto provocativo. En la actualidad muchos creen que en el Génesis, Dios dijo a los humanos que ejercieran "dominio sobre" la naturaleza y los animales. La palabra dominio tiene una connotación bastante negativa cuando consideramos las implicaciones éticas concernientes al poder. Muchísimas personas han reinterpretado la palabra "dominio", y muchos eruditos declaran que de hecho ese término no tiene un significado de dominio. Hay quienes consideran que lo que se quiso decir en el Génesis es que Dios dijo que los humanos tenían "responsabilidad con" la naturaleza y con los animales.

La responsabilidad es una noción bastante diferente a la noción de dominio. Como madre yo soy responsable por mis hijas pero no tengo dominio sobre ellas. La palabra dominio ha generado injusticias, daños, degüellos y comportamientos faltos de ética en este planeta más de lo que podemos llegar a imaginar.

¿Quiénes nos hemos creído para despojar a este frágil planeta y a su entorno de la dignidad que le corresponde? Los seres humanos no hemos demostrado reverencia por el mundo natural a nuestro alrededor. El Jefe Seattle lo dijo sin ambigüedades cuando habló en respuesta a la adquisición de las tierras de las tribus por los moradores blancos: "Contamina tu cama y una noche te ahogaras en tu propia basura".

Es posible aprender mucho de la reverencia y respeto que tienen los nativos americanos y otras culturas por la naturaleza. Ésta es su maestra, su padre, su creador, su sustentador y el regalo Divino del Gran Espíritu, quien mora en todas las cosas vivientes, de modo que toda cosa viviente debe ser reverenciada.

Uno de los problemas que experimento por vivir en las montañas es que todavía muchas personas envenenan o disparan contra los animales. Es desconsolador presenciar el irrespeto que muchos tienen por los animales porque estos sencillamente no representan ningún valor para quienes los depredan. Habían tantos animales sin hogar y maltratados cuando nos mudamos aquí que empecé a rescatar y a cuidad de muchos perros y gatos. Ya hemos hecho esto por años y cada alma que ha emigrado a vivir con nosotros en esta granja ha sido un regalo y me ha enseñado grandes lecciones.

Todos somos responsables por la variedad de animales que existen, por las capas de hielo polar, por las pluviselvas, por la destrucción de la tierra y por el envenenamiento de nuestra agua y aire. Así como enseñamos a nuestros hijos que debemos reparar lo que dañamos o que se deben disculpar cuando perjudican a alguien o hacer enmiendas cuando hacen algo mal, todos tenemos que asumir la responsabilidad por lo que está ocurriendo con nuestro planeta y entonces hacer lo que es correcto. La madre naturaleza está resentida, está llena de contusiones y herida. Enseñemos a nuestros hijos que no debemos evadir nuestra responsabilidad. Hemos perjudicado nuestra tierra y hemos demostrado una gran falta de respeto para con ella, de modo que ahora es tiempo de que le restauremos su poder y autoridad.

EL TEMOR CRÓNICO ES PODER TÓXICO

El temor es una epidemia en nuestra sociedad. Tememos envejecernos, enfermarnos, morir, fallar, alcanzar el éxito, ser rechazados, iniciar una relación, terminarla, tomar decisiones, perder el control. Estos ejemplos son tan sólo unos pocos de una lista que daría la vuelta al planeta muchas veces. Desde el 11 de septiembre nuestro temor se ha incrementado en proporciones inimaginables. El temor es un veneno mortífero que destruye nuestras raíces, es crónico y se apodera de nuestra vida y nos sigue como una sombra día tras día. Estos son algunos temores que se han hecho persistentes y se han arraigado en nuestra sociedad: temor al éxito, temor a fracasar, temor a la muerte, temor a hablar en público, temor a los grupos grandes de personas, temor a perder el empleo, temor de estar solo, temor al terrorismo, temor a no ser amado, temor a la oscuridad, temor a ser víctima del delito, y la lista seguiría y seguiría creciendo.

Dada su toxicidad, el temor crónico nos mantiene atrapados llevando una vida insuficiente. Nunca cumpliremos nuestro propósito ni lograremos una vida de poder si permanecemos bajo el dominio de nuestros temores. El temor crónico tiene un efecto directo que nos afecta de tres maneras:

1. **La mente:** el temor mantiene la mente en un estado de preocupación y de ansiedad, sobrecarga el cerebro y hace que la memoria pierda desempeño. La persona se torna defensiva, agresiva e irascible, llegando a sentirse atrapada y aprisionada en su propia mente.

2. **El cuerpo:** el temor hace que el cuerpo libere epinefrina y a veces hasta cortisol junto con muchos otros químicos. El temor crónico termina resultando en una presión sanguínea alta, en

enfermedades cardiovasculares o del sistema inmunológico, migrañas y dolores de cabeza, entre muchas otras dolencias.

3. **El alma:** usted fue creado para experimentar la libertad de su espíritu y de su propio poder. El temor crónico nos despoja de nuestra energía y de nuestras fuentes de poder. Cuando uno sufre de temor crónico se paraliza y vive al límite que le imponen sus propios temores. Esto crea una vida de angustia espiritual y de dolor. Todos los grandes textos espirituales y religiosos indican que el temor deteriora el alma.

Yo verdaderamente creo que la vida es un salón de clases y no una prisión. Empiece a confiar en usted y en el propósito de su vida. Si usted cree que todo sucede como una oportunidad para su crecimiento, es más fácil desarrollar verdadera confianza. En vez de vivir en temor, confusión e inseguridad, elija vivir con valor, sabiendo que su propósito se está desenvolviendo con cada suspiro, cada experiencia y cada tarea realizada.

Cambie el temor por el poder

A continuación le propongo algunos pasos para vivir libre de temores:

1. **Reaccione:** cada vez que permitimos que el temor crezca en nosotros, nos debilitamos y perdemos intención. La debilidad genera cáncer y usted eventualmente se puede convertir en su víctima. Concientizarse de que uno tiene temor es el primer paso para comprender la situación en la que uno se encuentra en el presente. En el momento en que uno hace eso adquiere poder.

2. **Escoja:** el siguiente paso después de concientizarse del temor es darse cuenta que tiene una elección clara. En primer lugar, haga una lista de las cinco cosas que más teme. Sea completamente honesto. Observe su lista. Elija un temor con el cual desee empezar a trabajar. Tal vez desee comenzar a trabajar con el menos difícil. De esa manera empieza a dar pasos de bebé e incentivar su confianza inicial. Coloque la lista con los otros temores en un

cajón o en una carpeta. Concéntrese en el temor que escogió.

3. **Emprenda la acción:** emprender la acción es un asunto crítico. La acción es el antídoto del temor, el cual se resguarda en la sombra de la inactividad. La acción destierra esa fuerza insidiosa de forma que usted logre enfrentarla. Tome el papel en el que escribió el temor y con otro color de tinta escriba la acción que usted considera que va a eliminar ese temor. Repita esa acción escribiendo diez veces con el mismo color de tinta. Ahora mire lo que ha escrito como la clave para obtener libertad y poder. Imagine que el temor tiene voz y que esta acción es su temor clamando a usted. Su temor está pidiéndole que lo libere y que lo saque de su mente, de su cuerpo y de su alma. La acción es la llave que abre la puerta de la prisión del temor y que nos permite tener una vida intencional de felicidad.

4. **Comprométase:** este es un paso crucial. Si verdaderamente desea experimentar la vida de poder y de felicidad que anhela, debe comprometerse con el proceso de erradicar sus temores. Cuando se comprometa con ese proceso, sentirá una gran cantidad de energía, un nuevo sentido de poder y un estado mental, espiritual y físico de renovación y de bienestar.

Herramientas que puede llevar para el viaje

Usted necesita apoyo para viajar por las tierras áridas del temor crónico. Rodéese de herramientas motivadoras e inspiradoras. Consiga grabaciones de audio inspiradoras, llévelas en su auto o escúchelas mientras viaja en el transporte público. Es probable que quiera rentar o comprar un DVD motivacional de un buen autor o maestro. Tome la clase que siempre ha querido tomar. El yoga, la meditación, la oración, el Tai Chi o el Qigong, son excelentes maneras de despejar el cuerpo y la mente de los temores crónicos y de abrir la mente hacia nuevas formas de pensar y concebir el mundo. Busque algunas citas favoritas que le motiven y pegue algunas de estas en espejos, refrigeradores o pantallas de computador de modo que pueda recordar su nueva libertad. Descubra programas de televisión o personajes que le inspiren y le permitan reclamar su poder personal.

El apoyo social es increíblemente poderoso. Entre a la red y consulte las diferentes clases de apoyo social disponibles en su área. Existen varios grupos de apoyo diferentes en bibliotecas, hospitales, lugares de adoración, centros comunitarios y hasta en comunidades virtuales. Una de las razones por las cuales el temor se apodera implacablemente de nosotros es porque nos dejamos avergonzar por el temor, y abrigamos sentimientos de inutilidad y de debilidad. La posibilidad de contar a otra persona abiertamente lo que estamos sintiendo es una experiencia poderosamente curativa. Una vez que las palabras salen de nuestros labios empezamos nuestro viaje hacia el poder verdadero y hacia la verdadera felicidad.

Todos somos poderosos de forma innata. Cuanto más ejerzamos ese poder natural, más creceremos en fortaleza y valor. La palabra coraje proviene de su raíz latina *cor*, que significa corazón o centro. Cuando actuamos desde nuestro corazón con coraje emprendemos una vida de verdadero poder. El poder real se origina del corazón y se disemina en el mundo para ayudar, guiar, enseñar y sanar a otras personas y a nosotros mismos.

~ INICIE HOY MISMO ~

Pregúntese ¿Qué tipos de poder he experimentado?

¿Cómo puedo ejercer más poder relacional en mi vida?

¿Qué palabras de poder transforman mi vida?

Dígase Yo respeto a otros de la misma manera como me gusta que me respeten a mí.

Haga Consulte la biografía de una persona de poder que usted admire.

Adquiera un CD motivacional de un autor que le inspire.

Ingrese a un grupo donde tenga oportunidad de experimentar su poder.

CAPÍTULO 12

Construya una
vida intencional

EN EL MERCADO posiblemente existen más libros de autoayuda y de negocios sobre "cómo lograr el éxito" que sobre cualquier otro tema. Este no es un fenómeno nuevo. Más bien es tan antiguo como la existencia humana. Desde el primer momento en que los humanos concibieron la idea de vender algo, se presentó un orador motivacional que cayó de un árbol de cocos para ayudar a venderlo mejor.

Cuando era niña, me quedaba en mi cama escuchando el sonido de la grabadora de mi padre que murmullaba hasta altas horas de la noche. Mi padre era agente comercial y creía que la filosofía de Glen Turner, el gurú de *Atrévete a ser grande*, era su llave segura para el éxito. Turner era el dueño de una compañía sobre motivación en la década de 1960 y vendía paquetes de casetes para ayudar a los vendedores a lograr el éxito.

Cuando mi padre vendió Hall´s Dairy a un conglomerado lácteo, empezó a trabajar para la nueva empresa. Entonces un diseñador de producto vino con la idea de vender leche en bolsas plásticas. Ahora bien, nosotros vivíamos en la región rural de Ohio entre los Amish y yo pensé que aquella era una mala idea, pero mi padre, devoto a sus casetes, cada mañana durante el desayuno me miraba a los ojos y mientras yo me abstenía de reírme, él anunciaba: "Kathleen, quita esa risita de tu rostro. Hoy es el día para atrevernos a ser grandes. Vas a trabajar conmigo para aprender cómo es que se alcanza el éxito".

Mi madre me vestía con el mejor traje los domingos y yo me "atrevía a ser grande" en la sección de lácteos de las tiendas de víveres locales. Recuerdo cuando me paraba al lado de los enfriadores de leche y le preguntaba a los clientes: "¿Le gustaría probar la leche en bolsa?". En retrospectiva, cuarenta años después, no termino de imaginarme lo que estos granjeros pudieron haber pensado. El negocio de los lácteos era grande en nuestra área y muchos de mis clientes potenciales tenían vacas las cuales ordeñaban todos los días. Lo último que probablemente querían ver era leche en unas bolsas.

Fui bastante persistente pero tuve pocos compradores. A las 5:00 p.m. mi padre me recogía de la tienda de víveres y tan pronto como cerraba la puerta del automóvil me preguntaba: "¿Cómo se siente atreverse a ser grande?". Mis labios estaban morados por permanecer al lado de los enfriadores en el pasillo todo el día, pero le miraba directamente a los ojos y decía con un suspiro: "Genial, papá. Me estoy atreviendo a ser grande".

La grabadora continuaba arrullándome cada noche, y con el tiempo, la voz de Glen Turner le dio paso a Dale Carnegie con su grabación *Cómo ganar amigos e influir en las personas*, o escuchaba las palabras más recientes de Norman Vincent Peale.

Mi niñez está llena de recuerdos de las varias escapadas de mi padre con *Atrévete a ser grande*. Mi trabajo favorito fue cuando él trabajaba para Keebler® Cookie Company. Cada vez que se desarrollaba un nuevo tipo de galleta, me vestía de nuevo con mi traje de domingo y me iba a vender en los pasillos de galletas de las tiendas de víveres, entregando muestras de las nuevas galletas. Estos pasillos eran mucho más cálidos que los pasillos de la leche y los granjeros de nuestra comunidad se mostraban más atraídos a las galletas que a la leche en una bolsa. A las 5:00 p.m. mi padre me recogía, me miraba a los ojos y me preguntaba: "Kathleen, ¿cómo se siente atreverse a ser grande?". Me gustaba el trabajo con las galletas, de modo que respondía con alegría: "Genial, papá. ¡Realmente genial!".

Ese entorno moldeó mi forma de pensar respecto al poder de intención y al poder de elección en la vida. Literalmente viví con el mantra de Glen Turner rondando por mi cabeza: "Kathleen, atrévete a ser grande".

De modo que no sorprende que me mantuviera tan motivada desde esa edad tan temprana. De vender leche y galletas pasé a confeccionar y vender guantes para sujetar ollas. Luego compré una silla de salón de belleza y la instalé en nuestro garaje para arreglar el cabello de las mujeres del vecindario. Más adelante, durante mi adolescencia y mis años de adulta joven, hice otras escapadas empresariales. Solía sentarme de forma regular a evaluar mis intenciones y a revisar mis planes, para ver cómo podía lograr mis objetivos. Necesitaba dinero para comprar ropa, para la escuela, para algunos elementos personales, de modo que siempre diseñaba un plan para conseguir lo que necesitaba.

La definición tradicional de éxito había sido inspirada en todos los miembros de la familia Hall. Era algo que hacía parte de nuestro ADN. Antes de cumplir 10 años mi mente ya se había impregnado del asunto del estatus, las casas, los automóviles y la ropa. La definición de éxito de mi padre consistía en una lista de bienes materiales. En la definición de éxito de mi familia no había nada que incluyera el concepto de balance o verdadera felicidad.

Muchos creemos que verdaderamente estamos viviendo. Pero la verdad es que muy pocos lo estamos haciendo. Vamos de una cita a otra, de una cena a otra, de una responsabilidad a otra, de una llamada de celular a otra, de un evento a otro. Muchos nos sentamos al filo de nuestra cama después de un largo día de trabajo, nos quitamos los zapatos y nos preguntamos si se supone que eso es la vida. Muchas de las personas con las que trabajo se preguntan a sí mismas con frecuencia: "¿Es esto realmente vivir?".

Martha Stweart inició su compañía con el firme propósito de enseñar a las personas a vivir realmente, de modo que llamó a su empresa Living (Viviendo). Millones de mujeres en Norteamérica consideraban a Martha un avatar de la vida exitosa. Compramos sus productos, leímos sus revistas, vimos sus programas de televisión y preparamos sus recetas. Todas nosotras íbamos tras la definición de vida que Martha nos prometía. Pero al final nos dimos cuenta que sus revistas, shows de televisión y recetas no lograban hacernos sentir que estábamos vivas. De nuevo nos encontramos atrapados en la trampa de buscar fuera de nosotros el don de vivir, esperando que un gran gurú de afuera nos rescatara de nuestra desilusión.

Es tiempo de empezar a vivir. Como individuos y como familias estamos al punto máximo del desequilibrio en nuestras vidas. Pronuncie la palabra "vivir" varias veces. Esa es una palabra poderosa, llena de energía y dinamismo. La vida ocurre cuando sentimos su energía y su ritmo palpitando por nuestro cuerpo, alma y mente.

Arriésguese a vivir

Vivir es cuando uno asume el riesgo y lo experimenta como una invitación a liberar su potencial, en vez de alejarse del riesgo que consideraba antes como pérdida, temor y posiblemente fracaso. Los beneficios de vivir en realidad son coraje, perseverancia, intención, energía y poder. Estas virtudes emergen de forma natural cuando usted se mira en el espejo cada día y se dice a sí mismo, "Realmente estoy viviendo".

En la cultura que vivimos confundimos el vivir verdaderamente con la existencia. A la mayoría de nosotros se nos ha enseñado a avanzar y avanzar y avanzar. Continuamente se nos recompensa por la acción: "hacer", por cumplir con "listas de tareas", por "ser productivo", y por ser "multitareas". Yo siempre estaba lista para contestar cuando se me preguntaba: "¿Qué hiciste hoy?". Estaba muy al tanto de lo que había hecho en mi lista de tareas. Mi lista siempre tenía el doble de tareas en comparación con las listas de otras personas. Eso, por supuesto, me hacía sentir superior, más productiva y más eficiente. Yo vivía —o más bien debería decir, existía— evaluando mi valía personal a partir del número de tareas que lograba completar de mi lista.

Cuando corremos desesperadamente pronto nos hacemos parte del caos y de la desorientación. Cuando quedamos agotados dejamos de escuchar nuestra voz interior y antes de darnos cuenta estamos perdidos en el mapa. Y triste es decirlo, pero ese es el modelo bajo el cual vivimos o más bien debo decir, existimos.

Uno de los comentarios que más escucho de mis clientes y pacientes cuando me llaman en los programas de radio y en los correos electrónicos que recibo es: "Yo quisiera cuidar más de mí mismo pero tengo que trabajar", o "No tengo suficiente tiempo para mí mismo".

¿No cuenta usted con suficiente tiempo para detenerse y escuchar las indicaciones de su vida? ¿Puede usted recoger el mapa de su vida y ver dónde se encuentra, en qué camino está y qué ruta debe seguir para que no se pierda de la ruta de su vida? Recuerde cuando iba en el automóvil de vacaciones con su familia. Ustedes se detenían con frecuencia para consultar el mapa y asegurarse que iban en la dirección correcta. ¿No es curioso que tengamos una tarjeta AAA lista para ser usada en caso que nos perdamos o tengamos algún accidente, pero que la tengamos en la guantera de nuestra vida bajo llave para nunca ser consultada? Todos tenemos un sistema GPS pero lo mantenemos apagado a medida que deambulamos por la misma cuadra del mismo vecindario una y otra vez hasta que nos quedamos sin combustible.

Un modelo de vida

Las personas que experimentan verdadera felicidad y balance, viven bajo un modelo que aprendí en mi investigación en Emory llamado el "modelo de reflexión-acción". Esta es una disciplina que utilizan quienes saben cómo vivir en balance. Esta es la manera como los grandes líderes con los que he estudiado y trabajado construyen vidas increíblemente ricas. Cuando usted vive de manera reactiva aprende a reaccionar respecto a lo que la vida le presenta y está viviendo constantemente en un modo de vida reactiva. Cuando uno no logra expresar lo que realmente está sintiendo pierde su poder auténtico y empieza a sentir como si su vida estuviera siendo manipulada por las circunstancias o por alguien más. Cuando usted elige una vida intencional, vive proactivamente y sus acciones se fundamentan en la reflexión, en la concientización y en las elecciones.

Todos los días de nuestra vida la mayoría de nosotros permanecemos en constante acción y movimiento. Nuestras acciones son importantes porque cada una aumenta nuestra capacidad de asumir riesgos y aprender de nuestras experiencias. Parker Palmer, teólogo de Georgetown University, sugiere que las acciones no se fundamentan en el concepto de ganar o perder, sino en el aprendizaje. El poder auténtico ocurre cuando uno se expresa en el mundo mediante la acción. Nuestras acciones son la encarnación de nuestros pensamientos y reflexiones. Palmer considera que el proceso de reflexión o de contemplación constituye un elemento crítico porque a medida que reflexionamos estamos cambiando nuestra conciencia y subsecuentemente tenemos mayor impacto y poder en el mundo. Él también sostiene que cuando uno reflexiona y contempla, resulta una clase de acción diferente.[1] El tiempo que usted dedica a la reflexión se convierte en un espacio para el descubrimiento, la creatividad y la autenticidad.

Cuando usted utiliza el modelo de reflexión-acción, empieza mediante considerar un problema o situación con la que quiere trabajar. Entonces usted reflexiona en las opciones que existen para solucionar la situación. Luego de haber reflexionado en el asunto, usted elige un curso de acción. Después que transcurre un tiempo, usted vuelve y entra en un proceso de reflexión. En la mayoría de los casos este proceso de reflexión o de contemplación es el elemento más crítico porque durante esa fase de reflexión se evalúa la efectividad de su acción previa. Usted evalúa cuán apropiada fue su acción y busca la forma de mejorarla la próxima vez. Pregúntese, si no obtuvo los resultados que esperaba, ¿qué otra cosa puede hacer? Utilice recursos, el internet, las bibliotecas, para tomar una acción más informada la próxima vez. Así, usted continúa este proceso hasta que llegue a la conclusión del problema o decida su solución.

Como lo mencioné antes, los grandes líderes espirituales han utilizado el modelo de reflexión-acción para cambiar el curso de la Historia. Así es como un hombre de baja estatura, conocido como

Mahatma Gandhi, cambió la Historia y liberó a India, un país en el que residen más de mil millones de personas, de la dominación colonial de Gran Bretaña. Mahatma Gandhi escogió construir una vida intencional, la cual estuvo totalmente focalizada en la justicia y para él eso significaba liberar a India de la dominación británica. Gandhi marchó por defender un principio; al regresar se reunió con otras personas para evaluar la efectividad de la marcha y decidir cómo hacer que sus intenciones tuvieran más eco la próxima vez. Cada acción fue un proceso de aprendizaje y cada reflexión fue creando un método más efectivo para alcanzar su meta. Las acciones intencionales fueron siempre fundamentadas en reflexión intencional. La lista de los líderes espirituales que vivieron vidas intencionales utilizando el modelo de "reflexión-acción" es interminable: Buda, Jesús, Mahoma, Moisés, Martin Luther King, Jr., la Madre Teresa, Susan B. Anthony, y muchos otros.

Todos los grandes líderes militares utilizan el modelo "reflexión-acción". Planean una batalla, ejecutan sus acciones planeadas y luego evalúan el conteo de bajas, evalúan su posición y consultan a otros líderes y al personal de campo para reflexionar antes de emprender su próxima acción.

Las grandes corporaciones utilizan el modelo de "reflexión-acción" cada trimestre. Hacen proyecciones para cada periodo y al final de dicho periodo evalúan sus ganancias. Puede que opten por emprender una acción diferente para al final de ese plazo evaluar nuevamente si resultó efectiva. Las reflexiones que se hacen influyen en las nuevas acciones. El precio de las acciones y del mercado accionario indicará la efectividad del modelo de "reflexión-acción" de la compañía.

Empiece a vivir

Vivir en realidad consiste en crear una vida que nunca nos aleje de nuestro ser auténtico. No permita que ninguna situación, evento o persona le distancie de su ser autentico, genuino y original. Cuanto más se acerque a la corriente de la vida de otras personas, mayor peligro habrá de que se aleje de su propia corriente de vida. ¿Alguna vez ha intentado caminar o nadar corriente arriba? Resulta difícil regresar al punto original cuando uno se ha dejado llevar por la corriente hacia abajo. Esa es la lección grande que yo aprendí. Cuando usted reacciona y se da cuenta que no está en el lugar esperado, no tiene que agotarse y nadar en contra de la corriente. Tiene varias opciones. Deténgase, retírese a un costado o siéntese en la rivera. ¿Desea usted regresar al punto de inicio corriente arriba? ¿Desea usted crear una vida nueva desde el punto donde está, o desea volver y saltar a la corriente para ver a donde le lleva? Si usted decide regresar al punto de inicio no tiene por qué luchar en contra de las corrientes. Simplemente puede salirse del agua, caminar por la rivera y regresar a su lugar. Volver al punto de inicio nunca es tan difícil como parece. Por eso es que se necesita detenerse, reflexionar y evaluar el lugar donde se está, ver las opciones disponibles para así tomar una decisión.

La razón por la que utilizo esta metáfora se debe a que después de tratar a muchas personas que han venido a verme a través de los años con todo tipo de situaciones, desde cáncer hasta enfermedades del corazón, desde la pérdida de su empleo hasta la muerte del cónyuge o de un hijo, me he dado cuenta que muchas de estas personas han sido llevadas lejos de la corriente de sus propias vidas. Por eso es que se sienten abrumadas y confundidas. Mi trabajo ha sido el de ayudarles a ser conscientes de que tienen varias opciones que no tienen por qué ser dramáticas ni dolorosas. Cuando las personas que veo no tienen un sistema de raíces o de fundamento, entonces les enseño los cuatro pilares de la verdadera felicidad.

Vivir significa fortalecer los cuatro pilares

Los cuatro pilares han sido probados respecto a su efectividad. Yo misma me he fundamentado en ellos. En mi vida ha habido mucha tristeza y pérdida pero también ha habido gran gozo. Sé que la única razón por la que he sobrevivido en muchas ocasiones es porque he fundamentado mi vida en estos cuatro pilares. Participar regularmente en la práctica de la serenidad ha transformado mi vida. Cuando la ira, el temor o el dolor vinieron y detuvieron mi vida, me rendía y practicaba la meditación. Yo he hecho esto durante años y confío en esta práctica, ya que me ha dado fuertes fundamentos. Meditar es como tomar un vaso de agua cristalina y arrojar sobre este un Alka-Seltzer. El agua era cristalina antes de arrojarlo, pero ahora se ve turbia y llena de gas. Usted es el agua cristalina y los asuntos y los problemas son la tableta de Alka-Seltzer. Pero si usted continua mirando el vaso, el agua se hace cristalina de nuevo, a medida que la tableta se va disolviendo. Es importante recordar que el Alka-Seltzer todavía está en el vaso, pero el agua, como la mente, regresa a su claridad.

Cuando la depresión inundó mi vida, interrumpió mi habilidad real de vivir. Entonces recurrí a la segunda raíz del ejercicio. En la nubosidad de esa niebla, me recostaba en el piso y hacía estiramientos de yoga o llevaba los perros a caminar. Estas cantidades pequeñas de ejercicio mantuvieron mi cabeza a flote y las endorfinas y la serotonina eventualmente me llevaron de regreso a casa a mi verdadero ser interior.

La raíz que me ha sustentado y que ha sustentado a tantas otras personas es la raíz del amor, implícito en las relaciones. El amar a otras personas significa arriesgarse a estar en su presencia, ser vulnerables, auténticos y humildes. A pesar de las muchas pérdidas en mi vida nunca me he sentido sola porque siento mi conexión eterna con otros. Con frecuencia le digo a la gente: "La separación es una ilusión". En tanto como tengamos pensamientos y emociones en realidad nunca estaremos separados. En este momento piense en alguien a quien usted ama: una tía, un abuelo, un hijo, su cónyuge o un amigo. ¿Tiene usted una sonrisa en su rostro? Cuando usted piensa en esa persona querida se genera energía en sus pensamientos y trae de inmediato a ese ser amado a su corazón sin importar el lugar donde usted se encuentre. Mis abuelas ya fallecieron, pero todos los días de mi vida pienso en ellas, sonrío e inmediatamente ellas están presentes en mi corazón. Recuérdelo, "la separación es una ilusión".

La nutrición es la cuarta base de la verdadera felicidad. Cuando trabajé con varios tipos de pacientes descubrí que hay varias clases de alimentos que afectan el sistema inmunológico, el sistema cardiovascular, nuestro cerebro y la generalidad de nuestro cuerpo. Los alimentos nos curan, nos reconfortan, nos sustentan y son una fuente de deleite. Literalmente somos lo que comemos. Resulta interesante que nuestra Medicina occidental cada vez sabe más sobre la naturaleza crítica del alimento para nuestra salud, pero pocos profesionales de la rama médica enseñan a sus pacientes sobre la nutrición de calidad. Yo inicio cada día determinando la cantidad de proteína necesaria para el cuerpo, la cantidad de frutas, vegetales y granos que necesito y consumo las cantidades adecuadas. No importa el lugar donde nos alimentemos, las comidas balanceadas son las que nos permiten mantenernos saludables. Muchos vamos a vivir hasta los ochenta años o un poco más. Pero el asunto no es cuánto tiempo vamos a vivir, sino si en realidad estamos viviendo. El conocimiento es poder y el cuidar de sí mismo es la clave para vivir en realidad.

Una vida intencional de gratitud

Resulta imposible llevar una vida intencional sin practicar las lecciones y las acciones de la gratitud, la cual nos permite crecer y magnificar nuestro viaje hacia la verdadera felicidad. Fisiológicamente hablando, es imposible experimentar gratitud y estrés al mismo tiempo. Las investigaciones muestran que los individuos agradecidos demuestran tener más energías y menos dolencias físicas que sus semejantes que no manifiestan tanto agradecimiento. Los estudios demuestran que practicar la gratitud todos los días resulta en mayores niveles en los estados de alerta, entusiasmo, determinación, optimismo y felicidad.

Inspire la gratitud en los niños

⊕ **Adopte una familia:** adopte a una familia en necesidad durante una festividad como por ejemplo Navidad. Existen varias entidades que le indican cómo conseguir a esa familia. Escójala un mes por adelantado y visite su hogar. Invíteles a cenar con usted, bien sea en un restaurante o en su propia casa. Nuestra familia se ha llegado a familiarizar con la situación y las necesidades de las familias que hemos adoptado. A través de los años esta resultó ser una experiencia increíble para mis hijas. Ellas ya son adultas en el presente pero en las conversaciones que tenemos los días festivos siempre vienen a la mente recuerdos de las familias con las que compartimos. Nuestra familia se convirtió en una familia muy grande y el compartir con tantas personas resultó ser una experiencia muy enriquecedora.

⊕ **Ofrézcase como voluntario**: el altruismo es uno de los mejores regalos que podemos darles a nuestros hijos y ello inspira gratitud en ellos. Convoque una reunión familiar y dé a su familia cinco opciones donde se pueden ofrecer como voluntarios. Es maravilloso cuando los hijos participan en la decisión. Nosotros siempre trabajamos en programas de desarrollo de proyectos de construcción de albergues para personas sin hogar y en programas para después de la escuela con nuestras hijas. Participar en estas actividades como familia inspira en los hijos una mejor comprensión de las necesidades del mundo y les permite cultivar cualidades como la compasión y la gratitud.

⊕ **La caja de bendiciones**: mantenga una caja de bendiciones en su hogar a medida que sus hijos crecen. De la mesada que reciben sus hijos, ellos pueden apartar algo de dinero para depositar en la caja. Hagan una reunión familiar y consideren lo que se ha de hacer con el dinero al final del mes. Los hijos están en capacidad de decidir a dónde irá el dinero y aprenderán la importancia de su responsabilidad para cuidar de otros. Esto también cultivará en ellos compasión y gratitud.

⊕ **La oración**: es esencial para que nuestros hijos desarrollen reverencia y gratitud por el alimento y por las comidas. Sus hijos aprenderán a respetar el ritual de las horas de las comidas y mantenerlo como algo especial. Con mi familia siempre hemos orado antes de las comidas y al momento de irnos a dormir. En esas oraciones es importante enfocarse no sólo en las necesidades de la familia, sino también en las necesidades de otros, del mundo y de la comunidad. También es maravilloso escuchar a los hijos hacer oraciones. Las oraciones de ellos le permiten a uno asomarse a la ventana de sus corazones y de sus mentes.

✣ **Las vacaciones**: lleve a sus hijos de vacaciones y de aventura. Esos momentos valiosos les permite a ellos conocer cómo viven otras personas en otros lugares, culturas y países. Inspira en ellos gratitud por su hogar, por su familia y por su vida misma.

✣ **Lleve a sus hijos al trabajo**: si es posible, llévelos al trabajo. Esa experiencia les permite conocer el lugar donde usted trabaja, saber lo que usted hace, y conocer a sus compañeros. Los hijos comparten un espacio más íntimo en la vida cuando usted comparte su trabajo con ellos. También se mostrarán más agradecidos cuando vean lo duro que usted trabaja y los sacrificios que hace para atender sus necesidades.

Los componentes de la vida intencional

Existen tres ingredientes o componentes que son el fundamento para fortalecer una vida intencional. Estos son: concientización, elección y energía. Estos componentes de la vida intencional no son secuenciales. Lo importante es estar conscientes de estos tres elementos esenciales y aprender a incorporarlos en nuestra vida.

El proceso comienza mediante desarrollar nuestras capacidades perceptivas (concientización) a partir de las experiencias diarias. Lo que yo le recomiendo a cada uno de mis clientes es prestar atención y "escuchar a su propia vida". Preste atención a aquello que enciende su pasión y su creatividad. Esté consciente de aquello que lo llena de energía y le hace estar de buen humor. También esté consciente de qué es lo que lo desgasta o lo distrae. Observe qué es lo que lo irrita o extingue su pasión. La concientización es el primer paso para descubrir los elementos de la vida que contribuyen o que nos imposibilitan vivir con plenitud.

La concientización nos lleva a tomar elecciones intencionales. Nuestra vida es el resultado de una serie de elecciones que hemos hecho. Ahora que somos conscientes del efecto de nuestras elecciones, ya no somos víctimas. La concientización nos lleva a tomar decisiones y ello nos hace responsables de nuestra propia vida. La mentalidad de víctima se acaba cuando uno entiende el poder de la elección.

Es posible que usted no controle muchas de las circunstancias de su vida, pero sí tiene poder para escoger su actitud y sus intenciones en respuesta a esas circunstancias.

Cuando uno aprende a prestar atención y a desarrollar sus percepciones, para luego hacer elecciones intencionales, entonces crea una nueva energía y poder. A medida que desarrolle su proceso de concientización, usted estará más al tanto de los alimentos que esté consumiendo, de las personas con las cuales esté viviendo y del lugar a donde va a trabajar todos los días. Usted descubrirá una energía creciente dentro de sí, la cual será auténtica y verdadera. Entonces estará en condiciones de tomar alternativas diferentes porque será consciente de que su vida es un asunto de elección. Usted es el héroe de su vida, no su víctima. Usted irradiará confianza, energía y un nuevo sentido de poder. Su energía auténtica lo llevará a desarrollar una vida intencional.

La concientización, la elección y la energía, son los ingredientes en un proceso dinámico en el que empezamos a vivir. Cada componente hace parte de la tela que significa una vida intencional. Es posible que un día de camino hacia el trabajo usted descubra que no tiene energía o pasión. Es probable que sienta que "no tiene combustible". Quizás esté viendo una película o leyendo una novela y experimente un profundo sentido de tristeza dentro de usted. De repente se hace consciente que la vida que está viviendo es vacía, llena de temores y que no tiene profundidad. Es probable que se empiece a preguntar si en realidad está viviendo o si por el contrario está llevando una vida de desesperación silenciosa sin auténtica energía y sin sentirse realmente vivo. Quizás le ocurra un evento o un accidente que le haga despertar y percibir que debe cambiar y que debe tomar decisiones importantes.

A medida que empiece una vida intencional comenzará a crecer hacia adentro y hacia abajo, así podrá cimentar firmemente una vida de balance y de verdadera felicidad. Usted estará en condiciones de disfrutar lo simple y lo cotidiano, lo cual genera felicidad, balance interior y sentido de logro.

Los rituales

Los rituales nos ofrecen la oportunidad de crear significado en nuestra vida familiar. Construimos rituales con símbolos comunes como las velas en una torta de cumpleaños, el intercambio de anillos en una boda y las prendas de color blanco en el bautismo de un bebé. Los rituales son los hilos esenciales que mantienen unido el tapiz de la vida de generación en generación. Los rituales reconocen las tradiciones de otros tiempos que han sustentado a nuestras familias y a nuestras culturas. Los rituales deben protegerse y respetarse porque representan una intersección entre el tiempo y el espacio.

Nuestras vidas, la vida de nuestras familias y de nuestras naciones, se fundamentan en el ritual. El ritual crea un lugar seguro para la transición de nuestras vidas. Los rituales nos conectan con el pasado, el presente y el futuro. Constituyen puentes de transición entre las generaciones y conectan nuestros sentidos: el olor y el sabor de los alimentos que utilizamos para celebrar, los sonidos de las voces y de la música, los colores y elementos decorativos que nos hacen sentir allegados en este espacio ritual. Cuando participamos en los rituales, nos reconectamos con nuestro cuerpo y con nuestra mente a través del proceso de recordar.

Tomar un baño en la noche es un ritual que nos recuerda los baños de nuestra niñez o tal vez el baño de sus hijos años atrás. Las comidas constituyen uno de los grandes rituales y se convierten en un momento para compartir, para reír, para banquetear y para descubrir. Las comidas marcan las celebraciones y los días especiales de nuestras vidas y contribuyen a celebrar las transiciones. Los rituales funerarios unen a las familias en una sola mente, en un sólo cuerpo y en una sola alma a medida que se atraviesa por el proceso del dolor, de la aflicción, de la pérdida y de la transición. El ritual provee fuerza y poder para aferrarse a la vida cuando ésta parece incierta y confusa.

A medida que usted salvaguarda los rituales más preciados para usted y para su familia, no olvide incluir rituales nuevos que mantengan unida a su familia a través del tiempo. Cuando mis hijas eran adolescentes, todos los lunes íbamos a la heladería y las tres disfrutábamos de un delicioso helado. Era nuestra hora de estar juntas y de experimentar nuevos sabores y de reír. Muchos años después todavía nos divertimos al recordar el ritual. Uno de los grandes regalos que usted puede dar a sus hijos es el del manifestar respeto y reverencia por los rituales. Estos pueden convertirse en el pegante que mantiene unidas nuestras vidas.

Inicie su vida intencional

Cada pensamiento y emoción que experimentamos genera la energía y el poder que necesitamos para vivir una vida intencional. En el momento en que usted se enfoca en las intenciones de su vida, usted propele energía hacia el mundo en aras de alcanzar su cumplimiento. Reflexione en el propósito de su vida y elabore una lista de sus intenciones. Después de eso establezca prioridades en el tiempo y en su diario vivir y observe cómo su vida intencional empieza a florecer.

~ INICIE HOY MISMO ~

Pregúntese   ¿Estoy viviendo de manera intencional?

¿Qué significaría construir una vida intencional?

¿Qué me está impidiendo llevar una vida intencional?

Dígase   Yo estoy llevando una vida intencional.

Haga   Elabore una lista de prioridades o metas que le lleven a disfrutar de una vida intencional.

Busque a un amigo o dos que le apoyen en su viaje a construir una vida intencional.

Elabore un ritual personal que le inspire a ser auténtico y a cimentar una vida intencional todos los días.

Adquiera balance

EL SONIDO DEL TELÉFONO que me despertó parecía provenir de mi sueño, pero cuando mi esposo me codeó y me susurró: "El teléfono", tomé a tientas la bocina y contesté: "¿Hola?". Una parte de mí todavía estaba dormida, pero cuando reconocí la voz de mi amiga Marie al otro lado de la línea, volví a la realidad y un escalofrío corrió por mi cuerpo. Las llamadas a esa hora por lo general no traen buenas noticias.

"Kathleen," dijo Marie, "discúlpame por llamar tan tarde". Podía percibir por el tono de su voz que algo terrible estaba pasando.

"¿Qué sucede?" Le pregunté.

En medio de sollozos, Marie me contó de la repentina y trágica muerte de Beth, su amiga de la infancia en un horrible accidente en Connecticut. Mi corazón se salió de mí, al mismo tiempo que dije: "Lo lamento mucho, Marie. Dime, ¿cómo te puedo ayudar?".

"Bien, Beth era una de mis cuatro amigas más cercanas desde mi niñez, sus padres murieron cuando ella tenía 10 años de edad, de modo que nosotras éramos como hermanas para ella. Con los años nos separamos, pero nos hemos mantenido en contacto y todas vamos a reunirnos para el funeral de nuestra querida hermana pasado mañana".

En ese momento pensé en mis amigas de la infancia y lágrimas de compasión rodaron por mi rostro.

"Kathleen, yo he estado buscando algo que represente nuestra conexión profunda con Beth. Lo primero en lo que pensé fue en ese increíble chal tejido a mano que tienes en tu catálogo, el que tiene todos los colores. Este me recuerda las chacras. De alguna manera me parece que es el símbolo perfecto del espíritu alegre de Beth y del amor que las cuatro compartimos y que resistió la prueba del tiempo... y ahora", dijo entre sollozos, "aún en la muerte".

"Dame la dirección, Marie", dije. "Te lo enviaré por correo acelerado ahora mismo".

Una semana después Marie me llamó y me contó cómo había sido el funeral, cómo cada una de las hermanas de Beth había utilizado los coloridos chales y como habían compartido un profundo sentimiento de comunión entre sí con su hermana fallecida a medida que el féretro fue cubierto con los cuatro chales.

Marie es un ejemplo perfecto de una persona que vive y respira balance y felicidad. Ella no sólo perdió a su mejor amiga, sino que su amado esposo murió luego de una larga batalla contra el cáncer. Pero debido a que ella ha dedicado su vida a cultivar las raíces en su ser interior, en vez de implosionar en un estado espiral de dolor y pérdida, ella continuamente logra conseguir el balance cada vez que los vientos del caos asoman en su vida.

Marie ha tenido una vida profundamente arraigada a las raíces S.E.A.N. —Serenidad, Ejercicio, Amor y Nutrición. Esto le ha permitido soportar las tormentas que le han ocurrido y le ha ayudado a experimentar verdadera felicidad en momentos en que la mayoría no pudiera ver en esos sucesos oportunidades para arraigarse y permanecer con firmeza.

Recientemente Marie visitó Colombia, América del Sur, donde un sector considerable de la población no tiene acceso a la educación. Ella estuvo trabajando con sus socios en un proyecto de desarrollo conjunto. Al salir de su cómodo hotel para irse a encontrar con sus socios, observó a un grupo de niños jugando en la suciedad de un vertedero al lado del camino. Marie le pidió al conductor del taxi que se detuviera por un momento, caminó hacia los niños por en medio de la basura, y les preguntó cuándo había sido la última vez que habían comido. Los niños sucios, delgados y harapientos inclinaron sus cabezas en vergüenza y no contestaron la pregunta. Ella regresó al taxi y le pidió al conductor que la llevara a la reunión y durante el camino le preguntó sobre los niños. El hombre contestó que todos ellos vivían entre la basura en unos automóviles viejos abandonados. Dijo que los niños no tenían familia y que esperaban a que la gente arrojara allá su basura para ellos escarbar en ella y así encontrar comida. El hombre dijo que aquello era una pena pero que había mucha pobreza y que no había nada que pudiera hacerse al respecto.

Aquella noche Marie no pudo comer y tuvo una noche intranquila recordando los rostros cautivantes de los niños. En un momento salió al antejardín que daba a los jardines exuberantes de su hotel e hizo la promesa a su segundo esposo que no comería absolutamente nada hasta que encontrara la forma de ayudar a esos niños. Dos días después tuvo un plan, se resolvió a crear un orfanato y un proyecto educativo de forma tal que los niños no sólo tuvieran alimento, ropa y un refugio, sino también acceso a la educación.

Marie contactó a todas las personas con las cuales estaba involucrada en un proyecto comercial grande en el cual muchos de sus socios eran propietarios de negocios tal como ella misma también lo era. Al final de la reunión con sus socios les pidió a todos que permanecieran sentados por un momento. Se dirigió al atril y les mostró a los asistentes las fotografías de los niños sin hogar y sin padres y a continuación les mostró las escuelas y orfanatos que había diseñado. Marie solicitó a cada socio que donara un porcentaje de sus ganancias al proyecto que ella había preparado, les invitó a unirse a esta iniciativa maravillosa y les aseguró que no aceptaría un no como respuesta. Les dijo que no era ético construir un negocio próspero en medio de esta pobreza a menos que dieran algo en retorno y eso significaba que ellos debían emprender la acción de inmediato.

Marie define la felicidad como estar conectado a la fuente de vida. La energía y la pasión imbuyen su vida de forma regular porque logra ver en cada cosa que ocurre —aún en los eventos desafortunados— la oportunidad de experimentar un nivel superior de balance y de amor. Mi querida amiga Marie es mi verdadera "heroína". Ella me recuerda el poderoso árbol de roble que nunca me decepcionó cuando era niña. Sus brazos están abiertos, son flexibles y acogedores, su cuerpo sustenta y protege la vida que acoge, y sus raíces son fuertes y profundas.

¿Qué es el balance?

El balance es también un estado de ajuste entre elementos contrastantes. Cuando pienso en la palabra balance, vienen a mi mente las palabras estabilidad, serenidad, calma y armonía. El balance está relacionado con estar completos. Tiene que ver con escoger una vida de plenitud, no se trata de una vida de pedazos que se ven como piezas de un rompecabezas. La mayoría de los clientes con los que trabajo describen sus vidas como si fueran las piezas fraccionadas de un rompecabezas puestas en una caja y sacudidas. Estas personas no logran juntar las piezas ni hacer que encajen para ver el cuadro completo.

Venenos en contra del balance

Un veneno es algo que causa lesiones, enfermedades, muerte o destrucción. Los siguientes venenos son influencias perjudiciales que actúan en contra de una vida de balance y de verdadera felicidad.

EL ESTRÉS

El estrés es un veneno contra el balance y la felicidad. Muchos de nosotros aceptamos el estrés crónico como un estilo de vida. La mayoría de las personas se rinde con apatía ante su vida caótica con toda resignación sin hacer el menor esfuerzo por evitarlo. Continuamos creyendo que podemos lograr vidas de balance desde el exterior. Cambiamos de cónyuge pensando que el nuevo traerá balance a nuestra vida y que todo será diferente. Iniciamos una dieta nueva pensando que la vida ha de cambiar. Cambiamos de trabajo, de casa, de guardarropas y confiamos que nuestra vida será más feliz y balanceada pero simplemente nos hundimos más en el caos. Tristemente muchos nos sometemos a procedimientos de cirugía plástica pensando que si cambiamos la apariencia externa experimentaremos verdadera felicidad y que todo nos va a cambiar. Pero lo que hacemos es simplemente poner banditas a heridas profundas. Y tal como la herida debe sanar desde el interior, nosotros debemos acudir a nuestro interior para descubrir el propósito de nuestra vida y la felicidad verdadera. El balance verdadero se origina desde el interior.

EL INSOMNIO

El insomnio le roba al cuerpo de su tiempo precioso de curación, de descanso y de rejuvenecimiento. El insomnio nos resta energías en todos los niveles, de modo que intentamos pasar el día intentando obtener energía falsa de otras fuentes posibles: cafeína, chocolate, dulces, azúcar, carbohidratos, trabajo o algunas sustancias adictivas. ¿Sentimos cansancio crónico y tenemos un ciclo constante de energía falsa, creando así un estilo de vida caótico para luego experimentar preocupación, ansiedad e insomnio?

ENFERMEDAD

La enfermedad nos impide tener balance. Tener una vida sin balance es uno de los factores que contribuye a que desarrollemos enfermedades. Adoptar un estilo de vida basado en las cuatro raíces del balance y la felicidad nos restaura a un nuevo sentido de equilibrio y poder en la vida.

PADRES ENVEJECIDOS O PERSONA CON ENFERMEDAD CRÓNICA

Nuestros padres envejecidos nos necesitan cada vez más. Esto crea estrés en nuestro horario, en nuestro presupuesto y en nuestros corazones. Si vivimos preocupados o frustrados debido a nuestros padres en proceso de envejecimiento, experimentaremos enfermedad nosotros mismos en nuestro cuerpo, mente y alma. Ya que los padres envejecidos es una situación que se ha de experimentar a largo plazo, resulta crítico practicar los cuatro pilares para mantener el equilibrio.

Una de las cosas más estresantes de la vida tiene que ver con cuidar de una persona con enfermedad crónica o en estado terminal. Muchos de los pacientes y clientes que he visto a través de los años han estado cuidando de un hijo con discapacidad permanente, como por ejemplo parálisis cerebral o autismo. Otros han estado cuidando de personas con una enfermedad terminal, lo cual también puede ser un proceso a largo plazo. Nunca podemos subestimar la cantidad de estrés crónico que esta clase de cuidado ejerce sobre la persona que cuida. El cuidador debe aprender a cuidar de sí mismo, de su propia salud mental, física y espiritual ya que estas terminan por verse afectadas con el paso del tiempo.

PÉRDIDA DE BALANCE ENTRE LA VIDA PRIVADA Y EL TRABAJO

El balance entre la vida privada y el trabajo es un campo que está emergiendo con rapidez. La pérdida del balance en estos ámbitos genera grandes costos para las familias y las corporaciones. Resulta imposible vivir dos clases de vida. Y una de las dos se impondrá sobre la otra. El trabajo se ha convertido en una causa creciente de estrés. El 62% de los norteamericanos dice que su carga de trabajo se ha incrementado en los últimos seis meses y otro 52% dice que su trabajo los deja "abrumados y cansados en extremo".[1] Muchas corporaciones están demostrando gran interés en el tema del balance entre la vida privada y el trabajo. Si en su empresa usted no cuenta con programas para lograr el balance entre estas dos facetas, intente conseguir algunos datos sobre los costos de no tenerlas para llamar la atención de sus empleadores. No tener balance termina por mantener a una compañía en bajos niveles de productividad y creatividad.

PERFECCIONISMO

La persona perfeccionista vive basada en el control y la rigidez. La definición de balance por el contrario es la de flexibilidad y fluidez. Una persona perfeccionista crea una vida motivada por el temor y por la prescripción. Los perfeccionistas no confían en los ritmos de la vida. Los perfeccionistas experimentan problemas físicos y emocionales. En un número considerable de los casos, los individuos con personalidad inflexible tienen problemas de salud, como por ejemplo presión alta, fatiga crónica, palpitaciones cardiacas o insomnio.

Una vida en balance requiere flexibilidad y esto es casi imposible para las personas perfeccionistas. Si usted sufre de esta condición, mi recomendación es que busque ayuda de un consejero. Muchos de los perfeccionistas con los que he trabajado viven tristes y en soledad y no experimentan mucha diversión.

AGOTAMIENTO CRÓNICO

El agotamiento crónico ocurre cuando la mente y el cuerpo son llevados al límite, lo que genera fatiga física y emocional. Las personas que viven agobiadas con altos niveles de estrés y que no practican el cuidado de sí mismas, con el tiempo experimentan una reacción que les conduce a advertir agotamiento. Cuando una persona llega a estar en un estado de agotamiento crónico por lo general se siente fracasada, sin fuerzas y sin esperanzas, lo que fácilmente conduce a estados de depresión e infelicidad.

Quienes viven en el carril de velocidad se encuentran en peligro de sufrir agotamiento. Son aquellos que dedican demasiado tiempo a su trabajo y que usualmente consideran que toda acción en la vida tiene que estar ligada al asunto de la productividad.

Para prevenir el agotamiento crónico se deben poner en práctica los cuatro pilares de la felicidad. Una persona se recupera de un estado de agotamiento practicando este modelo que ha sido comprobado, probado y que se ha demostrado eficaz. Cuando usted adopte el estilo de vida de los cuatro pilares del balance y la felicidad no tendrá el riesgo de sufrir de agotamiento crónico.

Las fuentes del balance

En todas las disciplinas —Medicina, Religión, Filosofía y Espiritualidad— existe un concepto de balance. Cuando llegamos a creer que podemos evitar vivir bajo los ritmos naturales de la vida estamos viviendo una existencia que no es real. ¿Cómo es que llegamos a pensar que podemos vivir por encima o separados de la ley natural? Como seres vivos estamos sujetos a la fuerza de gravedad, a la presión de la atmósfera, a los ciclos climáticos de la tierra y a los cambios en nuestra galaxia y en el Universo. Sabemos que debemos vivir bajo las leyes naturales las cuales constituyen principios de fundamento para nuestra existencia. Está la Ley de la Gravedad que afecta todas las cosas. Todos necesitamos oxígeno, agua y alimento para vivir. No podemos dejar de observar estas leyes naturales porque nuestra vida depende de ellas. Una de las leyes fundamentales de la naturaleza es que debemos reconocer y acoger su principio de balance y equilibrio.

LA NATURALEZA

Acérquese al mar y observe las olas avanzar y retroceder una y otra vez. Observe las mareas a medida que lentamente avanzan y retroceden. El agua se rinde ante la arena; los animales del mar y las conchas se rinden ante el agua y son arrojados a la playa. Existe una sinergia mística en la naturaleza. Las hojas de los árboles se rinden ante el viento y confían en su poder. Cada elemento de la naturaleza confía en los demás elementos de la misma. El arte del balance subyace en rendirse. La naturaleza se convierte en sinergia bajo esta relación de balance.

Cuando experimentamos la lluvia por lo general caminamos rápido o nos erizamos a medida que las gotas caen sobre nuestro cuerpo. Cuando el viento sopla rodeamos el cuerpo con nuestros brazos y nos ponemos rígidos y a la defensiva. Tendemos a resistir los dones de la naturaleza en vez de acogerlos. Vivimos como si sus elementos fueran "externos" al ámbito humano. Si usted observa a los niños, estos se rinden ante la naturaleza, maravillados ante los riachuelos, los días venteados o una tormenta de nieve repentina. Nuestros hijos no han sido socializados para desvincularse y resistir el regalo del balance que el mundo natural derrama sobre nosotros.

Mi recomendación es, asegúrese que no haya tormenta eléctrica y salga a caminar bajo la lluvia. Ponga su rostro frente al viento y pregúntese de dónde procede. ¿Viene este viento desde China, el Círculo Ártico o desde África? Si deseamos reclamar nuestro balance interno debemos volver a experimentar la naturaleza y rendirnos ante sus lecciones.

EL TIEMPO LIBRE

En el mundo en que vivimos el tiempo libre es considerado un lujo. Para construir una vida en balance, el descanso es un asunto esencial. Desde el principio del tiempo los humanos hemos tenido la dificultad de crear el balance entre el trabajo y el tiempo libre. En nuestra cultura la adicción al trabajo es casi reverenciada. Por lo general se considera normal trabajar más de ocho horas diarias. Muchos nos quejamos que no tenemos energía porque estamos cansados, abrumados y tenemos exceso de trabajo.

El balance está relacionado con el descanso. El concepto de nuestra sociedad sobre el uso del tiempo no tiene balance. La naturaleza es balance, día y noche, pero con la llegada de la electricidad y de las fuentes de luz inventadas por los humanos, continuamos trabajando hasta altas horas de la noche. Lograr el balance se convierte en un asunto difícil de manejar y con el tiempo sufrimos las consecuencias ya que el cuerpo, la mente y el alma, se agotan.

El descanso es una parte esencial de la vida. Apartar tiempo para descansar es algo muy complicado porque nos hemos convertido en personas que siempre tenemos que estar haciendo algo y nos olvidamos de ser soñadores y reflexivos. Casi todos los aspectos de nuestra vida se miden por lo que producimos. Hemos perdido el arte de la reflexión. El tiempo libre se compone de dos partes: descanso y juego.

El concepto de descanso o *Sabbat*, existe en todas las culturas, espiritualidades y en todas las religiones del mundo. El *Sabbat* no es porque Dios necesite descansar, es porque se necesita que nosotros aprendamos a hacerlo. El Talmud nos da tres razones por las que el *Sabbat* es esencial: permite que los ricos y los pobres se nivelen, nos brinda la posibilidad de evaluar nuestro trabajo y ver si ha sido bueno y nos da tiempo para contemplar el sentido de la vida. El libro de Génesis nos dice que después del acto de creación, Dios se detuvo y descansó de toda Su obra. El descanso es una práctica tan reverenciada que Dios mismo la bendijo.

En todas las sociedades antiguas el juego ocupó la mayor parte del tiempo libre. La razón de los días festivos y de los festivales era la de proveer a la gente en todos los niveles de la sociedad la oportunidad de jugar y celebrar juntos. Había la oportunidad de igualar las clases sociales mediante el descanso.

El descanso nos permite conectarnos con nuestro corazón y desencoger el alma. El descanso es una experiencia antigua que nos permite hallar el balance en nuestro cuerpo, mente y espíritu.

El descanso da significado a nuestra vida y nos permite reflexionar y escuchar. Es absolutamente esencial para la salud y la felicidad; se hace más significativo y tiene un mayor propósito cuando hacemos del descanso una prioridad.

Explore formas distintas de jugar y de descansar. Descubra la multitud de cosas que puede hacer en la naturaleza. Sea creativo y diviértase. Explore su ciudad. Muchas personas ocupadas han vivido en una misma ciudad por años y nunca se han interesado por conocerla. Hay muchas cosas que están esperando a ser descubiertas por nosotros, exposiciones de arte en museos, festivales de arte, conciertos gratis, zoológicos, parques, sitios históricos y mucho más. Internet es una gran fuente de información sobre actividades culturales en una ciudad, las cuales pueden revitalizarnos y llenarnos de energía.

¡Tome la siesta! Las investigaciones revelan los muchos beneficios que las siestas traen para la salud. Descanse bajo un árbol. Recuéstese en su patio y déjese imbuir por el aroma de la grama. Visite un parque local y redescúbrase a sí mismo en el campo de juego. Recuerde que el descanso debe ser siempre un espacio para la exploración y el descubrimiento.

EL PERDÓN

Nuestra vida depende de nuestra habilidad de perdonar. Después de trabajar muchos años con pacientes y clientes con enfermedades como el cáncer, molestias cardiacas, hipertensión, obesidad, insomnio y estrés, me he dado cuenta que un atributo esencial y que crea y nutre nuestra salud y bienestar es la práctica del perdón.

Existen tres razones críticas por las cuales es bueno practicar el perdón:

1. **SU MENTE**: cuando alguien se disculpa de manera sincera, se genera un impacto positivo casi inmediato sobre la mente. La persona que no ha sido perdonada ha vivido en nuestra mente, y ha ocupado un espacio físico, mental y espiritual en la memoria de cosas pendientes que tenemos. Recordemos que los pensamientos son energía. Llevamos a todas partes nuestros recuerdos negativos y eso nos resta energías que pueden ser invertidas en nuestra salud mental de una mejor manera. Por consiguiente, cuando practicamos el perdón, la mente envía una señal al cuerpo y este recibe un impacto positivo.

2. **SU CUERPO**: los estudios científicos revelan que tan pronto como una persona practica el perdón, su frecuencia cardiaca y presión arterial disminuyen, su nivel de sudoración se atenúa y la tensión en sus músculos faciales se reduce.

3. **SU ALMA**: todas las religiones y escrituras sagradas hablan de la práctica esencial del perdón. Jesús, Mahoma, los santos, los maestros rabínicos, los maestros místicos, Gandhi, Desmond Tutu, Nelson Mandela y Jimmy Carter, todos ellos han fundamentado su vida sobre la práctica del perdón. Muchos consideran que el perdón es fundamento base para tener conexión verdadera con el Divino.

James Carson, del Duke University Medical Center, encontró que los individuos que sufrían de dolor crónico en la espalda y que habían demostrado perdón a otros, experimentaban niveles más bajos de dolor, ira y depresión, en comparación con los pacientes que no habían manifestado perdón.[2] El doctor Herbert Benson, de Harvard, cree que existe una respuesta fisiológica curativa cuando las personas manifiestan perdón. Él considera que el perdón es un elemento crítico en la salud y él mismo creó una cátedra en Harvard sobre la relación entre el perdón y la salud.

Encuentre su propio balance

Las madres de la actualidad están sometidas a un estrés tremendo. Muchas madres pasan el día entero aisladas de otras personas, lo que incrementa su estrés. Aquí hago unas sugerencias útiles para quienes son madres, de modo que puedan descubrir el balance en medio de sus ocupados días.

¡Vivan su vida a plenitud! Es importante que las madres rompan con su rutina habitual y sean espontáneas. Para quienes son madres, es esencial tomarse un descanso, lo mismo que para el resto de la familia, eso contribuye al bienestar general de todos y de la misma madre.

Existen beneficios para la salud mental y física de la madre cuando se toma un descanso de vez en cuando. Existen estudios que indican que la buena salud de la madre depende de reír, jugar, hacer ejercicio, relajarse y disfrutar de ratos agradables.

Una publicación reciente de la revista *Time* estuvo dedicada a "La ciencia de la felicidad". Hay un estudio interesante que se condujo con 900 mujeres en Texas en el que se indicaron las cinco actividades más positivas que llenan de felicidad a las mujeres, entre las cuales se encuentran el sexo, la socialización, relajarse, la oración o la meditación y comer (haciendo ejercicio después). Es interesante que un poco más abajo en la lista estaba "cuidar de los hijos", actividad que estuvo por debajo de cocinar y ligeramente por encima del trabajo de la casa.[3]

SUGERENCIAS PARA ROMPER CON LA RUTINA DE LAS MADRES

1. Aparte su espacio personal: es muy importante reclamar su propio espacio personal, establecer límites y asignar energía a ese espacio. Su escritorio, sus fotografías (de seres amados o de vacaciones agradables), los recuerdos, la decoración, los recuerdos de la infancia, los regalos que le han dado sus hijos —todas estas cosas constituyen imaginación guiada que tranquiliza el cuerpo y crea sentido de paz y de enfoque.

2. Relaje sus sentidos: piense en la manera como puede revitalizar sus sentidos. ¿Qué colores le rodean? Tenga a su alrededor elementos que contengan su color favorito o un color que le trasmita energía: puede ser un cojín o una almohada, o un mantel en la mesa donde coloca sus fotografías, el color de las paredes de su oficina, cuadros u obras de arte, cortinas o en el caso de las mujeres un chal en una silla. En cuanto a fragancias, mantenga frascos con aceites esenciales en el escritorio de su oficina. Los olores como la menta nos levantan el ánimo. Los olores como la lavanda nos tranquilizan y los olores cítricos nos pueden hacer sentir relajados y felices. ¿Cuáles son las fragancias que más influyen en usted y de qué manera? En cuanto al sentido del gusto, mantenga algunas mentas o dulces en el escritorio para que la gente los lleve. En cuanto a sonido, mantenga música de fondo relajante la cual ayuda a producir serotonina, la hormona tranquilizante. También pude adquirir grabaciones con sonidos de la naturaleza.

3. Practique "sesiones de bienestar": tome descansos de por lo menos cinco minutos dos veces al día. Debido a las investigaciones sabemos del poder de la conexión mente-cuerpo. Cada pensamiento y emoción que experimentamos libera químicos en la corriente sanguínea.

Aquí hay una lista de las cosas que podemos hacer durante nuestros periodos de descanso:

- **Únase a un coro**: a algunas personas les fascina cantar y otras siempre han deseado hacerlo pero temen que sea en público. Únase a un coro. Cantar es muy beneficioso para la salud, aumenta el número de células inmunológicas. Cantar eleva la cantidad de oxígeno en la sangre, ejercita la boca, el cuello, el pecho, y los músculos del estómago y los pulmones, y cambia nuestra actitud mental a un estado de optimismo. Los estudios indican que una proteína que utiliza el sistema inmunológico —la inmunoglobulina A— se incrementa en un 240% cuando cantamos, especialmente a voz en cuello, lo que fortalece nuestra capacidad inmune.[4] Un estudio de la Universidad de

Frankfurt encontró que las hormonas antiestrés se incrementan significativamente cuando cantamos.[5] En otros estudios se demostró que las personas que cantan demuestran mejoras en su capacidad pulmonar, mayor nivel de energía, mejor postura corporal e informan tener mejor ánimo, confianza y un aumento en la sensación de tranquilidad.

✛ **Escuche música sinfónica**: escuchar música influye en la liberación de químicos en el cuerpo. Hacerlo incrementa la serotonina y otros químicos beneficiosos en el organismo. La música relajante disminuye las respuestas físicas, como la pulsación cardiaca e induce y mantiene un estado de tranquilidad, cambiando así el estado de ánimo. La música alegre estimula las respuestas físicas, como por ejemplo, la frecuencia cardiaca, la respiración, lo que a su vez, resulta en más energía.

✛ **Tenga un centro de consejería**: hacerlo constituye una oportunidad de cambiar los hábitos y de aprender nuevas prácticas que mejoran la calidad de vida. Usted puede mejorar su salud mental en la privacidad de su propio espacio, o en la privacidad de sus audífonos conectados a un Ipod o MP5. Aprenda a enfrentar sus iras, temores, fobias, depresión, los problemas con su pareja o la crianza de los hijos. Elija el área de su vida que desee cambiar o sobre la cual quiera aprender. Este puede ser el primer paso de una ruta hacia una mejor salud mental, la cual querrá trabajar con la ayuda de un terapeuta o desarrollar usted mismo a su propio ritmo.

✛ **Vaya a la iglesia, tenga su propio templo privado**: dedique parte de su tiempo libre al crecimiento espiritual, a la inspiración y a la motivación. Las grabaciones sobre imaginación guiada nos relajan y nos restauran, también ayudan a reducir la presión sanguínea y nos ayudan a generar mayor inmunidad en nuestro sistema. Si no está conduciendo escuche una grabación sobre meditación. Existen estudios consistentes sobre los beneficios que la meditación reporta para la salud. La respiración de diafragma (respiración abdominal profunda) aumenta el oxígeno en el cuerpo, despeja la mente y genera un ritmo curativo, al mismo tiempo que nos relaja a medida que el cuerpo produce serotonina. Practique la respiración de forma regular y a diario. Tal vez desee orar. Envíe iluminación, curación y amor a los miembros de su familia, a sus compañeros de trabajo y a otras personas. La ciencia concuerda respecto a la eficacia de la oración.

- **El club de la comedia (la ciencia de la risa):** los investigadores han encontrado que la risa produce un efecto saludable en la función vascular. Mediante ultrasonido se descubrió que el diámetro de las arterias se incrementa en un 22% cuando reímos y se reduce un 35% cuando experimentamos estrés mental.[6] La magnitud del cambio visto en el endotelio, la capa que recubre los vasos sanguíneos, es similar a la que se ve cuando la persona hace ejercicios aeróbicos. Ría con regularidad (15 minutos al día). Su sistema vascular se lo agradecerá.

- **Productos – Recursos:** he sido profesora de religión mundial y he estudiado una gran variedad de espiritualidades y culturas. Casi todas las culturas, religiones y espiritualidades, utilizan instrumentos físicos para recordar. Los rosarios son utilizados en el Cristianismo, el Budismo, el Taoísmo, el Islam, el Hinduismo y muchas otras religiones. Usados en las manos, en el cuello o como brazaletes, estos elementos nos recuerdan que debemos volver a casa, a nuestro cuerpo, nuestra mente y nuestra alma. Usted puede utilizar otra clase de recordatorios como rosarios de respiración, cadenillas con llaves o hasta un chal para recordar que debe relajarse, obtener balance y regresar a casa, a sí mismo.

- **Sitios web:** visite un sitio web que le ayude a relajarse. Hay muchos de esos sitios disponibles en la red.

- **Agua:** manténgase en contacto con el agua. Vaya a una fuente y toque el agua, o vaya a un cuarto de baño donde pueda poner sus manos y sus muñecas bajo el agua. El agua tibia nos permite relajarnos y el agua fría suministra estímulo.

- **Estírese:** practique Yoga, Tai Chi o Qigong.

SUGERENCIAS DE FÁCIL APLICACIÓN EN EL LUGAR DE TRABAJO

+ Sea proactivo, no reactivo.

+ Respire: inhale aire de forma profunda varias veces al día.

+ Repita una afirmación (de alrededor de cinco palabras que le haga conectarse consigo mismo).

+ Recuerde que hay opciones, usted no es la víctima, usted es el héroe.

+ Escuche a la persona y aplique el efecto del espejo a lo que ella le ha dicho: "¿Dijiste XXXX?". Cuando usted aplica esta técnica es muy factible aclarar la situación entre sí. Usted mantiene el control y conserva su poder y respeto.

+ No permita que otros abusen verbalmente de usted.

VIAJAR AL TRABAJO PUEDE HACERLE PERDER EL BALANCE

El trabajo es estresante pero llegar al sitio de trabajo resulta más estresante que el trabajo mismo. Quienes se tienen que desplazar al trabajo experimentan más estrés que los pilotos de combate o la Policía antidisturbios. Los investigadores compararon la frecuencia cardiaca y la presión sanguínea de quienes tienen que viajar hacia el trabajo con la de los pilotos de combate y de los oficiales de Policía en ejercicios de entrenamiento; se descubrió que los niveles de estrés de los que se desplazan al trabajo eran mucho más altos.

Resulta crítico aprender a transformar el viaje al trabajo en un tiempo productivo en vez de destructivo para la salud física y mental. El tiempo de desplazamiento por lo general implica una hora y media al día, es decir, 7.5 horas a la semana, o 48 horas al año.

No se convierta en la víctima de los viajes de ida y vuelta al trabajo. Sáquele partido al tiempo que utiliza para viajar. ¿Por qué no convertir ese tiempo valioso en un salón de clase en pro del crecimiento personal y la salud? Utilice las sugerencias que se pueden aplicar en la oficina: cante, escuche música, vea una comedia, estírese, haga ejercicios de respiración, o dedique tiempo a la oración. Es su tiempo, úselo con reverencia como si se tratara de una gema preciosa.

CREE UN HOGAR DE BALANCE

Nuestra necesidad de tener un cielo es tan antigua como la humanidad misma. Busquemos conexión con lo Divino en la privacidad de nuestros hogares. Más que en cualquier otra época, desde el 11 de septiembre hemos identificado nuestro hogar como un santuario o cielo, donde podemos refugiarnos del estrés y de los temores de nuestro mundo. Cree espacios especiales donde reflexionar, construirse y conectarse con su ser interior y con otras personas. Esto es esencial para lograr balance en nuestra vida.

Tres sugerencias para hacer de su hogar un cielo:

1. El cielo familiar: el espacio designado como cielo para la familia necesita estar ubicado en un área pública de su hogar. Es posible que se trate de una mesa o de un estante que se denomine como el espacio de unión familiar. Ponga allí fotos familiares, un libro inspirador u otros elementos conmemorativos que reflejen los momentos compartidos con su familia. Este espacio es un un lugar que la familia visita para conmemorar eventos y personas importantes, como los recuerdos de los abuelos que se han ido, las medallas que obtuvieron los hijos en los deportes o los viajes y las vacaciones familiares. Este lugar, designado como cielo, sirve para reforzar el poder, los valores y la continuidad de la familia.

2. El cielo personal: este espacio personal se crea mediante lo que es significativo a nivel personal y es posible que esté ubicado en la habitación, en la oficina, en el guardarropa o en cualquier otro lugar que uno reclame como suyo. Ese espacio privado puede ser un altar; un estante con fotografías, rosarios de oraciones, elementos de meditación, un diario y otros objetos que evoquen recuerdos significativos. Este cielo se va a convertir en un lugar de refugio para cada miembro de la familia en el que se encuentra una fuente de serenidad y conexión.

3. Un cielo en la naturaleza: todos estamos profundamente conectados con la naturaleza. Es posible crear un cielo o refugio natural al aire libre o aun dentro de su casa. A lo mejor quiera tener

una planta en la repisa de la ventana de su cocina o un bonsái, o simplemente unas flores en un jarrón en su espacio personal o familiar donde se pueda conectar con el mundo natural. Si usted cuenta con un espacio al aire libre es posible que desee crear un cielo en el jardín que evolucione con el tiempo. Allí puede agregar creaciones cada año donde se refleje el paso de los años. Este espacio, de hecho, se puede convertir en un recuento vivo de la historia de su vida.

El balance de todos los días

Sea que usted trabaje en su casa o fuera de ella, los cuatro pilares de la verdadera felicidad producen balance en su vida. Sea que usted se discipline para dedicar cinco minutos en diferentes momentos a cada raíz todos los días, o que usted les dedique 20 minutos seguidos al día, es esencial que recuerde practicarlos todos los días, así experimentará la vida verdadera, no simplemente una existencia de habituación y de preocupación. Cuando uno fortalece su vida fundamentándola en el balance, ese balance se refleja en el hogar y en el trabajo. Cuando uno cultiva balance dentro de sí, su poder y energía emanan y se convierten en una bendición para este mundo que tanto lo necesita.

~ INICIE HOY MISMO ~

Pregúntese   ¿Siento que tengo una vida de balance?

¿Qué impide que tenga una vida en balance?

¿Qué plan puedo diseñar para proporcionar mayor balance a mi vida?

Dígase   Yo disfruto de una vida en balance.

Haga   Aparte tiempo para el descanso y para el juego

Salga a caminar por la naturaleza y disfrute del paisaje.

Vea su película favorita y disfrútela.

Encarne la esperanza

BARBARA WALTERS ESTABA pronunciando un discurso en una reunión a la que yo asistí y ella hablaba de todos los individuos "originales" que había tenido el privilegio de entrevistar a lo largo de su vida. Una de sus entrevistas favoritas fue con Katherine Hepburn. Bárbara dijo que se había sentado a entrevistar a esta poderosa, independiente y brillante mujer y que antes que ella hubiera comenzado a hacer la primera pregunta de la entrevista, la señora Hepburn le preguntó: "Señorita Walters, ¿qué clase de árbol cree usted que es?" La señorita Walters dijo que había quedado atónita con la pregunta, la cual ni siquiera se la había hecho a sí misma antes. La señora Hepburn se inclinó hacia adelante y continuó:

"Sabe, yo me considero a mí misma un roble; uno grande, fuerte y bien arraigado. En el momento en que conozco a una persona lo primero que hago es decidir qué clase de árbol es, señorita Walters. Eso es algo bueno, sabe. He conocido a muchos sicomoros, grandes, hermosos, pero tan ponzoñosos como una serpiente venenosa. También hay pinos, crecidos, magníficos y majestuosos, pero se necesita de una pequeña tormenta —usted sabe— un poco de viento y de lluvia para que el pino se venga a tierra. Un árbol de pino no tiene raíces fuertes y las tormentas los derriban. Sí, he conocido a varios pinos en mi vida. Están aquí hoy, pero se han ido el día de mañana. Ahorra mucho tiempo y problemas cuando uno evalúa a una persona como si se tratara de un árbol, señorita Walters. Mi sistema nunca me ha decepcionado".

Nunca olvidaré a Barbara Walters contando esa historia. Todos nos reímos a más no poder en el auditorio. Para quienes admiramos a Katherine Hepburn y su vasto repertorio actoral, es como si estuviéramos escuchando esas palabras de su boca. Ese día sentimos como si su presencia hubiera estado con nosotros en ese auditorio.

Entonces Barbara Walters se quedó en silencio por un momento y luego hablo de forma tranquila, mientras la audiencia se quedaba casi hipnotizada:

"Después de esa entrevista con Katherine Hepburn he tenido el privilegio de entrevistar a innumerables personas famosas: estrellas de cine, líderes mundiales y presidentes de las más prestigiosas compañías del mundo. A veces utilizo la prueba de la señora Hepburn para ver qué clase de árbol estoy entrevistando.

Pero en esta etapa de mi vida he dedicado mucho tiempo a reflexionar en todas estas personas maravillosas. He intentado destilar si existe un tema común que se evidencie en estos líderes célebres de nuestro mundo: las personas más ricas, famosas y poderosas del mundo. Y una palabra siempre emerge de forma consistente, esa palabra es "esperanza". Cada una de estas personas reconocidas han vivido con una esperanza increíble. Desde Anwar Sadat hasta Julia Roberts, desde Jack Welch hasta Gloria Steinem, cada uno de estos personajes exuda esperanza. Ellos inspiraron y también contagiaron a otros con su esperanza".

Esa declaración de Barbara Walters aquel día realmente caló en mi alma y desde entonces siempre la he recordado. Ella pudo haber hablado de cualquier otra virtud, pero todas están relacionadas con la esperanza. Recuerdo que en la universidad participé como porrista. Me encantaba ser porrista y dirigir el grupo de porristas. Me sorprendió comprender que mi trabajo como porrista consistía en inspirar "esperanza". Yo era vendedora de esperanzas.

La esperanza nos puede hacer sentir vivos, es energía palpable, nos llena de valor, resistencia y poder. La esperanza se rehúsa a permitir que nos demos por vencidos. ¿Cuándo fue la última vez que usted experimentó esperanza? ¿Fue en el momento en el que miró a los hijos de su hijo, cuando contempló el amanecer o cuando vio a alguien en el noticiero de la noche realizando un acto desinteresado de bondad? La esperanza es el alimento para el viaje de la vida.

Sea que usted esté luchando contra una enfermedad o condición o si está desempleado, estresado o deprimido, deténgase y plante la semilla de la esperanza porque es la señal de un nuevo comienzo. ¿Recuerda la esperanza y anticipación que se experimentan cuando uno ha plantado una semilla?

A través de los años he visto a muchas personas, heridas, aplastadas o que han perdido su norte en la vida. Su tranquilidad mental, física o espiritual fue afectada de algún modo. Lo único que pude compartir con ellos fue esperanza. La esperanza da fortaleza, nos hace fuertes. ¿Alguna vez ha visto a una persona ir a través de un fuerte tratamiento contra el cáncer con el brillo de la esperanza? ¿Alguna vez ha rescatado un animal, planta o persona y experimentado la esperanza a medida que le asistió hasta recuperar la salud? ¿Alguna vez ha vivido en un país o situación donde el anhelo de una nueva vida era su único compañero que le hacía aferrarse a la esperanza?

Mi deseo es que usted pueda dejar atrás las situaciones desesperanzadoras y que elija vivir en la esperanza. Nuestro estilo de vida actual literalmente nos está matando. No podemos regresar atrás a otra era anhelando la vida del ayer. ¿Alguna vez, cuando crecía, intentó introducir sus pies en un viejo par de zapatos sin lograr meter completamente el talón en ellos? Usted ya había crecido y no había vuelta de hoja. Donde estamos ahora es donde estamos. Nuestro estilo de vida no funcionará de la misma manera como funcionaba antes por el hecho de que ahora sabemos la verdad.

Ahora usted sabe cómo comenzar a vivir con verdadera felicidad y balance. No existen pociones secretas, fórmulas misteriosas o lugares clandestinos para ir y hallar la manera como podemos vivir la felicidad que hemos deseado. Se trata simplemente de aprender a vivir mediante incorporar los cuatro pilares en nuestro estilo de vida. S.E.A.N. (Serenidad, Ejercicio, Amor, y Nutrición). Ellos pueden convertirse en el fundamento para descubrir la verdadera felicidad y tener una vida intencional de balance.

Estos cuatro pilares han creado esperanza, salud y un nuevo estilo de vida para un considerable número de pacientes y clientes. Estas prácticas han sido recopiladas de estudios realizados en las mejores instituciones del mundo como por ejemplo las universidades de Harvard, Duke, y Massachusetts, el Instituto de Medicina Preventiva, y muchas otras instituciones de renombre.

A medida que asimila estos pilares en su vida, quiero compartir con usted una receta final para su viaje. Se compone de cuatro consejos:

Cultive la honestidad. Sea honesto con usted mismo en todo lo que haga. Muchos individuos a los que he visto perdieron su tiempo y me lo hicieron perder a mí debido a su temor de enfrentar quiénes eran, lo que querían o lo que habían hecho. Cuando uno es honesto con su vida, experimenta integridad. Cuando se pierde la honestidad, la vida se vuelve confusa y se llena de estrés. La verdadera serenidad nace de la honestidad, que es la virtud que genera verdadera grandeza. Sea honesto respecto al lugar donde se encuentra ahora, respecto al lugar al que desea llegar, y respecto a por qué no está tomando la elección de estar allá.

Enfrente los obstáculos como una oportunidad. La vida está cargada de inmensas oportunidades para el crecimiento. Al principio esas oportunidades pudieran ser percibidas como obstáculos. Una persona puede decir que no pudo recibir la educación o el dinero o la vida que merecía por causa de éste o de aquel obstáculo. Esto significa que esa persona ha experimentado los inconvenientes en su vida como bloqueos, barreras, obstrucciones o impedimentos. Le reto a que cambie su manera de pensar hoy mismo. Desde ahora en adelante, sin importar lo que ocurra, o del obstáculo que aparezca, diga de inmediato: "Bien, ¿no es esta una oportunidad interesante para crecer? Yo puedo escoger lo que es mejor para mí en esta oportunidad porque estoy cimentado en los cuatro pilares y me siento confiado y fuerte". Cuando usted deje de percibir la vida como una serie de obstáculos (barreras, bloqueos, obstrucciones) y la conciba como una corriente de oportunidades (posibilidades de avance, aperturas, condiciones favorables), estará construyendo una vida de verdadera felicidad.

Sea perseverante. Introducir algo nuevo en la vida ocupada no es fácil. Por eso es que se necesita la perseverancia para poder empezar a vivir un nuevo estilo de vida fundamentado en los cuatro pilares. Cuando uno elige perseverar, elige una vida de propósito, determinación, aguante y resolución. Cualquier cosa que haya cambiado la vida en este mundo, ha ocurrido gracias a la perseverancia. Digamos que usted decide por cuestiones de salud que la familia va a hacer caminatas tres veces a la semana y sus dos hijos no están muy contentos con su decisión. Con la esperanza de que usted se dé por vencido empiezan a hacer pucheros y a decir cosas aburridas. Entonces usted debe practicar la perseverancia. Escriba los días y los horarios de las caminatas y péguelas en el refrigerador y espere a que todos se reúnan en el garaje como lo acordaron. Tome una decisión y sea persistente, determinado y resuelto.

Disfrute su nuevo estilo de vida basado en los cuatro pilares. Viva con alegría, amor, felicidad y salud. Cuando usted verdaderamente disfruta su vida, empieza a apreciar y a atesorar la vida, la cual es frágil y fugaz. Atesore cada suspiro, cada relación, cada amanecer y atardecer en su vida.

He escogido de forma intencional un árbol como el símbolo de este libro sobre el balance y la felicidad. Todos somos árboles de tamaños, formas y colores diferentes en este gran bosque que se llama planeta Tierra.

Sin importar si usted vive en la cuidad, en los suburbios o en los bosques, la figura de un árbol es una buena manera de representar a una persona. Los robles tienen raíces fuertes y poderosas, perseveran a través de las tormentas y viven cientos de años debido a la profundidad de sus raíces. Los pinos crecen muy altos, están llenos de colorido y de ellos emana un aroma exquisito. No obstante, los pinos no tienen raíces muy profundas. En las tormentas, son los primeros en irse al piso, se rompen, se desarraigan y se caen debido a su sistema de raíces poco profundo. Los sicomoros son árboles grandes, y tienen hojas frondosas, suministran buena sombra y tienen raíces profundas. Pero sus hojas pueden ser venenosas y a pesar de que nos maravillamos por la belleza y majestuosidad del exterior, nos sobrecogemos ante su naturaleza letal, la cual al principio no es evidente a simple vista.

A diferencia de los árboles que nacen de una bellota o una semilla, los seres humanos podemos hacer elecciones respecto a la clase de árbol que queremos ser. Nuestras vidas se componen de un cúmulo de elecciones que a la larga determinarán la clase de árbol que seremos. Este libro nos da información que nos ayudará a tomar decisiones que nos pueden llevar hacia una vida intencional. Yo he compartido con usted, con gran reverencia, el entrenamiento, las experiencias y la educación que he recibido durante muchos años con la esperanza de que usted pueda vivir en balance y verdadera felicidad.

~ INICIE HOY MISMO ~

Pregúntese   ¿Soy honesto conmigo mismo y con otros respecto a mi vida?

¿Cómo puedo hacer que un obstáculo se convierta en una oportunidad?

¿Qué cosas verdaderamente disfruto?

Dígase   Yo infundo esperanza en el mundo.

Haga   Lea un libro inspirador.

Alquile la película *Mentiroso, Mentiroso*, protagonizada por Jim Carrey.

Visite a alguien que infunda esperanza en usted.

APÉNDICE A

Las 25 sugerencias de la doctora Kathleen Hall para tener una vida en balance

1. Practique técnicas de reducción del estrés a diario (meditación, yoga, respirar profundo). Hágalo entre 5 y 10 minutos dos veces al día (en la mañana y en la tarde).

2. Haga ejercicio entre 20 y 30 minutos tres veces a la semana. Mezcle o alterne ejercicios aeróbicos con entrenamiento de fuerza, estiramientos, ejercicios de flexibilidad y agilidad.

3. Consuma de ocho a diez porciones de frutas y vegetales al día, y en lo posible utilice alimentos orgánicos.

4. Tome por lo menos ocho vasos de agua o té (especialmente té verde) y reduzca su exposición a las toxinas en su entorno.

5. Utilice los siguientes antioxidantes y suplementos todos los días para complementar una dieta saludable: consulte con su médico antes de tomar cualquier suplemento nutricional para evitar interferencias con medicamentos que esté tomando o posibles afecciones a estados de salud o de enfermedad.

⊕ Vitamina C: 250 a 500 mg dos veces al día

⊕ Selenio natural (de levadura): 200 mcg

⊕   Calcio: 1.500 mg (incluye ingestión dietaria) con vitamina D, 400 mg y magnesio 400 mg.

⊕   Chocolate negro: 1.5 onzas.

⊕   Ácidos grasos Omega-3, o aceite de semilla de linaza: 1.000 mg.

6. Consuma al menos tres porciones de pescado a la semana. Los peces como el salmón, el atún, el arenque contienen ácidos grasos Omega-3.

7. Ríase tanto como le sea posible para que pueda liberar sustancias químicas curativas como las endorfinas.

8. Consuma tres o cuatro porciones de pasta o salsa de tomate cocinada (con grasas monosaturadas como aceite de oliva para mejorar la absorción). Así obtendrá licopene, un antioxidante carotenoide que puede ayudar a prevenir el cáncer de próstata y el cáncer de seno.

9. Vuelva a "ser niño".

10. Duerma al menos siete horas cada noche.

11. Realice las acciones a consciencia, como por ejemplo estar presente mientras come, se baña, etc.

12. Utilice seda dental todos los días.

13. Si su médico lo aprueba, tome una aspirina al día (si no tiene problemas de sangrado o alergia a la aspirina).

14. Deje de fumar y de utilizar productos derivados del tabaco.

15. Desayune.

16. Ore con regularidad. Es una fuente de curación increíble.

17. Tenga una mascota.

18. Practique respiración del diafragma profunda tres veces al día —inhale oxígeno y exhale estrés.

19. Manténgase conectado socialmente a amigos y familiares.

20. Aparte tiempo para leer. Hacerlo mantiene la mente y la memoria activa.

21. Lleve un diario. Esto también reporta beneficios para la salud.

22. Celebre el éxito de su vida.

23. Desarrolle una actitud de gratitud. Decir "gracias" a alguien es un regalo dador de vida, tanto para usted como para la otra persona.

24. Cultive el optimismo y una perspectiva optimista de la vida. Ser feliz es saludable.

25. Practique el altruismo y la filantropía. Las almas generosas viven una existencia rica y abundante.

APÉNDICE B

Los cinco pasos para tomar una decisión en la vida

1. La pregunta: pregúntese qué cambio desea hacer en su vida ahora. Asegúrese de ser claro respecto al cambio que está proponiendo. Formúlelo como una pregunta y escríbalo sobre el papel. Dedique 10 minutos dos veces al día a hacerse la pregunta en voz alta y luego permanezca en silencio. (Por ejemplo, si el cambio que usted está considerando hacer es "Yo quiero irme a vivir a una nueva casa", formule la pregunta, "¿Es el momento de mudarnos a una nueva casa?")

2. El test racional: haga una lista de pros y de contras del cambio propuesto. Incluya tantas razones como pueda a favor y en contra. Revíselas con frecuencia, y diseñe una solución tentativa. (Por ejemplo: A favor: las tasas de interés están bastante bajas, nuestra familia ha crecido. En contra: nuestros hijos tendrán que cambiar de escuela, nos gustan nuestros vecinos.) Observe la extensión de las dos columnas, ¿hay más pros o contras?

3. Intuición: utilice su intuición para imaginar su decisión. Dedique tiempo a imaginar cómo sería realizar el nuevo trabajo, ejercer la nueva carrera, o vivenciar su propósito y a continuación registre en un diario lo que ve. (Por ejemplo: Haga imaginación guiada e imagínese cambiando de vecindario y llegando a su nueva casa. Imagine la vida sin sus vecinos, o a sus hijos en una nueva escuela.) ¿Cómo percibe esa imagen?

4. Desarrolle un plan de acción: aquí es donde normalmente fallamos. Decida qué acciones se necesitan para lograr llevar a la realidad esa visión: ¿Necesita adquirir más educación, necesita financiarse o una posible reubicación? Empiece a establecer redes en este punto. Consiga información de parte de organizaciones profesionales, grupos de apoyo o en internet. (Por ejemplo: Si usted decidió mudarse, contacte a un agente de finca raíz. Si usted decidió no mudarse, tal vez desee remodelar su casa o construir otra habitación.) Sea organizado y cree carpetas a medida que empieza a contactar recursos para tomar una decisión bien informada.

5. Eche raíces: una vez que tome su decisión, es posible que le sobrevengan preocupaciones e ideas alternas. Enfrente sus temores. Usted puede permanecer firme y resistir tornados, huracanes e inundaciones. Utilice las reuniones familiares y con amigos para hallar estabilidad y conseguir apoyo para su decisión. Desarrolle sus raíces a partir del cuidado de sí mismo.

N O T A S

INTRODUCCIÓN

1. American Institute of Stress. www.stress.org/job.htm

2. Ibid.

3. Institute of Management, The Price of Success 1999, "Ceridian Performance: Partners/Management Today and the Quality of Working Life Report" (February 2001).

CAPÍTULO 1: ¿En qué consiste la verdadera felicidad?

1. Claudia Wallis, "The New Science of Happiness," *Time* (January 17, 2005): A2-A9.

2. Michael Lemonick, "The Biology of Joy," *Time* (January 17, 2005):A12-A17.

3. Ibid.

4. M. Miller, "Divergent Effects of Laughter and Mental Stress on Endothelial Function: Potential Impact of Entertainment," presented at the Scientific Session of the American College of Cardiology, March 6-9, 2005, Orlando, Florida. News release, University of Maryland School of Medicine.

5. Jeffrey Kluger, "The Funny Thing About Laughter," *Time* (January 17, 2005).

6. Liz Hodgkinson, *Smile Therapy* (Century Hutchinson, 2001).

CAPÍTULO 2: Enfrentando las estaciones del alma

1. CDC, "Deaths: Preliminary Data for 2003." News release.

2. J. T. Colcombe et al., "Cardiovascular Fitness, Cortical Plasticity and Aging," Proceedings of the National Academy of Sciences 101, 9 (March 2, 2004): 3316-3321.

3. http://my.webmd.com/content/article/19/1728_50311.htm

4. T. B. Kim et al., "Mediterranean Diet, Lifestyle Factors, and 10-Year Mortality in Elderly European Men and Women: The HALE Project," *JAMA* 292 (September 22/29, 2004): 1433-1439.

5. Elissa S. Epel et al., "Accelerated Telomere Shortening in Response to Life Stress," Proceedings of the National Academy of Sciences 101 (2004):17312-17315.

6. Becca R. Levy et al., "Longevity Increased by Positive Self-Perceptions of Aging," *Journal of Personality and Social Psychology* (August 2002): 261-270.

7. Nicholas Wilton, "Positive Outlook," *Yoga Journal* (January/February 2002): 78-83.

8. E. Giltay, "Dispositional Optimism and All-Cause and Cardiovascular Mortality in a Prospective Cohort of Elderly Dutch Men and Women," *Archives of General Psychiatry* 61 (November 2004): 1126-1135.

9. "The McArthur Foundation Study of Aging in America."

10. M. Miller, "Divergent Effects of Laughter and Mental Stress on Endothelial Function: Potential Impact of Entertainment," presented at the Scientific Session of the American College of Cardiology, March 6 to 9, 2005, Orlando, Florida. News release, University of Maryland School of Medicine.

11. Ibid.

12. Stephen G. Post "Altruism, Happiness, and Health: It's Good

to Be Good" *International Journal of Behavioral Medicine* 12 (2005): 66-77.

13. http://buddhism.about.com/library/weekly/aa112902a.htm

CAPÍTULO 3: Cómo entender el rumbo de la felicidad

1. *American Heritage Dictionary of the English Language*, 4th edition.

2. Sharon Begley, "Religion and the Brain," *Newsweek* (May 7, 2001): 50-57.

CAPÍTULO 4: Encuentre su propio ritmo

1. www.yinyanghouse.com/

2. http://nccam.nih.gov/health/acupuncture/

3. "Stress: It's Worse Than You Think." www.medicinenet.com/script/main/art.asp?articlekey=35249&pf=3

4. Ibid.

5. Ibid.

6. Ibid.

7. Amy F. T. Arnsten, Beth Murphy, and Kalpana Merchant, "The selective dopamine d4 receptor antagonist, pnu-101387g, prevents stress-induced cognitive deficits in monkeys, *Neuropsychopharmacology* 23 (2000): 405-410.

8. "Stress: It's Worse Than You Think." www.medicinenet.com

9. Ibid.

10. David Weeks, Secrets of the Superyoung (Berkley Publishing Group, 1999).

CAPÍTULO 5: S.E.A.N. Los cuatro pilares

1. Len Lichtenfeld et al., 41st Annual Meeting of the American Society of Clinical Oncology, Orlando, Florida, May 13-17, 2005.

2. "A Nation at Risk: Obesity in the United States, A Statistical Sourcebook," The Robert Wood Johnson Foundation, May 2005.

3. "Health After 50," Johns Hopkins Medical Letter 15, 6 (August 2003).

4. "A brief history of pain." http://abcnews.go.com/Health/PaiManagement/story?id=731553&page=1

5. "Insomnia, sleep disorders." http://content.nhiondemand.com/dse/consumer/HC2.asp?objID=100232&cType=hc

6. Gregg D. Jacobs, Say Goodnight to Insomnia (Owl Books, 1999).

7. "Depression soaring for college students." www.detnews.com/2002/homelife/0206/05/d03-500849.htm

8. "The Science of Anxiety," Time, June 10, 2002.

CAPÍTULO 6: La serenidad: reclame su propia fuente

1. "Stress: It's Worse Than You Think." www.medicinenet.com/script/main/art.asp?articlekey=35249&pf=3

2. "Mind & Body/Mediation," Time, A to Z Health Guide, 2003, p. 81-83.

3. H. Benson, The Relaxation Response (New York: William Morrow, 1975).

4. H. Benson, "The Relaxation response and norepinephrine," Integrative Psychiatry 1 (May-June 1983): 15-19.

5. E. Stuart et al., "Nonpharmacologic treatment of hypertension: a multiple risk factor approach," Journal of Cardiovascular Nursing 1 (1987): 1-4.

6. G. D. Jacobs, P.A. Rosenberg, R. Friedman, et al. "Multifactor behavioral treatment of chronic sleep-onset insomnia using stimulus control and the relaxation response." *Behavior Modification* 17, 4 (1993b): 498-509.

7. A. D. Domar, P.C. Zuttermeister, M. Seibel, and H. Benson, "Psychological improvement in infertile women after behavioral treatment: a replication." *Fertility and Sterility* 58 (1992): 144-147.

8. Margaret Caudill, "Decreased clinic utilization by chronic pain patients after behavioral medicine intervention," *Pain* 45 (1991): 334-335.

9. R. H. Schneider, C.N. Alexander, and R.K. Wallace, "In search of an optimal behavioral treatment for hypertension: a review and focus on transcendental meditation," In Personality, Elevated Blood Pressure, and Essential Hypertension, eds. E.H. Johnson, W.D. Gentry, and S. Julius (Washington, D.C: Hemisphere, 1992).

10. Richard J. Davidson et al., "Alterations in brain and immune function produced by mindfulness meditation," *Psychosomatic Medicine*, 65 (July/August 2003): 564-570.

11. M. C. Dillbeck, "Meditation and flexibility of visual perception and verbal problem solving," *Memory and Cognition* 10, 3 (1982): 207-215.

12. R. K. Wallace, et al., "The effects of the transcendental meditation and tm-sidhi program on the aging process," *International Journal of Neuroscience* 16 (1982): 53-58.

13. C. N. Alexander, M. Rainforth, and P. Gelderloos, "Transcendental meditation, self-actualization, and psychological health: a conceptual overview and statistical meta-analysis. special issue: handbook of self-actualization." *Journal of Social Behavior and Personality* 6, 5 (1991): 189-248.

14. C. N. Alexander, P. Robinson, and M. Rainforth, "Treating and preventing alcohol, nicotine, and drug abuse through transcendental meditation: A Review and Statistical Meta-Analysis," *Alcoholism Treatment Quarterly* 11, 1-2 (1994): 13-87.

15. Larry Dossey, Reinventing Medicine: Beyond Mind-Body to a New Era of Healing (San Francisco: Harper, 1999).

16. Randolph C. Byrd, "Positive therapeutic effects of intercessory prayer in a coronary care unit population," *Southern Medical Journal* 81, 7 (1988): 826-29.

17. Erlendur Haraldsson and Thorstein Thorsteinsson, "Psychokinetic effects on yeast: an exploratory experiment," Research in Parapsychology 1972 (Metuchen, N. J.: Scarecrow Press, 1973): pp. 20-21.

18. Can prayer heal? http://my.webmd.com/content/article/11/1674_51527.htm?printing=true

19. *Parade magazine*, "Why Prayer Could Be Good Medicine," March 23, 2003.

20. Joshua M. Smyth, Arthur A. Stone, Adam Hurewitz, and Alan Kaell, "Effects of writing about stressful experiences on symptom reduction in patients with asthma or rheumatoid arthritis: a randomized trial," *Journal of the American Medical Association* 281 (April 1999): 1304-1309.

21. "How journaling keeps you healthy," www.healthierliving.org/health/journaling.html

22. Thomas G. Allison et al., "Cardiovascular responses to immersion in a hot tub in comparison with exercise in male subjects with coronary artery disease," *Mayo Clinic Proceedings* 68 (January 1993): 19-25.

CAPÍTULO 7: El ejercicio: restaure su propio ritmo

1. www.csun.edu/~vceed002/health/docs/tv&health.html

2. Personal Communication.

3. S. N. Blair, H. W. Kohl III, et al., "Physical fitness and all-cause mortality: a prospective study of healthy men and women," *Journal of the American Medical Association* 262 (1989): 2395-2401.

4. "Study finds entrepreneurs who run do better in sales." www.bsu.edu/news/article/0,,12913—,00.html

5. Anne McTiernan et al., "Recreational physical activity and the risk of breast cancer in postmenopausal women: the women's health initiative cohort study," *Journal of the American Medical Association* 290 (September 2003): 1331-1336.

6. Michelle D. Holmes et al., "Physical activity and survival after breast cancer diagnosis," *Journal of the American Medical Association* 293 (May 25, 2005): 2479-2486.

7. Urho M. Kujala et al., "Relationship of leisure-time physical activity and mortality: the Finnish twin cohort," *Journal of the American Medical Association* 279 (February 1998): 440-444.

8. S. J. Colcombe and A. F. Kramer, "Fitness effects on the cognitive function of older adults: a meta-analytic study," *Psychological Science* 14 (2003): 125-130.

9. Health, May 2004.

10. Jennifer K. Weuve et al., "Physical activity, including walking, and cognitive function in women." *Journal of the American Medical Association* 292 (September 22/29, 2004): 1454-1461.

11. Robert D. Abbott et al., "Walking and Dementia in Physically Capable Elderly Men," *Journal of the American Medical Association* 292 (September 22/29, 2004): 1447–1453.

12. James A. Blumenthal et al., "Effects of exercise training on older patients with major depression," *Archives of Internal Medicine* 159 (October 1999): 2349-2356.

13. Gregg D. Jacobs, *Say Goodnight to Insomnia* (Owl Books, 1999).

14. A. C. King et al., "Moderate-intensity exercise and self-rated quality of sleep in older adults: a randomized controlled trial," *Journal of the American Medical Association* 277 (January 1997): 32-37.

15. "School health policy and programs study 2000," *Journal of School Health* 71, 7 (2001).

16. Kaiser Family Foundation, "Zero to Six: Electronic Media in the Lives of Infants, Toddlers and Preschoolers Information, Program for the Study of Entertainment Media and Health." Publication Number 3378: October 28, 2003.

17. Lorenzo Cohen et al., "Psychological Adjustment and Sleep Quality in a Randomized Trial of the Effects of a Tibetan Yoga Intervention in Patients with Lymphoma," Sixth World Congress of Psycho-Oncology, Banff, Alberta, Canada, April 23-27, 2003.

18. Satish Sivasankaran, "The Effect of a Six-Week Yoga Training and Meditation Program on Endothelial Function," American Heart Association Scientific Sessions, New Orleans, November 7-10, 2004.

19. "Tai chi and yohimbine could help Parkinson's." www.world-health.net/p/275,1526.html

20. C. Crillo, "Complimentary therapies: into the mainstream," Cure (Survivor Issue 2002).

21. M. J. L. Alexander and J. E. Butcher, "Effects of an aquatic exercise program on physical performance of older females with arthritis," *Medicine & Science in Sports & Exercise* 33, 5 (Supplement 1:S38) May 2001.

CAPÍTULO 8: El amor: desarrolle su intimidad

1. Patrick Malone and Thomas Malone, *The Windows of Experience: Moving Beyond Recovery to Wholeness* (New York: Simon & Schuster, 1992).

2. George Davey Smith, S. Frankel, and Y. Yarnell, "Sex and death: are they related? Findings from the Caerphilly Cohort Study," *British Medical Journal* 315 (1997): 1641-1644.

3. Can Good Sex Keep You Young? http://my.webmd.com/content/article/14/1738_50976.htm?printing=true

4. Patricia Mona Eng et al., "Effects of marital transitions on changes in dietary and other health behaviours in U.S. male health professionals," *Journal of Epidemiology and Community Health* 59 (2005): 56-62.

5. "For better or worse—marriage and health." www.50plushealth.uk/index.cfm?articleid=1717

6. Linda C. Gallo et al., "Marital status and quality in middle-aged women: Associations with levels and trajectories of cardiovascular risk factors," *Health Psychology* 22 (2003): 435-463.

7. C. A. Schoenborn, "Marital status and health: United States, 1999–2002. Advance Data from Vital and Health Statistics; no 351." (Hyattsville, Maryland: National Center for Health Statistics, 2004).

8. Linda J. Waite, "Does marriage matter?" Presidential Address to the American Population Association of America, April 8, 1995, *Demography* 32 (1995): 483-507.

9. Iván Rodríguez, "A putative pheromone receptor gene expressed in human olfactory mucosa," Nature Genetics 26 (2000): 18-19. Brief Communications.

10. Bernard I. Grosser et al., "Behavioral and electrophysiological effects of androstadienone, a human pheromone," *Psychoneuroendocrinology* 25, 3 (April 2000): 289-299.

11. Kathleen Stern and Martha K. McClintock, "Regulation of ovulation by human pheromones," *Nature* 392 (March 12, 1998): 177-179.

12. Dean Ornish, M.D., *Love and Survival* (New York: Harper Collins, 1998).

13. T. E. Seeman et al., "Social network ties and mortality among the elderly in the Alameda County Study," *American Journal of Epidemiology* 126 (1987) 714-723.

14. D. Spiegel, J. R. Bloom, and E. Gottheil, "Effects of psychosocial treatment on survival of patients with metastatic breast cancer," Lancet 2 (1989): 888-891.

15. F. I. Fawzy et al., "Malignant melanoma: Effects of an early structured psychiatric intervention, coping, and affective state on recurrence and survival 6 years later," *Archives of General Psychiatry* 50, 9 (September 1993): 681-689.

16. K. Allen, J. Blascovich, and W. B. Mendes, "Cardiovascular reactivity and the presence of pets, friends, and spouses: The truth about cats and dogs," *Psychosomatic Medicine* 64, 5 (September-October 2002): 727-739.

17. APPMA National pet owners survey. www.appma.org/pubs_survey.asp

CAPÍTULO 9: El alimento: reabastezca su ser

1. Shengxu Li et al., "Childhood cardiovascular risk factors and carotid vascular changes in adulthood," The Bogalusa Heart Study, Journal of the American Medical Association 290 (2003): 2271-2276.

2. Richard S. Strauss and Harold A. Pollack, "Epidemic increase in childhood overweight, 1986-1998," *Journal of the American Medical Association* 286 (2001): 2845-2848.

3. T. M. Videon and C. K. Manning, "Influences on adolescent eating patterns: The importance of family meals," *Journal of Adolescent Health* 32, 5 (2003): 365-373.

4. Tata Parker-Pope, "How to Give Your Child a Longer Life," *Wall Street Journal*, December 9, 2003.

5. Stephanie Miller, "Who's Coming to Dinner: The Importance of Family Meals." MSUE Press Release, May 19, 2003.

6. Leann L. Birch and Jennifer O. Fisher, "Mothers' child-feeding practices influence daughters' eating and weight," *American Journal of Clinical Nutrition* 71 (May 2000) : 1054-1061.

7. Eric A. Finkelstein, Ian C. Fiebelkorn, and Guijing Wang, "State-level estimates of annual medical expenditures attributable to obesity," Obesity Research 12 (2004): 18-24.

8. Miller, "Who's Coming to Dinner."

9. www.medill.northwestern.edu/journalism/magazine/raising-teens/feats/ dinner.html

10. James Griffing, "Why diets fail." www.exrx.net/FatLoss/ WhyDietsFail.html. Reprinted with permission.

12. Len Lichtenfeld et al., 41st Annual Meeting of the American Society of Clinical Oncology, Orlando, Florida, May 13-17, 2005.

13. Claudia Kalb and Karen Springen, "Putting It All Together," *Newsweek* (May 10, 2004): 54-61.

14. Christine Gorman, "Repairing the Damage," Time (February 5, 2001): 53-58.

15. Hiroyasu Iso et al., "Intake of fish and omega-3 fatty acids and risk of stroke in women," *Journal of the American Medical Association* 285 (2001): 304-312.

16. AHA Scientific Statement: "Fish consumption, fish oil, omega-3 fatty acids and cardiovascular disease," #71-0241, *Circulation* 106 (2002): 2747-2757.

17. http://my.webmd.com/content/article/13/1671_50592.htm

18. "Strawberries are ripe for eating," Health (May 2003): 151.

19. General Dentistry, March-April 2002.

20. Proceedings of the National Academy of Sciences 100, 10 (May 13, 2003): 6009-6014.

21. "Your heart aches for tomatoes," Health (June 2004): 55.

22. Alam Khan et al., "Cinnamon improves glucose and lipids of people with type 2 diabetes," Diabetes Care 26 (2003): 3215-3218.

23. M. Tolonen, "Plant-derived biomolecules in fermented cabbage," Journal of Agriculture, Food, and Chemistry 50, 23 (2002): 6798-6803.

24. "The Environment for Care: An NHS Estates Symposium" (2004).

25. Robert Beck and Thomas Cesario, "Choral singing, performance perception, and immune system changes in salivary immunoglobulin a and cortisol," Music Perception 18 (Winter 2000).

26. James Lynch, The Broken Heart: The Medical Consequences of Loneliness (Baltimore: Johns Hopkins University Press, 1981).

27. S. Thayer, "Close encounters," Psychology Today, March 1988.

CAPÍTULO 10: Descubra la energía

1. Michael R. Irwin et al., "Effects of a behavioral intervention, tai chi chih, on varicella-zoster virus-specific immunity and health functioning in older adults," Psychosomatic Medicine 65 (September 2003): 824-830.

2. Steven L. Wolf et al., "Intense tai chi exercise training and fall occurrences in older, transitionally frail adults: A randomized, controlled trial," Journal of the American Geriatric Society 51, 12 (December 2003): 1974-1803.

CAPÍTULO 11: Conozca el poder

1. Bernard M. Loomer, Two Kinds of Power (Chicago: Criterion, University of Chicago Divinity School, 1976).

2. Ibid.

CAPÍTULO 12: Viva una vida intencional

1. Parker Palmer, The Active Life (San Francisco: Harper, 1990).

CAPÍTULO 13: Adquiera balance

1. www.kronos.com/about/nytimes1.htm

2. James Carson, "Loving-kindness meditation for chronic low back pain: results from a pilot trial," Journal of Holistic Nursing 23, 3 (2005): 287-304.

3. "The New Science of Happiness," Time (January 17, 2005): A2-A9.

4. Robert Beck and Thomas Cesario, "Choral singing, performance perception, and immune system changes in salivary immunoglobulin a and cortisol," Music Perception, 18 (Winter 2000).

5. Gunter Kreutz et al., "Effects of choir singing or listening on secretory Immunoglobulin A, cortisol, and emotional state," Journal of Behavioral Medicine 27, 6 (2004): 623-635.

6. M. Miller, "Divergent Effects of Laughter and Mental Stress on Endothelial Function: Potential Impact of Entertainment," presented at the Scientific Session of the American College of Cardiology, March 6 to 9, 2005, Orlando, Florida.